社会主义新农村建设学习读本

乡村工作辩证看

黄迁海 著

河南大学出版社
·郑州·

图书在版编目(CIP)数据

乡村工作辩证看/黄迁海著.—郑州:河南大学出版社,2013.10
ISBN 978-7-5649-1379-3

Ⅰ.①乡… Ⅱ.①黄… Ⅲ.①农村工作-中国 Ⅳ.①D422.6

中国版本图书馆 CIP 数据核字(2013)第 255061 号

责任编辑　孙增科
责任校对　吴红霞
封面设计　王四朋

出版发行　河南大学出版社
　　　　　地址:郑州市郑东新区商务外环中华大厦 2401 号
　　　　　邮编:450046
　　　　　电话:0371-86059712(高等教育出版分社)
　　　　　　　　0371-86059713(营销部)
　　　　　网址:www.hupress.com
排　　版　郑州市今日文教印制有限公司
印　　刷　郑州海华印务有限公司
版　　次　2014 年 1 月第 1 版
印　　次　2014 年 1 月第 1 次印刷
开　　本　787mm×1092mm　1/16
印　　张　10
字　　数　237 千字
印　　数　1—4000 册
定　　价　35.00 元

(本书如有印装质量问题,请与河南大学出版社营销部联系调换)

作者简介：
　　黄迁海，男，1963年出生，中共党员，1983年毕业于河南省师范学校。从事一线教学工作七年，在县直单位工作四年，1994年开始在乡镇政府任职，先后在开封县杏花营镇和西姜寨乡人民政府工作，现为西姜寨乡人民政府干部。

作者与中央电视台著名主持人王小丫合影

2006年3月3日,作者受中央电视台《对话》栏目组邀请,与其他来自基层的干部一起就新农村建设问题同中央农村工作领导小组办公室主任陈锡文进行对话。王小丫、陈伟鸿主持这次对话。

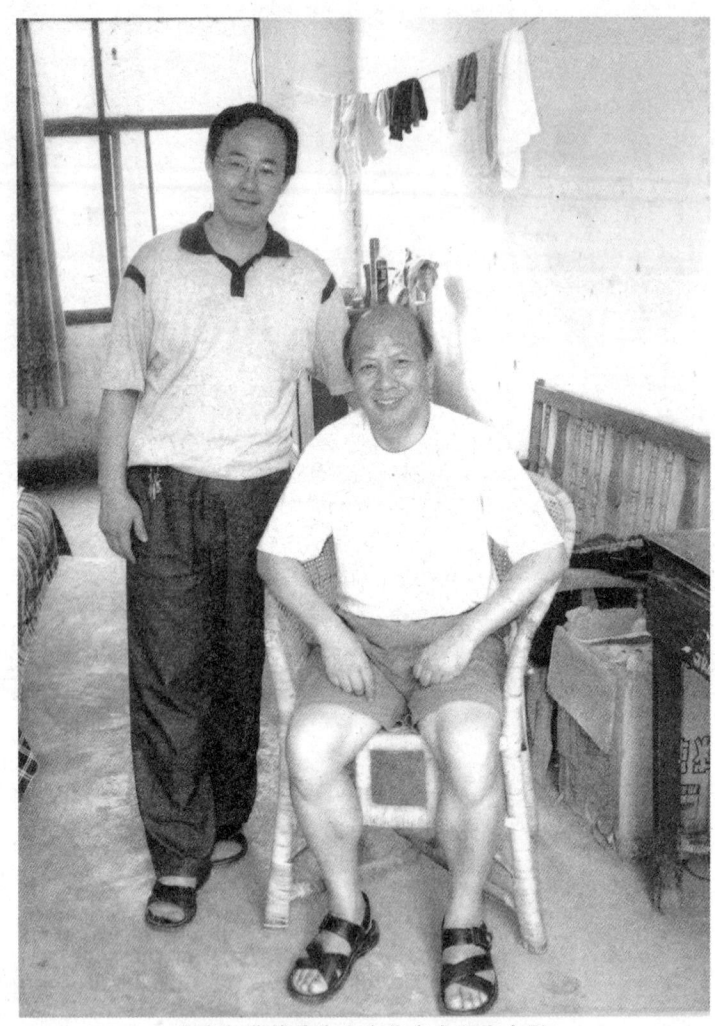

作者与曹锦清先生在作者办公室合影

曹锦清,华东理工大学社会与公共管理学院教授、社会发展研究所所长、中国城乡发展研究中心名誉主任,中国著名三农问题专家,对中央下决心解决三农问题做出突出贡献。主要著作有《黄河边的中国》、《中国七问》、《如何研究中国》等。

作者与温铁军先生(左三)等在晏阳初乡村教育学院合影

温铁军,中国人民大学教授、农业与农村发展学院院长,中国农村经济与金融研究中心主任。享受政府特殊津贴专家,著名三农问题专家。主要著作有《三农问题:世纪末的反思》、《中国农村基本经济制度研究》等。

作者与张晓山先生在北京合影

张晓山,中国社会科学院学部委员、研究员,中国社会科学院研究生院农业经济学博士生导师,中国农业经济学会副理事长。

作者与李昌平先生合影

李昌平,现任河北大学中国乡村建设研究中心主任、研究员,著名三农问题专家,曾被评为"《南方周末》2000年年度人物"、"2006年中国最具行动能力三农人物"。先后担任乡镇党委书记、县农村工作部副部长等职,2000年3月致信朱镕基总理,反映当地面临的突出问题,提出"农民真苦、农村真穷、农业真危险",对中央下决心解决三农问题做出特别贡献。主要著作有《我向总理说实话》、《我向百姓说实话》等。

作者与茅于轼先生在晏阳初乡村教育学院合影

茅于轼,著名经济学家、天则经济研究所所长、亚洲开发银行注册顾问、中国能源研究会副理事长。主要著作有《择优分配原理》、《生活中的经济学》、《中国人的道德前景》等。

作者与何慧丽博士合影

　　何慧丽，北京大学社会学博士，中国农业大学人文与发展学院社会学系副教授。著名新农村建设实践者、三农问题研究者。2003～2013年在河南开封挂职，先后任兰考县副县长、开封市禹王台区副区长、兰考县县委常委、开封市市长助理兼兰考县县委常委。

作者与李昌平(前排者)、陈文胜(二排左三)、贺雪峰(二排左四)等合影

贺雪峰,华中科技大学特聘教授、华中科技大学中国乡村治理研究中心主任、博士生导师。主要著作有《新乡土中国》、《乡村治理的社会基础》、《乡村研究的国情意识》等。

陈文胜,湖南省农村发展研究院院长、研究员,湖南省社会科学院科研处处长,湖南省新农村建设研究基地首席专家。主要著作有《乡村债务的危机管理》、《乡镇视角下的三农》等。

序

迁海先生是我所敬重的有思想的人。2005 年，有缘看到迁海先生所写的关于三农问题的评论，深受教益。后来在迁海工作的开封县西姜寨乡调研时，我与迁海进行过更深入的交流。从认识至今，已近十个年头，几乎每隔一年就有一次见面，每次见面都有愉快的交流。我想，超脱与睿智应该是迁海留给所有与之相识者的印象。

迁海善于从日常工作与生活中发现问题，善于从细节处思考问题，并对每个问题都有独到的认识，绝不人云亦云。因此，与迁海讨论问题，总会得到不一样的答案，获得认识问题的新视角。迁海从细节处思考问题，但不局限于细节，而是细节处有总体，做到了细节与总体、基层与全局的统筹把握。

迁海撰写的《乡村工作辩证看》一书对当前三农工作中的热点问题进行了深入探讨，这些探讨是他长期思考的成果，既全面，又深刻，这些探讨对深化认识三农问题，对最终解决三农问题，都是大有裨益的，这是三农问题研究者、三农政策制定者和三农实践工作者的必读书。

从某种意义上说，当前在三农问题研究及三农政策实践中，不少人习惯于用静止的、片面的、割裂的观点看问题，而不善于用运动的、联系的、全面的观点看问题，不懂得实践工作中的辩证法。例如，在新农村建设中，部分领导打造不具有推广价值的示范点。新农村建设的示范点，关键是示范，应该是可以让其他地方对照学习，从而可以复制推广的。但是，当前新农村建设的不少示范点是一些领导集中地方政府财力打造的形象工程。在打造形象工程的过程中，既不动员群众参与，又不考虑示范点推广的可行性，只是用财政资金堆造出示范点，这样的示范点有何意义？

又如，当前一些地方政府的工作人员在理解中央提出的"四化同步"时，往往只强调"同步"，认为"同步"就是齐步走，而忽视了城乡之间相反相成、相互补充、相互支持的关系。农村是中国现代化的稳定器，城市是中国现代化的增长极，城乡怎么可能齐步走？我想，在三农实践工作中，多懂点辩证法，对于认识三农问题、解决三农问题都是必不可少的。

迁海长期在农村基层工作，具有丰富的实践经验，又善于思考，现在写出这样富有思考力的著作，这既是迁海个人的成就，又是三农界的喜事。

我愿意向三农界推荐迁海先生的这部著作。

是为序。

贺雪峰

2013 年 12 月 20 日

目　录

第一章　社会主义新农村与城镇 …………………………………… 1

第二章　物质文明与精神文明 ……………………………………… 17

第三章　连续性发展与跳跃式发展 ………………………………… 28

第四章　自力更生与争取外援 ……………………………………… 42

第五章　农业与工业 ………………………………………………… 52

第六章　干部与群众 ………………………………………………… 66

第七章　对上级负责与对群众负责 ………………………………… 77

第八章　合作与竞争 ………………………………………………… 85

第九章　民主与集中 ………………………………………………… 95

第十章　稳定与发展 ………………………………………………… 105

附　录 ………………………………………………………………… 138

参考文献 ……………………………………………………………… 142

后　记 ………………………………………………………………… 143

第一章　社会主义新农村与城镇

一、社会主义新农村建设的指导思想

胡锦涛同志在党的十六届五中全会上强调指出：要按照"生产发展、生活宽裕、乡风文明、管理民主"的要求，扎实稳步推进社会主义新农村建设。并要求全党"坚持以发展农村经济为中心任务，同时协调推进农村经济建设、政治建设、文化建设、社会建设和党的建设，着力解决广大农民生产生活中最迫切的实际问题，让农民真正受益；坚持农村基本经营制度，在实践中推进农村各方面制度的创新发展，为社会主义新农村建设提供有力的制度保障；坚持从实际出发，尊重农民意愿，科学规划，因地制宜，分类指导，不强求一律，不盲目攀比，不搞强迫命令，更不能搞形式主义；坚持充分发挥各方面的积极性，使社会主义新农村建设成为全党全国的共同行动"。胡锦涛同志的这些论述就是社会主义新农村建设总的指导思想。

（一）生产发展是社会主义新农村建设的首要任务

发展是硬道理，发展是党执政兴国的第一要务，因此，社会主义新农村建设必须以经济发展为中心，首要任务是生产发展。只有生产发展，才能为建设社会主义新农村，为提高广大农民的物质生活和文化生活水平，为农村各项事业的全面发展奠定坚实的物质基础。农业是农村的产业基础，生产发展首先要加快农业的现代化建设，提高农业综合生产能力，保障粮食安全，增加农民收入。要充分发挥本地优势，加快调整农业产业结构，适应农产品市场化要求，进一步推进农业产业化，提高农产品的质量和竞争力，提高农业生产效益。在知识经济和经济全球化的背景下，要大力发展生态农业、设施农业、精确农业、创汇农业。非农产业为农村经济发展提供了更为广阔的空间，要大力发展农村工业、服务业，加快农村工业化、城镇化发展步伐，增强农村综合经济实力。要发展农产品加工业，拉长产业链，使农民在农产品加工增值的过程中增加收入。在非农产业不发达的地区，要进一步加快农村工业化的进程。农村富余劳动力进城务工是生产发展的重要内容，要疏通农民工进城的渠道，清理妨碍农民工进城的现行政策措施，提高城市吸纳农村劳动力的能力。要加强对农民工的培训，提高农民工进城务工的组织化程度，逐步达到第一产业劳动力的比重低于35%的全面小康目标。

农民是建设社会主义新农村的主体，生产发展要激活生产力中最活跃的人的要素。首先要充分调动亿万农民的积极性，使其真正发挥主体性作用。其次要提高农民的素质，促进农民的发展。农民的素质决定和制约着我国社会主义新农村建设的质量和速度。目前我国近九成农村劳动力的科技文化素质较低，这不仅制约了我国农业科研成果的有效转化和技术的快速推广,而且影响着农村富余劳动力向城镇和第二、第三产业转移就业的进程,并已成为实现农业和农村现代化的主要障碍。因此,在社会主义新农村建设过程中,要把培育新农民作为一项根本措施来抓,通过提高农民的科技文化素质和致富能力,按照全面建设小康社会的标准,实现农村人口平均受教育年限九年、农业科技人员数量占万分之四的目标,为增产增收和改变村容村貌提供有力的人才保障。

(二)生活宽裕是社会主义新农村建设的核心目标

社会主义新农村建设的核心目标是生活宽裕,其目的就是为了提高农民的生活水平,让农民能享受到改革开放的成果。生产发展本身不是最终目的,最终目的是为了提高农民的生活水平和生活质量,改善生存环境。按照全面实现小康社会的标准,农民生活宽裕应实现农村居民收入的基尼系数 0.3～0.4,恩格尔系数 0.4 以上,居住质量指数 75%,农民文化娱乐消费支出比重 7%,平均预期寿命 75 岁,农村小城镇人口比重 35% 以上,农村合作医疗覆盖率达到 90%,农村养老保险覆盖率达到 60%,等等。生活宽裕就是逐步提高农民的收入,让农民有较多的现金可自由支配,不断改善农民生活条件,进一步提升农民生活水平和生活质量。这是建设社会主义新农村的具体体现,是整个农村经济社会全面提升的基本要求。生活宽裕既包括衣食住行的保障,解决最基本的生计问题,还包括生老病死等社会福利的保障,保障人人过得去。要达到生活宽裕的目标,首先要通过开辟各种增收渠道,增加农民收入。从根本上说,增加农民收入是广大农民支持建设社会主义新农村的关键性因素之一。从国民经济的宏观层面来讲,农民增收可以激发农村的巨大消费潜力,使农民需求成为一种有效需求,从而增强消费对国民经济的拉动力。尽管近几年中央政府相继出台了一系列惠农政策,在减轻农民负担、鼓励粮食生产等方面效果明显,但总体来说农民收入仍然偏低,城乡居民收入差距还在扩大,农民收入增长缓慢,这些已经成为解决三农问题的焦点。

建设和改善与农民生活直接相关的基础设施是实现农民生活宽裕的条件之一。当前农村基础设施严重不足,"软设施"同样令人忧心,要加强农村基础设施和社会事业建设,必须让公共财政的阳光普照农村,政府要加快推进农村基础设施建设,重点是农田水利、乡村道路、电网、通信、洁净能源、饮水安全、环境卫生等建设。要继续增加农村教育、文化、卫生等农村公共产品的投资和供给,特别是农村教育、医疗卫生、文化和社会保障,要通过公共财政支撑,全面实现农村义务教育,帮助农民建立健全包括合作医疗、农村养老保障等农村社会保障体系,逐步使农民享受到与城市居民差距不大的公共服务,让农民喝上安全卫生的水,走上通畅便捷的路,用上清洁卫生的能源,用上经济而又有保障的电。

(三)乡风文明是社会主义新农村建设的灵魂

乡风文明,就是要不断提高农民的思想、文化、道德水平,重建农村精神家园,丰富农村文化生活,形成崇尚文明、崇尚科学、健康向上的社会风气,这是建设社会主义新农村的灵魂。建设文明的乡风,满足农民的精神需要,不仅可以提高农民的精神动力,而且有利于创造和谐的公共空间,可以在社会主义新农村建设中发挥重要的协调作用。建设社会主义新农村离不开农村精神文明建设。乡风文明涉及文化、风俗、法制、社会治安等方面。

近年来,随着我国农村经济的持续快速健康发展,农村文化建设有了明显改善,农民的精神面貌有了明显转变。但由于历史的、自然的、经济的原因,我国农村的精神文明建设程度还比较低,不少落后的价值观念、乡风民俗、生活方式等,不仅制约着农村的经济发展和农民的生活水平和生活质量的提高,而且严重制约着农村的政治建设、文化建设和社会建设。尤其是中西部农村地区,精神文明建设投入严重不足,文化等基础设施落后,可供消费资源偏少,加之体制不顺、机制不活,使得农村精神文明建设与全面建设小康社会的目标要求不适应,与经济社会的协调发展不适应,与广大农民的精神文化需求也不适应。如何使广大农民过上丰富多彩的精神文化生活成为新农村建设的重要任务。

建设文明乡风,首先要发展农村文化事业。按照建设社会主义新农村的要求,经过若干年的努力,要基本形成适应社会主义市场经济体制,符合社会主义精神文明建设规律的农村文化建设格局,要使县、乡、村文化基础设施相对完备,使公共文化服务切实加强。使农村文化工作体制逐步理顺,现有文化资源得到有效利用。使文化队伍不断壮大,农民自办文化更加活跃。使文化产业较快发展,看书难、看戏难、看电影难、收听收看广播电视难的问题基本解决。其次,要改变旧风俗,塑造新风貌。目前,农村中传统的陋习依然广泛存在,一些地方甚至出现攀比修建坟墓、修造豪华活人墓的现象,这些都与乡风文明的要求格格不入。因此,社会主义新农村建设要把易风移俗作为乡风文明的主要要求。移风易俗要因地制宜,根据各地的实际情况,采取不同的对策,充分发掘和利用地方特色的载体反对不良习气在农村的蔓延。此外,要建设平安乡村,全面小康社会是社会秩序稳定、人民安居乐业的公平正义型社会。建设社会主义新农村必须保障绝大多数农村居民有稳定感和安全感。当前,各种危害社会稳定和人民安全的不安定因素还客观存在,特别是农村不少地方治安混乱,广大农民对社会安全很有意见,因此,我们要继续深入开展平安乡村建设活动,让绝大多数农民满意。

(四) 村容整洁是社会主义新农村建设的重要内容

村容整洁,树立崭新形象,创造良好环境,是农村经济社会发展的客观要求,也是广大农民的呼声,并具有一定的物质基础和广泛的群众基础,这项工作抓好了惠及千家万户,可以进一步改善农民的生产生活条件,提升农民的生活质量;可以引导农民转变观念、提高素质,营造和谐温馨的人际关系和团结稳定的社会氛围;可以缩小城乡差别,促进我国经济社会发展的良性循环。村容村貌不仅反映农村形象,也影响到农村生产发展、投资环境和农民的生存环境、生活质量,良好的环境是一笔无比宝贵的资源和财富,有利于提高农村的吸引力和竞争力,为农村赢得新的更大发展创造条件。

村容整洁,就是要从根本上治理农村脏乱差状况,改善农村生态环境、人居环境,打造拥有新房舍、新设施、新环境、新风尚、新秩序的农村新面貌,这是建设社会主义新农村不可或缺的重要内容。村容整洁不是简单的村镇建设和村貌整洁,一方面,要整治乡村环境,把房子盖得漂亮一点,道路修得宽一点、直一点,花草树木多种一点,力争村村通电、通邮、通公路、通广播。另一方面,要按照城乡一体的要求搞好基础设施建设,合理规划布局居住区、农林区、工业加工区;更多的是要重视生态保护和建设,防止水土流失和污染,保持能源清洁、饮水安全、环境卫生。既要建设整齐清洁美观的村庄,又要保持秀美的田园风光,让农村成为拥有青山绿水、洁净的空气,宜农、宜工、宜居,使人们享受幸福感的美好家园。

长期以来,大部分农村地区的人居环境不能令人满意。"露天厕、泥水街、压水井、鸡鸭院",成为对农村生活居住环境的形象描述。农村房舍建设缺乏规划,"有新房无新村,有新村无新貌","室内现代化,室外脏乱差";通行条件差,给农民的生产生活带来诸多不便;由于缺少硬件设施,加上农民不良的生活习惯,垃圾污染严重。另外,随着一些农村地区非农产业的发展,工业污染问题严重,这也亟待改变。这些问题,已经在相当程度上影响到农村生产的发展、农民生活的提高,成为制约农村全面建设小康社会的瓶颈之一。我们必须坚持科学发展观,统领经济社会发展全局,加大投入力度,采取有效措施,把根治脏乱差、改善人居环境、保护生态环境作为利国利民的大事,千方百计地抓紧抓好。

(五)管理民主是社会主义新农村建设的政治保障

管理民主,就是要在农村党组织领导下,健全和完善民主选举、民主决策、民主管理、民主监督等村民自治机制,这是社会主义新农村建设的政治保证。我们实行的村民自治,对农民来说是一场深刻的历史性的民主教育和训练,是一项有深远意义的社会实践,对国家政治生活和政治发展也有重大影响。推进社会主义新农村建设应创造条件进一步提高农民民主自治的水平,提高农民参与管理的层次,不断增强农民的自我教育、自我管理能力,使广大农民真正拥有知情权、参与权、选举权、监督权,真正给农民平等权利,让农民当家做主,切实推进农村民主法制建设。

民主管理,最主要的任务是健全村民自治制度。改革开放以来,农村基层民主建设已经有了较大的进展,其标志就是村民自治在农村的实施。扩大农村基层民主,全面推进村民自治,已成为党领导亿万农民建设中国特色社会主义民主政治的伟大实践。目前,我国农村地区实行村民自治制度,已经形成了以建立健全村委会为主要内容的民主选举制度,以村民会议或村民代表会议为主要形式的民主决策制度,以村民自治章程或村规民约为载体的民主管理制度,以村务公开、民主评议和村委会定期报告工作为主要内容的民主监督制度。但各地发展不平衡,具体情况差别比较大,在村民自治过程中仍然存在一些问题。这既有制度设计的不足,也有农民民主法制素养缺失的原因。因此,我们既要坚持这个大方向,又要继续完善农村基层民主自治制度,这是实现乡村管理民主的关键。从国家层面来讲,要出台村民自治法的实施细则,加快制定村民委员会选举法,并使村民会议制度、村民代表会议制度、村民自治章程、村规民约以及村民议事会、村民议事日、评议村干部等一系列规章制度和做法具体化,明晰化,增强可操作性。从基层来说,要把村民自治纳入法制轨道,把农民的民主权利用法律和制度固定下来,使之法律化和制度化,使之不受侵犯和剥夺;同时,农民也必须依照法律规定开展自治活动,确保村民自治顺利推行。

社会主义新农村建设的目标要求,是中央有关部门的同志和很多专家深入各地做了大量的调查研究,包括到国外考察后,在总结国内外新农村建设的做法和经验的基础上提出来的。胡锦涛总书记、温家宝总理等党和国家领导人也多次到各地考察,赞成建设社会主义新农村,并强调要把建设社会主义新农村的任务落到实处。因此,十六届五中全会明确强调社会主义新农村建设是相当长时间内农业和农村工作的大目标,同时提出具体的明确的要求。可见,中央对这个问题是极其重视的,提出的要求不仅有很强的指导性,而且有很强的操作性。

二、为什么提出建设社会主义新农村

(一) 工业化、城市化不能完全解决三农问题

建设社会主义新农村是解决三农问题的根本措施。新中国成立以来,特别是改革开放30年以来的工业化、城市化实践表明,对于中国这样一个农民众多的人口大国来说,工业化、城市化在短时间内并不能解决三农问题,如果措施不切合实际,还有可能加重三农问题。新中国成立60多年来,随着工业化、城市化的逐步推进,农民人口从新中国成立初期占全国人口的85%已经下降到2002年的70%,又下降到2012年的50%。按目前农民人口占全国人口比重的下降速度,到21世纪二三十年代中国人口峰值16.4亿时,农民人口约占全国人口的40%,然而绝对数量仍有5亿~6亿,这仍然是庞大的数量。关于这一方面的事实,只要到广大中西部农村问问就会知道,这些年来虽然农村人口转移速度不断加快,但村里的农民似乎感受并不深。在他们看来,村里似乎还是那么多人,人均耕地不仅没有增加,而且还不断减少,这确实是活生生的事实。因此,我们断定在可预见的未来,国家无论怎样加快工业化、城市化进程,仍然会有5亿~6亿人不得不留在农村,如何使这些留在农村的农民生活得更好,如何使他们过上有尊严的、体面的生活,如何使农村更好地与城市和谐互动,这些就是中央提出建设社会主义新农村的主要原因。

这些问题也可能存在另外一种情形,即随着国家综合国力的提高,我国的城市化速度有可能进一步加快,三农问题还是可以通过城市化来解决的。这种可能性是有的,但是现实情况是,随着我国工业化、城市化速度进一步加快,资源环境会更加紧张,城市的高房价、高物价、上学难、饮水难等问题,把农民挡在城市的大门外。近几年房价连续攀升,中央政府虽然连续出台政策,重拳出击,可是仍然收效甚微,什么原因?直接的原因是多方面的,深层次原因则是资源环境紧张。现在的问题不是农民不愿进城,而是因为城市的门槛太高,农民没有条件进城。受资源环境的客观物质性因素制约,如果我们的政策不能很好地统筹城乡发展,未来的三农问题不仅不容乐观,而且有可能更加复杂,现在看似已经缓解的问题,还有可能进一步恶化。

世界上多数发展中国家的发展经验表明,工业化、城市化很难解决三农问题。咱们不妨以墨西哥为例,无论是自由化程度、民主化程度,还是市场化程度,墨西哥在这些方面都比我们走得要远很多。人均年GDP在金融危机前曾经接近6000美元,后来降到4000多美元;城市化率达到80%,也就是说我们预期的目标他们早就达到了。但是他们的社会仍然是两极分化的,城乡差别仍然是很大的,农民问题仍然是很复杂的,有时候矛盾甚至是很尖锐的。墨西哥1994年曾经发生的恰帕斯州农民起义,坚持了9年,现在仍然存在。再以巴西为例,巴西经济发展很快,2002年人均GDP超过了3000美元,城市化率达到82%,但是贫困人口却占国民人口总数的34%。一边是现代化,一边却产生了大量的穷人,这就是所谓的"拉美陷阱"。我国三农问题特别严重时,谈论"拉美陷阱"的人也多了起

来,显然是因为大家越来越担心我国也陷入"拉美陷阱"。其实,拉美国家也不想陷入"拉美陷阱",他们陷入"拉美陷阱"实属无奈。在人与自然关系高度紧张成为现实的情况下,发展中国家只要是沿着西方工业化、城市化、市场化的道路走下去,将很难避免"拉美陷阱"。印度的基本国情与我国差不多,市场经济制度比我们成熟得多,但在北方农村,据去过那里的温铁军教授说,那里有相当多的农民失去了土地,茅草房比比皆是,农民家徒四壁,贫困农民反抗的激烈程度也是不可想象的,印度的情报部门说,从尼泊尔到不丹,到印度西北,再到斯里兰卡,已经形成了一个游击走廊,农民的武装控制了相当多的农村地区。

总而言之,中国的经验和国外的经验都表明,工业化、城市化很难解决三农问题,因此,一些学者倡导社会主义新农村建设,中央政府提出建设社会主义新农村。其目的是,中国将来就是实现了工业化、城市化,也不能掉入"拉美陷阱"。城市漂亮了,城镇居民生活提高了,农村也要漂亮,农民的生活质量和生活水平也要大幅度提高,实现城乡互动,共同繁荣。20世纪20年代的知识分子中为什么产生了一批改良主义者?即像梁漱溟、晏阳初、陶行知这些人。他们为什么要在当年工业化加快发展的同时,去农村进行乡村建设运动?就是因为他们当时已经看清楚,咱们中国如果按照西方的模式,可能确实走不下去。那一代的知识分子绝对不比我们傻,他们早就发现了矛盾和问题,早就看到工业化、城市化解决不了中国的农村问题和农民问题。恰恰是那十年,民国史上叫"黄金建经十年",即工业化飞速发展,经济急剧地增长的十年,而那经济高增长期间的十年,恰恰出现了中国大陆自追求现代化以来的第一次乡村建设运动。

(二)社会主义新农村建设是解决我国三农问题不可缺少的重大举措

在我国,20世纪曾发生过两次农村建设运动,一次是上面提到的,也就是大家比较熟悉的梁漱溟、晏阳初那一代人搞的;另一次是大家并不熟悉的,80年代温铁军等人在全国范围内搞的农村实验区。对这两次农村建设试验,温铁军的评价是,都不能说失败,但也不能说成功。这不仅使人们要问:农村建设的道路既然是解决我国三农问题的正确道路,为什么20世纪的两次农村建设试验都没有取得成功?我的看法是,主要原因是工业化、城市化、市场化是时代主流,任何逆这个主流的想法和做法都难以取得根本性成功,而农村建设运动正是逆这个主流的,所以不能取得根本性成功。这个主流现在仍然处在上升期,中央政府提出建设社会主义新农村,充分发挥社会主义优越性,加大宏观调控力度,将人力、财力、物力资源向三农倾斜,毫无疑问,这些举措一定能在一定程度上缓解三农问题,但是不能在短期内彻底解决。为什么呢?因为工业化、城市化、市场化是当今时代主流,期望农村与城市彻底一体化,在个别地方也许能实现,甚至个别地方的农村能够超过城市,更适宜居住,但是大多数地方在相当长时间内还无法实现,我们还是不得不面对城乡存在差距的现实。既然工业化、城市化、市场化是时代主流,那么不进行社会主义新农村建设,用这"三化"解决三农问题不行吗?我的看法是,不行。历史的辩证法是向对立面转化,即再好的东西,发展到极端就会变质,转化为坏的东西。工业化、城市化、市场化是当今时代主流,这个主流是一定要发展到底的,任何人都阻挡不了这个主流的前进步伐,这个主流现在看起来对人们是好东西,但是再发展下去会不会仍然是好东西,就很难说了,搞不好就会变成坏东西,它带给人们的可能不是福祉,而是灾难,即社会的、生态的灾难。事物发展的辩证法使我深信,这场灾难很可能是不可避免的,是大,是小,大到多大程度,这些现在还不好说,但是这场灾难是一定要来的,问题只是什么时间到来,以及规模有多大。有没有办法让这场灾难来得晚一些,为人们争取更多时间,从而使这场灾难变得小一些呢?从辩证法的角度讲,办法是有的,办法就是反主流。为了使工业化、城市化、市场化这个主流不至于发展到变成一场灾难,办法就是毛泽东讲的"掺沙子",在这个当今时代主流里面加进一些与之相反的因素、反面的因素,以阻挡这个主流彻底走向反面。社会主义新农村建设就是办法之一。我们可以设想这样一种情况,如果中央不下大决心进行社会主义新农村建设,不加大宏观调控力度,不将资源向三农倾斜,那么肯定是农村和农民越来越穷,甚至是过不下去。为了活命,农民只有两个办法,一个是抢,这会造成很大的社会问题;另一个是向自然掠夺,凡是能吃的、能卖成钱的都要掠夺走,这最终会造成生态灾难。因此,大力进行社会主义新农村建设,让农民能够体面地生活下去,这是避免社会灾难、生态灾难的不可缺少的举措。记得一位学者曾这样说:社会主义新农村建设的方向,不仅是解决中国"三农问题"的根本方向,也是人类摆脱环境危机、资源危机、战争威胁、恐怖主义的根本方向。我想,这才是中央政府为什么提出建设社会主义新农村的深层原因。

三、怎样建设社会主义新农村

(一) 解决三农问题的两种不同思路

社会问题是非常复杂的,处于转型期的社会问题更加复杂。我国的三农问题就是社会转型期出现的问题,不同专家和学者提出的解决问题的思路是不相同的。有人把解决三农问题的思路分为主流思路和非主流思路。主流思路,就是多数人的思路,多数人这么想,也这么做,甚至不这么想,也不得不这么做。主流思路认为,中国的社会转型主要是由农耕社会向工商社会的转型,或者说是从传统的农耕社会向现代社会的转型。而所谓工商社会、现代社会主要是以西方发达国家为摹本的。按照这种思路解决三农问题,就要加快工业化、城市化步伐,将大量农民转移到城市,随着农民数量的逐渐减少,到一定时期,三农问题也就自然解决了。非主流思路不同意这种观点,这种思路认为,中国不可能像西方发达国家那样生产和生活,主要原因是中国人口太多,人均资源太少,中国的资源,加上通过国际市场交换得到的世界资源,根本支撑不了绝大多数中国人过上发达国家现代城市人那样的生活。再说,现在发达国家的日子并不好过,美国、欧盟、日本的日子都不好过,欧债危机长期得不到解决,经济不景气不断引发国内政治、社会动荡。这说明,西方发达国家并不是我们要学习的榜样、追求的目标。工商社会和城市生活方式,过度消耗自然资源和污染环境,不用说让绝大多数农民过上西方发达国家现代城市人那样的生活了,就是现在50%的农民进了城,就已经造成严重的资源问题和环境问题,将来绝大多数农民进了城,过上了现代化的生活,问题可能将更加严重。西方发达国家主要靠玩金融过日子还不能解决污染问题,中国这样的发展中国家更不能解决污染问题。非主流思路认为,解决中国的三农问题,还得大力开展社会主义新农村建设运动,通过国家宏观调控之手,将更多资源投向农业、农村、农民,使农民在农村能够自由自在地生活,能够体面地生活。目前,我们还很难说这两种思路哪种对哪种错,这两种思路在现实中都得到了印证。一方面,现在农村人口在不断减少,城市化率不断提高,2012年城市化率达到50%以上,中国历史上首次实现城市人口超过农村人口。另一方面,社会主义新农村建设也在大力推进,农村面貌不断发生变化。这两个方面都是事实,实践是检验真理的唯一标准,实践将证明哪种思路更符合中国实际。笔者认为,按照唯物辩证法的哲学观点,资源环境这些客观物质性的东西最终决定人们的价值观念和生活方式。不是人们想怎么生活就能怎么生活,而是人们怎么生活归根结底要受资源环境的制约。过去总觉得谈唯物主义和唯心主义的斗争已经过时了,已经没有啥意义了,如今才知道,谈这种斗争不仅没有过时,而且涉及人们何去何从的大问题,当然也涉及中国的三农问题如何解决。

(二) 建设社会主义新农村的要点

第一,认识要上去。

无论干什么事情,只有认识上去了,行动起来才有自觉性、主动性。中央为什么要提出建设社会主义新农村?如上面所述,这些年的实践证明,工业化、城市化并不能完全解决三农问题,最终解决三农问题,还要靠建设社会主义新农村。长期以来,我们一直认为,随着我国工业化、城市化的进一步发展,三农问题会自动解决,后来的实践证明,这种观点并不完全正确。事实是,工业化、城市化发展了,既可能促进三农问题解决,又可能加重三农问题。众所周知,20世纪90年代初期以后,县、乡、村普遍开展的工业化、城市化运动,正是形成乡村债务和三农问题的主要原因之一。开展社会主义新农村建设,就是在抓好工业化、城市化建设的同时,还要抓好新农村建设,实现城乡良性互动。资源环境最终决定人们的价值观念和生活方式,社会主义新农村建设好了,如果资源环境允许,农民进一步过上更高级的生活,这是自然的事情。如果资源环境不允许,那么像现在这样,一部分人像生活在发达国家,另一部分人像生活在非洲国家,早晚是要发生大事的。像中国这样一个人口大国,任何时候都要把稳定放在重要的位置。国家只要能始终保持稳定,那么谁也阻挡不了我们发展的步伐。但是,一旦稳定出了问题,一切就不好说了。县、乡、村直接面对农业、农村和农民,在社会主义新农村建设中,在维护稳定和促进各项事业发展中担负着特别重要的责任。不要认为一和"农"字沾边就是土,就是没出息,事实是,只要建设好了社会主义新农村,就是为中国特色社会主义事业做出了大贡献。

第二,要坚持循序渐进的工作路线。

建设社会主义新农村,中央提出"五要五不",即"要注重实效,不搞形式主义;要量力而行,不盲目攀比;要民主商议,不强迫命令;要突出特色,不强求一律;要引导扶持,不包办代替"。这是对以往农村发展经验的总结,我们在建设社会主义新农村的过程中要始终不渝地遵循。这"五要五不",归结到一点,就是要坚持循序渐进的工作路线和发展路线。什么是循序渐进?字典上的解释是:(学习、工作)按照一定的步骤逐渐深入或提高。笔者的理解是:"循",就是遵循、顺着;"序",就是秩序、顺序;"循序",就是遵循一定的顺序。遵循顺序,就是遵循规律。遵循什么顺序和规律?笔者的思考和体会是:一般要遵循先急后缓、先小后大、先易后难、先低级后高级、先简单后复杂的顺序。遵循这样的顺序,就是遵循规律,就是按规律办事,规律不过就是事物之间的发展顺序。建设社会主义新农村是一项极其艰巨的任务,不少人存在害怕困难的情绪,不知道从何处下手,笔者的看法是,从和广大农民利益密切相关的小事做起,从最容易做好的事情做起,群众利益无小事。这些小事、易事干足干好了,干到一定程度,无论是党群干群关系还是经济发展,都会有一个质的变化。我们看来是小事的那些事,在群众那里可能就是大事。哲学上有个量变质变规律,我们做的这些就是从量变到质变。老子讲的"图难于其易,图大于其细"也是这个道理。一些人看不起低级的东西,看不起"土"的东西,其实,再高级的东西也得建立在低级的基础上,高级之所以高级,不过是因为它包含了众多低级。"土"的东西,有时说起来可能不好听,看起来可能不好看,却符合农村和农民实际,花钱少,用起来实用。"土文化"、"土专家"就是这样的东西。建设社会主义新农村是一项复杂的系统工程,但是,再复杂的事情也是由简单的事情构成的,处理复杂的事情,就从处理简单的事情入手。简单的事情做好了,做足了,复杂的事情就自然而然地做好了。战略上要藐视复杂的事情,战术上要从简单的事情做起,一步一个脚印就能成功。成功的经验和失败的教训都告诉我们,作决策,办事情一定要遵循循序渐进的工作路线和发展路线。循序渐进是科学发展观的应有之义。坚持科学发展,就要坚持循序渐进;坚持循序渐进,就是坚持科学发展。这样讲绝不是一概反对跳跃式、超常规、大跨度地发展,但循序渐进是主要矛盾方面,跳跃一般就是长期渐进积累的结果。没有积累,人为地搞跳跃式、超常规、大跨度地发展,只能导致一连串的失败,最后不得不重来,本来是想快,结果反而慢了,这叫"欲速则不达"。

第三,要处理好内因和外因的关系。

建设社会主义新农村是一项复杂的系统工程,需要巨额资金,资金从哪里来?无外乎三个渠道:一是各级财政,特别是中央财政;二是社会支持;三是农民自己。笔者把第一和第二个渠道合起来称为外因,把第三个渠道称为内因。毛泽东讲,外因是变化的条件,内因是变化的根据。毛泽东这样讲,并不是说外因不重要,其实,条件、根据、内因、外因都重要。在事物变化发展的过程中,有时外因起决定性的作用,因此有"万事俱备,只欠东风"之说;有时内因起决定性的作用,因此有"事在人为"之说。正如没有鸡蛋就孵不出小鸡一样,同样,没有适当的温度,鸡蛋也变不成小鸡。在内因相对不变或变化较难的情况下,外因的变化往往起决定性的作用,反之亦然。因此,对内因外因不能简单地说谁主谁次、谁重谁轻,一切依具体情况而定。在一个时间段内因是主要矛盾方面,在另一个时段外因又变成了主要矛盾方面;站在这个范围看,内因是主要矛盾方面,站在另外一个范围看,外因又是主要矛盾方面。就目前情况看,没有国家之手的强力干预,没有大量人力、财力、物力注入农村,农村市场难以启动,农村的不景气必然持续下去。在这种情况下,中央政策、外部支持这些外因就成了主要矛盾方面;在中央关于三农方面的方针政策稳定后,农民自己则又变成了主要矛盾方面。因此,主要矛盾方面和次要矛盾方面是可以相互转化的。建设社会主义新农村,中央财政和社会支持很重要,农民自己这方面同样很重要。财政投入要起到四两拨千斤的作用,一定要想办法解决"财政支农几千亿,农民受益毛毛雨"的问题。办法之一是自上而下搞好财务公开,充分发挥媒体特别是互联网的作用,同时加强审计监督。要千方百计调动社会力量参与社会主义新农村建设,国内一些地方开展的"结对子"活动、韩国的一社一村(一家企业自愿与一个农村建立交流关系,对其进行"一帮一"的支援)经验,都可以借鉴推广。要形成全社会参与社会主义新农村建设的长效机制。建设社会主义新农村,只有外因还不够,还要充分发挥农民自己这个内因的作用,最主要的是要提高农民的组织化程度。在市场经济条件下农民为什么会成为弱势群体?原因之一是农民组织化程度低,一盘散沙。弱的怎么战胜强的?小的怎么战胜大的?辩证法告诉我们:弱的联合起来,小的联合起来。建设社会主义新农村,离不开农民出钱出力,办法是实行民主和一事一议。实行民主和一事一议,要解决少数人说了算的问题。绝大多数人都想干的事情,因为个别人不想干就干不成,这绝不是民主,而是走到了民主的反面。乡村干部直接面对农村、农民,是建设社会主义新农村的主要组织者,要为他们创造一个干事创业的宽松环境,包括舆论环境、制度环境和工资、福利待遇等。

第四,要理顺工作思路。

原来的工作思路是,上级定目标任务,下级出钱出力并限期完成任务。由于上级不出钱、不出力还能邀功,所以普遍存在急于求成、好大喜功的心里。又由于我们的体制是上级管下级,上级有所好,下级必甚焉,于是形式主义、盲目攀比、强迫命令、包办代替、形象工程等由此产生。理顺工作思路,就是与循序渐进的发展路线和工作路线相适应,把原来的工作思路颠倒过来,由原来上级想干啥就干啥,变为农民自主商议想干啥就干啥,上级则给予人力、财力、物力的支持。总结这些年来的农村工作经验教训,笔者认为存在的一个很大的问题是,上级作决策办事情有时不符合农村和农民实际。农民想干的事情,上级不想干,上级想干的事情,农民不愿干,上下形不成合力,有时甚至是背道而驰,影响了农村发展。例如,强迫农村和农民大办乡镇企业,由于一连串失败,落下巨额债务,影响了农村的可持续发展。又如,强迫乡村搞达标升级活动,加重了农民负担,影响了党群干群关系。再如,片面地强迫农民进行农业结构调整,产生了很坏的效果。由小到大,由少到多,由低级到高级是事物的一般发展规律,小事做多了,做足做好了,自然成大事;低级的事做多了,做足做好了,自然发展到高级。但是,一些人为了快出成绩,出大成绩,总是违背事物的这一发展规律:小事还没有条件做,就想干大事,简单的事还做不来,就想做复杂的事,结果弄得鸡飞狗跳。解决这个问题没有其他好办法,只有实行并扩大民主,涉及农民切身利益的事情,主要由农民自己当家做主。要农民自己当家做主,绝不是不要集中,大的原则仍然是党一贯倡导的民主集中制,只不过是过去集中太多,民主太少;理顺工作思路,就是加强民主,让民主再多一点。

四、社会主义新农村建设五虑

作为一个长期思考三农问题的乡镇干部,笔者认为,中央提出建设社会主义新农村,那是再高兴不过的事情了。然而高兴之余,心头总有一丝抹不去的忧虑,这里把它写出来,目的不是怀疑社会主义新农村建设,而是为了更好地建设社会主义新农村。社会主义新农村建设五虑主要表现在以下五点。

第一,不按照人们的意愿走。

历史好像有自己的发展规律,它常常不按照人们的意愿走。记得20世纪70年代笔者上小学和初中的时候,村里的墙上写有很多宣传标语,其意思是说,要在80年代末基本实现农业机械化,这是当时中央的一个大决策。可是到了80年代末我们没有实现,到了

20世纪末还是没有实现,就是到了现在,新世纪又过去了10多年,恐怕也只能叫基本实现了农业机械化。改革开放开始不久,我们提出了一个目标,说是到20世纪末实现小康,可是到了20世纪末,人均GDP是达到了,农村离小康的目标却还很远。农村不仅没有达到目标,还出现了严重的三农问题。于是,中央又提出全面建设小康社会,提出把三农问题放在全党工作的重中之重。现在,全面建设小康社会仍然是十八大向全党全国人民提出的重大任务。改革开放以来,沿海一些地区率先通过发展乡镇企业和小城镇,通过招商引资,很快富了起来,于是大家认定,这些也是内地快速发展的捷径。随后分别掀起了乡镇企业热、城镇建设热、招商引资热等,结果是内地不但没有像沿海那样快速发展,而且背上了沉重的债务包袱。凡是持实事求是态度的人都不能不承认,乡镇企业热、城镇建设热、招商引资热,确实是形成三农问题的重要原因。这些事例说明,历史有自己的发展规律,不以人的意志为转移。现在中央提出建设社会主义新农村,毫无疑问,非常及时,意义重大。但是,如果操之过急,它会不会同上述曾提出过的目标一样,并不完全按照人们的意愿走？这是笔者心中的第一个疑虑。同样不能怀疑的是,我们党越来越成熟,对社会主义建设的规律、对党的执政规律的认识越来越深刻,这样就可以少走弯路。关键是要不断总结正反两个方面的经验和教训,既要总结成功的经验,又要总结失败的教训,这样才能认清规律,按规律办事。

第二,上面轰轰烈烈,下面冷冷清清。

在我国近现代史上,建设新农村并非我党首次提出。20世纪二三十年代国民党统治时期,为了抗御外侮,振兴中华,国民党大力发展民族工业,出现了民国史上称为"黄金建国十年"的时期,工业和城市迅速发展,但农民却因此日益破产,一些爱国知识分子纷纷卷起铺盖到农村,掀起了很有影响的"新乡村建设"运动。这个运动的结果如何？三农问题专家温铁军的评价是:称不上失败,但也不算成功。什么原因？参与这次运动的著名民主人士梁漱溟先生在《我们的两大难处》一文中写道:"号称乡村运动而乡村不动这个话,差不多是一个事实……仿佛乡村工作讨论会和乡村没多大关系,乡下人漠不关心,只是乡村以外的人瞎嚷嚷。不但如此,我们试以乡村工作的几个重要地方说:头一个,定县平教会定县人并不欢迎。本来最理想的乡村运动,是乡下人动,我们帮他们呐喊。退一步说,也应当是他们想动,而我们领着他们动。现在完全不是这样。现在是我们动,他们不动；他们不惟不动,甚至因为我们动,反来和我们闹得很不合适,几乎让我们做不下去。"这就是我说的"上面轰轰烈烈,下面冷冷清清",笔者担心这种情况会在今天重演,这并不是杞人忧天。一个原因是已有这方面的报道,国家帮助村里做工作,一些村民不但不帮忙,反而总想揩国家的油,和做工程的闹得很别扭。我们知道,这是个教育问题,农民素质问题。可是提高农民素质谈何容易？毛泽东早就说过,严重的问题在于教育农民。邓小平也说,改革开放以来最大的失误是教育。直到今天,这个问题仍然是个老大难问题。现在的基本情况是,农民热烈欢迎社会主义新农村建设,就是不要让他们出钱、出力,否则,再好的事也说不成。再一个是,乡政府、村委会是社会主义新农村建设的主要组织者,但是组织需要组织费用,而乡政府、村委会没有这些费用,也就是说,一些项目,只有项目费,没有组织费和办公费,乡干部、村干部没有积极性。

第三,把现代化照搬到农村。

有人可能会问：我们的目标就是现代化，特别是农村实现现代化，这是我们梦寐以求的事情，为什么忧虑把现代化照搬到农村？这样的忧虑是有根据的。工业化是现代化的重要象征，20世纪90年代初以后，县、乡、村大办乡镇企业，大有一夜之间把工业化搬到农村的势头，结果造成巨额乡村债务，持续发展受到影响。在一般人眼里，高楼大厦就是现代化，于是，学校不建大楼不达标，农村没有大楼抬不起头，结果是学校的大楼竖起来了，却压得农民直不起腰，本来完全可以过上宽裕的生活，盖大楼后的日子却过得紧紧巴巴。在政治领域，有人认为党政分开是现代化，于是把它很快搬到农村，再小的乡村，也是几个班子、几套人马。众所周知，这曾是农民负担过重的原因之一。还有人认为直接选举是现代化，于是它被搬到了村里，结果是把一些村选得这一派、那一派，村里从此再也不得安宁。还有一个例子不得不提：几乎在所有人的眼里，喷灌、滴灌是最现代化的水利设施，笔者在村里看到，农民每年抗旱浇地非常辛苦，因此常想，这些东西要是在农村能普遍使用该有多好。可是，活生生的例子使笔者改变了这个想法。《人民日报》上曾有一篇报道，说的是国家投资200万元，在河南省新乡县古固寨镇前辛庄村建起节水灌溉项目工程，验收才一年，就陷入前途难料的困境。主要原因是节水不节能，农民不愿用，人们议论说，200万元打了水漂。这些例子说明什么问题？凡事都不能照抄照搬，都要实事求是，否则就会出问题。现代化确实是好东西，没有人说现代化不好，问题在于现代化需要以强大的物质基础作为后盾，还要配以相应的人的素质，没有相应的钱财和人的素质，还非要现代化，那是一定要出问题的。俗话说得好，有钱花在哪儿哪儿好，没钱则难办称心事。现在农村还不富裕，在这种情况下把现代化搬到农村，确实让人忧虑。

第四，搞形象工程。

对搞形象工程，不是笔者一个人的忧虑，许多人有这样的忧虑。"建设新农村不应搞样板"、"千万不要搞政绩工程"、"新农村建设'形象工程'要不得"等，这些充斥媒体的话题表明大家对搞形象工程忧虑最多。中央提出新农村建设"五要五不"也与预防搞形象工程有关。新农村建设所以容易搞形象工程，首先与市场经济的大环境有关。从某种意义上说，包括部分领导在内的不少人是最大限度地追逐私利的"经济人"，干哪些事以及怎么干最有利于升迁和捞钱，他们常常就怎么干，搞形象工程有利于实现这些目标。这里还有一个认识问题，即大家一般认为，搞现代化当然是越高级越好，越新越好，越洋越好，这很容易导致搞形象工程。据报道，某地准备投入逾千亿元资金把靠近中心城市的一个县作为建设新农村的试点。无独有偶，一些市、县领导在落实新农村建设工作时，也有意选择条件较好的村屯，集中人力、财力、物力打造"样板"。三农问题专家陈锡文问："这种用特殊帮扶及外力堆起来的'花瓶'，有多少普遍推广的价值？"其次，形象工程之所以容易出现，还与农村经济基础较差有关。建设社会主义新农村，需要巨额资金，无论是各级政府财政，还是农村农民，都不能满足需要。没有足够的钱，还想快些建成社会主义新农村邀功请赏，最容易想到的办法就是集中人力、财力、物力搞"样板"，搞形象工程。避免搞形象工程的有效办法是一切从实际出发，实事求是，循序渐进。

第五，把社会主义新农村建设变成单纯的新村庄建设。

把社会主义新农村建设变成单纯的新村庄建设是不少人的忧虑，2006年中央一号文件一出台，陈锡文就告诫说，社会主义新农村建设的目标和任务是全面、系统、完整的，不能片面地理解为是单纯的新村庄建设。社会主义新农村建设之所以容易变成单纯的新村庄建设，笔者认为主要原因可能是，新村庄建设相对于其他目标来说，看得见，摸得着，且容易实现。例如，"生产发展，生活宽裕"，归根结底这是一个农民增收的问题，现在农民增收空间有限，市场又常常不以人的意志为转移，政府在这方面干涉过多，很可能会像调整农业结构一样，出力不讨好。就是农民增收了，但钱在农民口袋里，看不见，摸不着，这使许多领导不愿意抓。又如，"乡风文明"，这属于精神文明建设的范畴，在市场经济的大背景下，从某种意义上说，绝大多数人是追逐私利的"经济人"，抓思想道德建设，抓精神文明建设，很难搞出看得见、摸得着的大政绩。再如，"管理民主"，说到底是农民选举村干部，让村干部全心全意为老百姓谋福利，这在市场经济条件下也很难搞出显著成绩。另外，建设社会主义新农村本来资金就不足，在鱼与熊掌不可兼得的情况下，领导当然首先选择那些容易搞出政绩，且看得见、摸得着的事情干。社会主义新农村建设之所以容易变成新村庄建设，还与实现现代化这个大目标有关。什么是现代化？在许多人眼里，高楼大厦就是现代化，建高楼大厦是大政绩、硬指标，"乡风文明"、"管理民主"是小政绩、软指标。因此，大家忧虑社会主义新农村建设变成单纯的新村庄建设不是没有道理的。实践也证明，现在不少地区所谓的社会主义新农村建设越来越像新村庄建设了。

五、社会主义新农村建设与城镇建设的辩证关系

概括起来讲，社会主义新农村建设与城镇建设是既对立又统一的关系。

（一）社会主义新农村建设与城镇建设是相互对立的

1. 社会主义新农村建设与城镇建设争夺土地

建设社会主义新农村，一个重要的内容是农民要有住房，农村要有一定数量的公共设施，农民要有规模化的产业，等等，这些都需要一定数量的土地，而城镇建设更需要大量土地，这是一对巨大的矛盾。国家土地方面大的政策是确保18亿亩耕地，占补要平衡，任何单位和个人不经批准都不得占用基本农田。为了保证城市建设用地，还要占补平衡，不少地方实行的办法是把原本不是基本农田的土地变成了基本农田。这样虽然实现了占补平衡，但农民盖房子、办产业就没有可用的土地了。

2. 社会主义新农村建设与城镇建设争夺资金

社会主义新农村建设与城镇建设都需要巨额资金，无论是哪一级、哪个单位，资金总是有限的，用于社会主义新农村建设多一点，用于城镇建设就得少一点，这是一对矛盾。陈锡文原来算过一笔账。他认为，如果按人头算，人均投资低于5万元，将难以建成真正意义上的小城镇。要建，也只能是几座小区、几座花园，没有产业、没有后劲的"四不像"。这就是说，要建一个容纳3万人的小镇，至少需要15亿元人民币，建百万人口的大城市，就需要更多资金了。在东部沿海地区，一亩土地"三通一平"的开发成本通常是10多万元，即便在一些中部地区，一亩土地"三通一平"的最低成本也需要近10万元。以"三通一平"平均每亩10万元计算，2003年我国开发区规划面积是5625亩，共需要投入5.625亿元。这些数字虽然是10年前的数字，但是仍能说明问题，即社会主义新农村建设与城镇

建设在资金上是一对矛盾,中央提出统筹城乡发展,一个重要内容就是统筹城乡建设资金。

3. 社会主义新农村建设与城镇建设争夺人才

这些年农村的一个显著变化莫过于大量农村剩余劳动力转移到城镇,农村留下的是老、小、病、残,以至于人们不禁发出感叹:建设社会主义新农村由谁来建?这是社会主义新农村建设与城镇建设争夺人才的矛盾,这一对矛盾在可预见的未来几年乃至十几年,将不可避免地持续存在。

4. 社会主义新农村建设与城镇建设争夺水资源

社会主义新农村建设与城镇建设争夺水资源方面的内容因为很容易理解,这里就不再详细说。可以预计的是随着时间的推移,这一对矛盾可能越来越突出。

社会主义新农村建设与城镇建设的矛盾还不止这些,指出这些矛盾,并不是要制造城乡对立,而是为了更好地统筹城乡发展。根据城乡之间存在的矛盾,所谓统筹城乡发展,就是统筹土地、资金、人才、水资源等方面的矛盾,促进城乡共同发展,协调发展。

(二) 社会主义新农村建设与城镇建设的统一性

社会主义新农村建设与城镇建设的统一性表现在以下几个方面。

1. 社会主义新农村建设与城镇建设将长期共存

社会主义新农村建设是中央的一个重大决策,在相当长时间内不会改变;城镇建设是中央提出的一个大战略,在相当长时间内同样不会改变。社会主义新农村建设有它的必然性、必要性,城镇建设同样有它的必然性、必要性。两者不是非此即彼的关系,而是亦此亦彼、长期共存的关系。中央提出社会主义新农村建设,不是不要城镇建设;大力推进城镇建设,也不是不要社会主义新农村建设,而是要在大力推进城镇建设的同时,积极开展社会主义新农村建设。

2. 社会主义新农村建设与城镇建设相辅相成

新中国成立后的相当长一段时间内,农业支持工业,农村、农民支持城镇建设。改革开放以来,特别是近十几年,我国城镇化速度很快,这也主要得益于农村提供了大量廉价劳动力,至今,农民仍然是城镇建设的辛勤建设者。随着工业化和城镇化的飞速发展,中国进入了一个新的发展阶段,即工业反哺农业,城镇支持农村的阶段,这就是二者相辅相成。多年的经验告诉我们,要让农民富裕,必须减少农民数量;要发展农村,必须发展城镇。"三农"问题的根本出路在于统筹城乡发展,推进城镇化进程。这是世界各国走向现代化的必由之路,农村富余劳动力向城镇转移,转移出来的劳动力的收入水平相应增加,随着在农村的农民数量的减小,农民的人均资源占有量会相应地增加,劳动生产率也会随之提高,再加上采取其他措施,农民的纯收入会相应增长,这样才能提高农民的物质文化生活水平,从而促进城乡稳定发展,协调发展。

城镇化与工业化之间有密不可分的关联性。城镇化的特点是能够在较小的区域内集中很多生产要素,而工业化则需要生产要素的集聚状态,只有生产活动集中才会降低工业生产的成本,才会形成集聚效应。因此,城镇化是工业化的必然产物,离开了城镇化,工业化的效率就会降低,工业化也就坚持不下去;离开了工业化,城镇化就会失去发展的动力。

发展第三产业,必须依托城镇化和工业化。随着社会的发展,第三产业在国民经济中的地位和作用越来越突出。第三产业在工业化的后期就业人数会超过第二产业,对国民经济的贡献会逐渐大于第二产业,同样,它对人类活动集聚的要求也高于第二产业。因此,只有城镇化才能促进第三产业的繁荣和发展,创造更好的就业岗位,缓解就业压力。目前,我国农村存在大量过剩劳动力,就业压力很大,为缓解这一压力,推进城镇化进程从而促进第三产业的发展是必然的选择。

推进城镇化有利于保护资源和生态环境,促进经济社会可持续发展。实现可持续发展是中华民族生存和发展的长远大计,但长期以来,滥砍滥伐、滥耕滥垦、掠夺式经营等现象十分严重,森林植被遭到破坏,水土流失加剧,沙漠化、荒漠化现象蔓延,自然灾害频繁,人类赖以生存的生态环境遭到了极其严重的破坏。多年来,生态环境已经引起了党和政府的高度重视,为了保护环境,国家采取了不少保护措施,但是效果很不理想,一个根本的原因就是我国广大的农民收入偏低,这使他们不可能过多地注意自己的生存环境,因而"靠山吃山,靠水吃水",出现过度垦荒、过度伐树、过度放牧等现象。所以必须提高农民收入,农民收入提高了他们才有可能注意到自己的生存质量,改善自己的环境。而提高农民收入的一个有效途径,就是大力推进城镇化,使大部分农村人口向城镇集中,减少农村人口,减轻对生态环境的压力,真正有效地做到退耕还林、退耕还草、退耕还河,保护好生态环境,促进经济社会的可持续发展。

农村的一个重要功能是为城镇居民提供足够数量和安全的农产品,现在农业存在的一个重大问题是农产品安全问题。城镇居民什么都不敢吃,农民自己种的东西自己不吃,这些如今已不是什么秘密。农产品安全问题已成为全社会关注的焦点。现在的问题是市场竞争激烈,面对竞争农民只能把效益放在第一位,面对千家万户,各级有关职能部门进行全部监督又几乎不可能,这使得农产品安全成为较难解决的问题。解决这个问题的出路还在于推进城镇化,减少农民数量,土地向种田能手集中,实行规模化种植。农村、农民为城镇提供安全绿色的农产品,城镇为农民提供更多的就业机会和就业平台,两者相互促进,相辅相成,相互补充,良性互动,和谐发展,这是我们希望看到的两者的关系。

积极发展乡村旅游业。这不仅是社会主义新农村建设的一个特殊内容,还是构建城乡和谐关系的重要举措。既然社会主义新农村与城镇将长期共存,那么两者就应该是互补关系,社会主义新农村补城镇之所缺,城镇补社会主义新农村之所缺。城镇交通拥堵、嘈杂、环境污染严重,虽经努力,至今仍然是无法克服的弊病,社会主义新农村应该弥补这一不足。现代乡村旅游对农村经济的贡献不仅仅表现在给当地增加了收入,还表现在给当地创造了就业机会,同时还给较弱的传统经济注入了新的活力。在许多国家,乡村旅游被认为是一种阻止农业衰退和增加农村收入的有效手段。简单地说,所谓乡村旅游,就是农户为旅游者提供食宿、游玩等条件,使他们在典型的乡村环境中从事各种休闲活动的一种旅游形式。城市居民对享受农村活动持积极态度。在农村,宁静优美的生态环境、天然的自然景观以及纯朴的乡村生活方式,迎合了久居大城市的人们对宁静、清新环境和回归大自然的渴求,使他们直接享受大自然的恩赐,可以从事农耕、收获、饲养、步行、探索、运动、打猎、登山等活动。累了可以在树下草地上休息,呼吸新鲜空气,聆听鸟儿的歌唱,直到太阳西斜,享受回归自然的乐趣。乡村旅游是农村地区经济发展和经济多样化的动力。

每年黄金周,全国城市居民出游选择乡村旅游的比例约占 70%,乡村旅游已经成为旅游业新的增长点,乡村旅游要将农业、农民和乡村发展高度结合起来,使旅游业成为乡村社区的重要产业。在乡村旅游开发中农民具有不可忽视的作用,要把乡村旅游做活、做大、做好,就得加大社区参与力度,加强对农民的培训和引导工作,激发农民办旅游业的积极性。

第二章　物质文明与精神文明

一、把物质文明与精神文明都搞好,才是中国特色社会主义

(一) 邓小平论物质文明建设与精神文明建设

在国家和老百姓比较穷的时候,邓小平提出必须以经济建设为中心,千方百计把经济搞上去,尽快让老百姓过上好日子。当经济形势逐步好转以后,精神领域又出现了问题,主要表现是少数人信仰缺失,思想道德滑坡,卖淫、吸毒等社会丑恶现象沉渣泛起,于是邓小平又强调精神文明建设,提出把物质文明与精神文明都搞好,才是中国特色社会主义。这就是邓小平著名的"两手抓"的思想,即一手抓物质文明建设,一手抓精神文明建设,两手抓,两手都要硬。这突出反映了邓小平按辩证法办事的工作作风,这就是实事求是,邓小平曾称自己是实事求是派。事物的各个方面,哪个方面缺失、哪个方面是短板,就重点抓哪个方面。或者换句话说,哪方面存在问题,就抓哪方面,决不能放任自流,任其恶性发展下去。抓物质文明建设有抓物质文明建设的道理,抓精神文明建设有抓精神文明建设的道理,两个方面的道理不同,但都正确。两个方面都成立,都正确,用哪个方面指导我们的实践?把哪个方面作为主要矛盾方面来抓?要根据实际情况而定,这就是实事求是。实事求是是党的思想路线,是我们各项工作取得胜利的法宝,实践证明,什么时候坚持了这一路线,我们的事业就取得胜利,什么时候违背了这一路线,我们的事业就遭遇挫折。因此,我们一定要在工作中不断加深对实事求是思想路线的理解,从而不断增强主动性、自觉性。

物质文明建设有什么道理?或者说它的重要性是什么?邓小平的分析很能给人以启发。他是从政治的角度、从精神文明的角度进行阐述的。当时人们还没有完全从政治挂帅的政治环境中解放出来,邓小平为了能够说服全党、全国人民顺利实现工作重点的转移,他就从政治的角度讲经济建设的重要性。邓小平认为,以经济建设为中心,实现四个现代化,就是最大的政治。他说:"国家这么大,这么穷,不努力发展生产,日子怎么过?我们人民的生活如此困难,怎么体现社会主义的优越呢?'四人帮'叫嚷要搞穷社会主义、搞穷共产主义,胡说共产主义主要是精神方面的,简直是荒谬之极。所以,社会主义必须大力发展生产力,逐步消灭贫穷,不断提高人民的生活水平。否则,社会主义怎么能够战胜资本主义?"(中央文献编委会《邓小平文选》第 10 页,人民出版社 1993 年版。以下此书仅标出书名和页码)邓小平指出:"我们总结了几十年搞社会主义的经验,社会主义是什么,马克思主义是什么,过去我们没有完全搞清楚。社会主义的任务很多,但根本一条就是发展生产力,在发展生产力的基础上体现出优于资本主义,为实现共产主义创造物质基础。"

(《邓小平文选》第137页)在《邓小平文选》中,特别是在第三卷中,类似的话很多,他是从政治的高度讲发展经济,从精神文明的高度讲物质文明,总是把发展经济与社会主义联系起来讲,这样既容易说服全党和全国人民,又使他站在一个很高的层面认识经济建设和物质文明建设。毛泽东曾以称赞的口气说,按照辩证法办事是邓小平同志讲的,全党都要学习辩证法,按照辩证法办事。的确,如果用辩证法的思想去阅读《邓小平文选》,邓小平好像骨子里就充满了辩证法思想,这就是邓小平的政治智慧。

  关于精神文明建设的道理,邓小平也讲了很多。邓小平总是根据当时的国内形势讲精神文明建设的道理,这是邓小平实事求是工作作风的突出特点。1983年前后,我国思想战线精神污染严重,邓小平对此严肃指出:"不要以为有一点精神污染不算什么,不值得大惊小怪。有的现象可能短期内看不出多大坏处。但是如果我们不及时注意和采取坚定的措施加以制止,而任其自由泛滥,就会影响更多的人走上邪路,后果就可能非常严重。从长远来看,这个问题关系到我们的事业将由什么样一代人来接班,关系到党和国家的命运和前途。"(《邓小平文选》第45页)在治国理政方面,一个领导人具备政治智慧,其中的一个重要表现就是,当好事出现时,还是星星之火的时候,他就能判断出这样的好事将来是能在社会上普遍出现的;当坏事出现时,还是星星之火的时候,他就能判断出这样的坏事如果不加以制止,是会成为重大问题的。邓小平是具备高度政治智慧的人,当生产承包责任制在农村个别地方刚出现的时候,邓小平判断这是个好事,将来是会发展到全国的,由此出发,邓小平开启了我国改革开放的伟大进程。当精神污染、资产阶级自由化思潮刚出现时,邓小平判断这是个坏事,将来发展下去会毁掉我国的社会主义事业,会毁掉改革开放事业,于是,他又坚定地领导了反对资产阶级自由化的斗争。邓小平认识高远,审时度势,措施得力,使我国的改革开放大业始终沿着正确的道路前进。

  资产阶级自由化思潮在改革开放初期就已经出现,后来两次达到高潮,邓小平领导全党全国人民进行了有力的回击。1985年邓小平指出:"我们在建设具有中国特色的社会主义时,一定要坚持发展物质文明和精神文明,坚持五讲四美三热爱,教育全国人民做有理想、有道德、有文化、有纪律的公民。"(《邓小平文选》第110页)又说:"我们这么大一个国家,怎样才能团结起来,组织起来呢?一靠理想,二靠纪律。组织起来就有力量,没有理想,没有纪律,就会像旧中国那样一盘散沙,那我们的革命怎么能够成功?我们的建设怎么能够成功?"(《邓小平文选》第111页)

  1985年9月,邓小平在中国共产党全国代表会议上严厉指出:"不加强精神文明的建设,物质文明的建设也要受破坏,走弯路。光靠物质条件,我们的革命和建设都不可能取得胜利。过去我们党无论怎样弱小,无论遇到什么困难,一直有强大的战斗力,因为我们有马克思主义和共产主义的信念。有了共同的理想,也就有了铁的纪律。无论过去、现在和将来,这都是我们的真正优势。"(《邓小平文选》第144页)

  1989年1月,邓小平在中央政治局常委会上又指出:"经济建设这一手我们搞得相当有成绩,形势喜人,这是我们国家的成功。但风气如果坏下去,经济搞成功又有什么意义?在另一个方面变质,反过来影响整个经济变质,发展下去会形成贪污、盗窃、贿赂横行的世界。"(《邓小平文选》第154页)

  1989年邓小平说:"十年来我们的最大失误是在教育方面,对青年的政治思想教育抓

得不够,教育发展不够。"(《邓小平文选》第 287 页)

这里笔者对精神文明建设解释两点:第一,有人曾问笔者:在中国不要马克思主义的指导、不要共产主义理想就不行吗？资本主义国家没有马克思主义的指导,没有共产主义理想不照样很好吗？笔者的看法是,今日中国是在马克思主义的指导下建立起来的,是在共产主义理想指引下建立起来的,因此,马克思主义的指导、共产主义理想是今日中国之根基。不要马克思主义的指导和共产主义理想,就等于是丢了根基,丢了根基,大厦必定倒塌。这一点已被其他社会主义国家的实践所证实。所谓倒塌,不是国家就没有了,中国作为一个国家会继续存在下去,而没有马克思主义的指导,没有共产主义理想,中国必然从此陷入内乱。乱到什么程度,乱多长时间不好说,乱是肯定的。没有共产党的领导,各派势力就会陷入争权夺利的斗争中。第二,资本主义国家都没有马克思主义的指导,并不信仰共产主义,但他们都有宗教信仰作为国家意识形态。无论是基督教、伊斯兰教还是其他宗教,它们和马克思主义、共产主义虽然有质的区别,但是都有一个共同的作用,都反对无限膨胀个人私欲,倡导爱人类、爱他人、互相帮助等共同理念,这些是确保国家稳定发展的基础。世俗社会是物质主义的,竞争又很厉害,如果没有精神上的理想加以制约,社会必然陷入大乱的深渊。物质与精神是相互制约的,现实与理想是一对矛盾,没有精神建设,没有理想,物质主义和现实社会就会失去前进的动力。物质主义是社会的一大方面,如果没有精神文明建设的制约,物质主义就会发展到底,走向反面,将人类社会带向危险的境地。笔者认为,这些就是精神文明建设的重大意义。

(二) 史来贺、吴仁宝对"两手抓"的认识

刘庄和华西村是社会主义新农村建设的两个典型,这两个村为什么能取得令世人瞩目的成绩？这与它们的带头人史来贺、吴仁宝对物质文明建设和精神文明建设的认识有很大的关系。实践证明,在我们国家,谁对邓小平关于"社会主义要消灭贫穷,贫穷不是社会主义,更不是共产主义,不能有穷的共产主义,也不能有穷的社会主义"以及"致富不是罪过"的论述认识得早,认识得深,谁就能先富起来;谁对"两手抓,两手都要硬"的认识深刻,谁就富得体面。史来贺、吴仁宝就是这样的人,这是刘庄和华西村能够成为中国两颗耀眼的明珠的主要原因。

史来贺对物质文明建设的理解同邓小平的论述一样,也是同社会主义的概念紧密联系在一起的。史来贺说:"经济、物质搞不上去,人民群众得不到实惠,得不到利益,你咋能体现社会主义和党的领导好呢？社会主义老是穷的,就站不住脚。你穷得叮当响,经济上不能帮助群众,再讲道理也是空的。经济搞上去,说起话来,办起事来,腰板才硬,群众才能跟你,才能代表先进的生产力。"

英雄所见略同,吴仁宝有相同的看法,他说:"我的性格是没有什么可以影响我,不能影响我的什么？那就是信仰,我是信仰共产党的,无论什么时候,我坚信一点,共产党是要为大多数人谋利益的。什么是社会主义？人民幸福就是社会主义。正是凭这个信念,我走过了一生。"在极"左"思想泛滥时,吴仁宝曾因一顶"走资派"的帽子使自己和家人饱受摧残,在那个他几乎想放弃所有理想的"一生中最险、最痛苦的年三十夜",只因妻子轻轻的一句话:"村里人都盼着跟你奔好日子呢!"他从此再也没有彷徨过。

1. 既要走富路，又要走正路

既要走富路，又要走正路，是史来贺对物质文明建设和精神文明建设的概括。读罢史来贺的事迹，笔者感受最深的是致富还得走正道；建设社会主义新农村，必须按辩证法办事。有些人可能不同意这个观点，他们认为，现实情况是只有走歪路，才能快速致富。笔者的看法是关键如何理解富裕，笔者认为，要用辩证法的观点理解。一是要全面看，即富既包括物质上富，也包括精神上富。史来贺说："富裕是一个完整的概念，经济上去了，人们的思想境界也要提高，这才是真正的富裕。"又说："如果是富了口袋，坏了脑袋，那就失去了致富的意义。"物质上富当然很重要，但是，物质上富与精神上富相比，前者只能算作低级的富，后者才是高级的富。例如，一个极端自私的人，永远享受不到助人为乐的乐趣。物质上富是有限的，精神上富才是无限的。受到老百姓的尊敬是当干部的很高的精神享受，一个不走正道的干部能受到老百姓的拥护吗？一个只知道自己富的人能像史来贺一样受尊敬吗？史来贺从物质上讲也许并不是最富的人，但是，他把那么多人带富了，党和国家给予他很高的荣誉，村民十分尊敬他，他得到的精神享受是其他人没有的。二是要长远看。大家都不走正道致富，或者说社会舆论对不择手段的致富默不作声，甚至是纵容，长期发展下去会是什么样的结果呢？历史告诉我们，一个罪恶当道、贿赂横行、盗窃成风的社会，最后只有一个结果，那就是天下大乱。中国民间为什么会有"三十年河东，三十年河西"之说，原因之一即在于此。因此，要想永远富下去，还是走正道。再则，走歪路致富，钱来得容易就不知道珍惜，骄奢淫逸，坐吃山空，必定误导子女，这样的富正如俗语所说，"富不过三代"。走正道致富，富得踏实，富得长久，富得舒心。史来贺说："凡事都得有个主心骨，在任何情况下都不能走邪路、贪便宜、发横财。搞歪门邪道，不会增加社会财富，只是富了这家穷了那家，肥了自家坑了公家。"史来贺的正道，就是自力更生，艰苦奋斗，劳动致富。

2. 口袋与脑袋一起富

口袋与脑袋一起富，这是吴仁宝关于物质文明建设和精神文明建设的概括。笔者看华西村和吴仁宝的事迹，最大的感受是华西人没有满足于物质生活的丰富，村民善良友好，乐于助人，精神上也很富裕。结合华西村40多年的创业经历，吴仁宝深有感触地说："华西走过的发展历程，取得一系列成就的过程，我认为就是始终坚持不懈地进行探索精神文明建设的过程。"经过30多年改革开放，物质上富裕起来的村在全国并不难找，而且一定还有很多，但是像华西村那样物质、精神都富裕的村一定不多，这才是华西村这颗明珠格外耀眼的原因。吴仁宝说："口袋与脑袋一起富，中国农民才能在社会主义道路上不断朝着小康、中康、大康的目标步步登高。"

物质文明和精神文明双丰收，使华西村万心归向。当报纸上还在讨论"农村为什么留不住人"的话题时，从四面八方涌来的优秀的外地人已经在华西村的土地上扎根很多年了。记者当年调查时，华西村委会、党委班子里32个成员，其中19个是外地人。华西村引进的大中专毕业生当时达2000多人，外来的打工者有两万多人。一个小小的村庄，真正做到了成员来自"五湖四海"。吴仁宝说："华西村的孩子回到家乡，这和我们对村民的教育有很大关系。"有人曾经问吴仁宝："为什么华西村的村民听话？为什么华西村的党委有权威？"吴仁宝说："这也和我们的教育有关系。"

吴仁宝在新闻发布会上曾自豪地说："华西有两点可学，一是地创高产出，二是人创高素质。经常教育村民富了不忘国家、集体、左邻右舍。一村富了不算富，全国富了才算富。"

3. 坚持共同富裕的目标

共产党的最终奋斗目标是实现共产主义，是让每一个人都过上好日子，这是党成立之初就提出的目标，今后我们不管走多远，不管搞什么改革，走什么样的路，这个最初的目标都不能忘记，忘记了就不是共产党了。现在共同富裕的目标还没有条件实现，但是只要在党章中、在方针、政策上没有忘记共同富裕，就还是共产党、还是社会主义。邓小平说，共同富裕是体现社会主义本质的一个东西。邓小平当初提出允许一部分地区、一部分人先富起来，目的是为了更好、更快地实现共同富裕的目标，这一点任何时候都不能忘记。始终坚持走共同富裕的目标不动摇，是共产党始终保持先进性的根本条件之一。富比穷好，这没有错；但是，共同富裕比两极分化好，这更没有错，这应该是大家的共识。只要大家还认为，共同富裕总比两极分化好，社会和谐总比社会动乱好，那么，笔者坚信不管道路多么曲折，也不管现在看起来多么遥远，人们定将找到通向共同富裕的道路。只要始终坚持共同富裕的目标，共产党就不会失去先进性。贫富分化不可避免地带来战争和暴力，不可避免地带来生态破坏，人们不可能甘心情愿地永远生活在这样的环境里。共同富裕是比两极分化更高级、更美好的目标，只要人们还承认由低级到高级是事物运动发展的普遍规律，人和人类社会总是向高处走的，追求美好的东西是人类的天性，等等，那么，我坚信人们一定不会放弃对社会主义、共产主义和共同富裕的追求。

刘庄和华西村始终坚持共同富裕的目标。"共产党是为穷人办好事的，是领导人民建立一个没有压迫和剥削，大家都过上好日子的社会。"史来贺一直把这句话铭记在心。吴仁宝说："我是旧社会过来的，看到有人穷我就心疼，最大的心愿就是让穷人过上好日子，这是我的原动力。"现在提共同富裕的目标，很多人认为是空话，笔者则认为，刘庄和华西村之所以能够成为全国先进中的先进，成为特别耀眼的明珠，就是因为这两个村始终坚持走共同富裕的道路不动摇，始终坚持物质文明与精神文明一起抓。过去看佛教、老子的理论，其中的"空"或"道"是万有之源，是最实的东西，这话怎么也不能理解，没想到在刘庄和华西村得到了应验。即看上去是最"空"的道理，你只要信，敢于实践，就会变成实实在在的东西。

4. 建设社会主义新农村，要始终把发展集体经济放在心上

这里之所以说放在心上，而不是说放在首位，是因为目前发展集体经济还存在诸多无法克服的困难。但是，我们一定要认识到，集体经济上不去，就难以走上共同富裕的道路。因此，只要有机会、有条件，就要不失时机地发展集体经济。史来贺说得好："社员进了集体的门，把一切希望都寄托在集体上了，集体应该积极主动地去解决群众生产生活中的问题，尤其是吃、穿、住这些基本的东西。群众看到了集体的优越性，才会信社会主义，信共产党。作为一个村支书、村主任，一个人想致富，也许并不难，难的是发展集体经济，把集体经济也搞上去，带领群众走上共同富裕的道路。个人能致富，只能算是小本事；能带领一部分人致富，只能算是中本事；能发展好集体经济，使群众共同富裕，才能算是大本事。"史来贺、吴仁宝都是有这样大本事的人。

二、物质文明与精神文明的辩证关系

（一）物质文明与精神文明不能相互替代

改革开放伊始，许多人认为，只要物质文明搞好了，精神文明自然也就上去了。后来的实践证明，这种想法是错误的。物质文明搞好了，精神文明可能上去，也可能下来，就看我们抓不抓精神文明以及怎么抓。史来贺说："精神生活不丰富不行，经济上不去也不行。这是不能相互替代的。但是，单纯金钱刺激，越抓问题越多，抓来抓去，就没有积极性了，还得物质加精神。所以思想工作做好了，一切工作也就好做了。"这是因为，只有抓住人的思想，一切就好办了。世界观的转变才是根本的转变。史来贺说："要干好一项事业，大伙必须齐心协力，靠什么齐心协力？没有信仰，就失去了前进的方向和动力，归根结底，只有为理想而献身的精神，才是成就事业的根本性因素。"改革开放以来，我们取得了举世瞩目的成就，但是社会上也出现了种种问题，如腐败问题、盗窃问题等。实践证明，单靠法律制裁和人们监督是不能从根本上解决这些问题的，从根本上解决这些问题，还得靠人们的自觉性，靠提高道德水平，因此，还得靠思想教育，靠真正把人们的思想教育搞好。史来贺说得好："把人教育好，比啥都重要。"一方面，物质文明需要精神文明作智力支持，另一方面，物质文明又是精神文明建设最牢固的基础，要人们相信社会主义，还得把物质文明搞上去。单单把物质文明搞上去也不行，要在物质文明搞上去的同时，狠抓精神文明，狠抓教育，把精神文明也搞上去。

（二）集体经济要有集体主义

"集体经济要有集体主义。"这是史来贺总结出的一条发展集体经济的真知灼见。其实，这句话反过来说也对，甚至更深刻，即集体主义要有集体经济。这两句话结合在一起，实际上是物质文明和精神文明辩证关系的进一步具体化。先说集体经济要有集体主义，现在农村实行的是家庭联产承包责任制，这个制度对于解放农村生产力，乃至解放全国生产力，对于提高人民群众的生活水平，曾起到极大的推动作用。但是，随着农村经济进一步发展，这个制度的弊端也逐渐显现出来。最主要的弊端就是两极分化，群众一盘散沙。如何消除这个弊端？我们能想出的办法之一就是发展集体经济。实际上，家庭联产承包责任制有家庭联产承包责任制的优势和弊端，集体经济有集体经济的优势和弊端。但是，现在我们在农村发展集体经济遇到很大困难，原因是发展集体经济要有集体主义思想作支撑，而这恰恰是农村、农民普遍缺乏的。史来贺说，刘庄集体经济是建立在全体村民共同占有生产资料基础上的公有制经济。这种经济模式的最大优势是能把全村资源聚集起来加快发展，最大难点是要求全体村民去关心它、爱护它，甚至不惜牺牲个人利益去维护它。刘庄人把集体财产看得很重，甚至超过自己的生命。为了集体财产，危险时刻，刘庄人都是不要命地往前冲。刘庄人说："在我们这里，要是给报酬，有的人不一定参加，若是说赶任务、尽义务，只要通知一声，人们都会争先恐后。"刘庄集体经济历经风雨，之所以生机勃勃，充满活力，刘庄人的集体主义思想在其中起到了很大的支撑作用。现在一定要向广大农民讲清楚,农村贫穷、农民弱势的根本原因之一是农民各顾各,一盘散沙;摆脱贫穷和弱势的出路是农民要有集体主义思想,并在集体主义思想指导下,团结起来,组织起来,否则,农村难有出路。要把这样的道理向农民经常讲、反复讲,通过各种形式讲。史来贺说,几十年来,他从未忘记"严重的问题在于教育农民"的含义。教育什么?教育的内容很多,他认为,主要的就是教育农民要认识这个道理。史来贺说,要让这些"大道理"在农民头脑里扎根。

再说集体主义要有集体经济。集体主义这么重要,那么,如何才能培养出农民的集体主义思想?我们说,除了教育,根本的还是要发展集体经济。集体经济若是空的,集体经济若不能帮助农民,农民没有从集体经济那里得到实惠,要农民有集体主义思想,无疑是困难的。农民是从单干中得到的实惠,不少农民具有个人主义、自由主义思想。农民只有看到了集体的优越性,集体主义思想才会慢慢形成。我们一定要充分认识发展集体经济的重大意义。笔者认为,社会主义新农村应该是与集体经济紧密联系在一起的,建设社会主义新农村,实现共同富裕的目标,一定要不失时机地发展集体经济。史来贺说:"在农村建设社会主义,一是要发展集体经济;二是要艰苦奋斗。"

集体经济要有集体主义,集体主义要有集体经济,这似乎是先有鸡还是先有蛋的矛盾,这对矛盾只有在农村漫长的发展过程中才能逐步得到解决,在广大农民经受成功和失败的反复比较中逐步得到解决。

三农问题引起全社会的关注,在中央和地方的共同努力下,现在三农问题的严重程度已经缓解了,但是问题还未彻底解决。三农问题,既表现在物质生活方面,也表现在精神生活方面。物质生活方面,主要表现在负担重,没钱花;精神生活方面,主要表现在精神空虚,生活单调,生活的意义感下降。在某年的一次人代会上,一位代表提出现在的农村是"电视供眼球,酒桌上炕头",这引起与会者共鸣,说的主要是精神生活问题,说的是精神文明。我们应该特别注意,现在农民的精神生活主要还是体现在创造物质财富的过程中。中央电视台随机在街头采访群众,问什么是幸福,很多人回答,能挣钱就是幸福。提高农民精神生活的质量,主要还是给农民创造更多的就业机会,使他们有钱可挣,这既是物质文明,又是精神文明。精神文明不仅为物质文明提供智力支持,而且可以为农民节约开支。也就是说,精神文明具有增收节支的作用。例如,抓乡风建设,赌博的少了,大操大办的少了,小偷小摸的少了,这就很利于实现生产发展、生活宽裕的目标。少支出,实际上就是增加收入。因此,大力加强精神文明建设对于物质文明建设具有多方面的促进作用。

(三)物质文明转化为精神文明

精神文明建设的核心是要全党和全国人民确立对社会主义和共产主义的信仰。但不可否认的是,现在少数人失去了对社会主义和共产主义的信仰,嘴上不说反对,内心并不相信共产主义能实现。坦率地讲,笔者是真心相信共产主义一定能实现的,这其中的道理很多,不是一句话能讲清楚的,在这里只讲一个道理,即物质与精神是可以相互转化的,物质文明的成果最终要转化为精神文明的成果。

凡是对立的东西都是可以相互转化的,这是毛泽东在《矛盾论》中讲的辩证法的一个重要规律,有时候也叫向反面转化规律。毛泽东认为,向反面转化规律是宇宙的一个普遍规律。宇宙中的一切事物,都要向它的反面转化。生转化为死,死转化为生;白天向黑夜转化,黑夜向白天转化;冷向热转化,热向冷转化;开会转化为散会,散会转化为开会,等等,一切事物无不如此。事物好像一出现,其内部就有一种不可抗拒的力量使其要向反面转化。同样,物质要向精神转化,物质文明的成果,最终要转化成精神文明的成果。大家知道,物质变精神,精神变物质,是毛泽东的哲学名言。但是,它不好理解,笔者的一个理解是,物质文明发展到一定程度,必将引起人们认识上的变化,引起社会伦理观的变化。现在科学技术无所不能,互联网、机器人、自动化等一旦广泛应用于人们的生产、生活,它们所能引起的人们精神上的变化是现在的人很难预料的,因此,断定共产主义不能实现是非常武断的。笔者认为,互联网、机器人、自动化等都是为实现更美好的社会制度所作的物质、技术条件上的准备。

有少数人认为,共产主义是一个荒谬的构想。他们为什么这样说?因为他们认为共产主义的前提是产品的极大丰富,但地球的资源是有限的,而人类的欲求是无限的,产品的极大丰富是永远不可能的,所以,共产主义只能是幻想。笔者的看法与之相反,笔者认为,正因为地球的资源是有限的,所以共产主义不是幻想,而是一定能实现的社会制度。为什么这样说?因为未来科学技术无所不能,而地球的资源又是有限的,因此,展望人类未来前途,只能有两种可能。一是以不断两极化的社会机制淘汰和消灭一切失败者。只让强者即精英生活得好,不仅在一国范围内如此,而且在世界范围也如此。二是寻求协调、平衡、合作,使有限的地球资源为人类共享。

第一种可能,在科学技术十分发达的条件下很难实现。因为科学技术都十分发达,所以国与国之间谁也不好消灭谁。美国能消灭中国吗?能消灭印度吗?能消灭贫穷的非洲国家吗?笔者认为不能,想消灭就只有动用核武器或大规模杀伤性武器,这样就是共同毁灭,显然,这是人类无论如何都不愿走的道路。唯一的可能就是第二种,即寻求协调、平衡、合作,使有限的地球资源为人类共享。这便是笔者理解的共产主义。

三、大力加强精神文明建设

如何建设社会主义物质文明这一问题后面的章节还要谈到。这里就如何加强精神文明建设,介绍一下刘庄和华西村的几点做法。

(一)加强学习和教育,"农村现代化,需要农民知识化"是刘庄非常响亮的口号

加强学习和教育,是物质文明建设必需的,也是精神文明建设必需的,因此,它是将两个文明统一起来的重要办法。史来贺说:"农村现代化,需要农民知识化,没有农民的知识化,农村现代化的基础不牢靠。"在刘庄,全村性的读书求知活动从来就没有停止过。20世纪五六十年代学毛泽东思想,七八十年代学哲学,九十年代学邓小平理论,现在学"三个代表"重要思想,学科学发展观。为全面提高刘庄人的素质,刘庄投巨资建起了高标准的学校,使村里的娃不出村就可以接受从幼儿园到高中的系统教育。村里建起了科技大楼、卫星地面接收站和电视差转台,开办了图书馆、阅览室和青年民兵之家,每年订阅500多

种科技报纸、期刊,为村民学习科学文化知识创造条件。刘庄还有几项不成文的规定,就是高中不毕业者不安排工作,没有高中以上文化的姑娘没资格嫁到刘庄,新过门的媳妇,必须到科研队接受几个月的科技培训,经考试合格后才能安排工作。刘庄每年都选拔有培养前途的优秀青年到高等院校、科研单位进修,并邀请大专院校教师到村里办班。刘庄设置了农业、工业、畜牧业三个研究室,先后成立了20多个科研攻关小组,投入大量资金购置仪器设备。刘庄的200多人被评为工程师、农艺师、会计师、技师和一级、二级技术员,一大批土生土长、具有现代化工业生产和管理才能的优秀人才在各个岗位上发挥骨干作用。几十年来,刘庄没有发生过刑事案件,没有出现过党员违纪现象。从计划生育、婚丧嫁娶到养老扶幼,刘庄的干部、群众都自觉遵守社会主义道德风尚。村里14个姓氏、300多户、1600多口人,没有宗族矛盾及派别纷争,没有封建迷信、赌博、打架斗殴、婚丧事大操大办等不良现象。

华西村同样非常重视学习和教育。华西村靠办五金厂刚刚富裕起来时,就建起了当时连苏南大部分县还没有的五层大楼,用来办托儿所、中小学,它被华西人自豪地称为"教育大楼"。华西村20世纪80年代以前没有出过大学生,吴仁宝实行了万元奖学金制度,奖励年轻人考大学,华西村党委副书记翟建忠就是当时实施奖学金制度后华西村第一批考上大学的人员之一。华西村对成人教育抓得也很紧,吴仁宝说:"在华西村没有节假日。传统的休息日在华西村变成了学习日。我们越是大年初一,越要抓紧学习。为什么?这个时候,在外面做工的村民都回来了,正是集中学习的好时间,每年都是这个样子。有人说,华西人连休息日都没有,这是不关心群众生活。我的认识是,只有学习,才能使我们华西人健康长寿。为什么?方针政策、党纪国法,老百姓能掌握,有百利而无一弊。"

(二)精神文明建设是个复杂的系统工程,要不断总结精神文明建设的规律

史来贺认为,精神文明建设是比物质文明建设更艰难、更复杂的系统工程。他说:"经济发展上个项目,有时候贷点款就建起来了,但是建无产阶级世界观这个'加工厂'就难。要耐心地、长期地、反反复复做工作,这是个系统工程。"我们说物质文明是精神文明建设的基础,绝不是说等到物质文明发展到一定程度再抓精神文明,我们说精神文明为物质文明提供智力支持,也绝不是说单靠学习教育就能发展物质文明,而是说两者要齐头并进,相互促进。物质文明取得些成绩,要及时进行总结,不仅要总结物质文明方面,还要总结精神文明方面,并用总结出的精神文明建设规律指导下一步的物质文明建设。只有使这两个文明相互促进、互为因果,才能建成两个文明都上去的社会主义新农村。史来贺说:"搞好思想政治工作,还要注意把握好思想政治工作的特点和规律,做到根本性的思想经常抓,规律性的思想提前抓,苗头思想及时抓,通过开会、谈心等各种形式,因人制宜,对症下药,耐心细致,疏导沟通,把思想政治工作做到人的心坎上。"又说:"要多下及时雨,少放马后炮。"这些都是史来贺总结出的精神文明建设的宝贵经验。

在华西村,几十年来,吴仁宝抓思想教育从不放过任何一个机会。有这么一件事,有小孩把村里长廊的灯当靶子,打掉了几盏,这是很小的事,可吴仁宝很重视,特意召集村民开会。家长以为老书记要处罚他们,谁知老书记只说,一个灯要赔两块钱,回去不要打骂孩子,要好好教育他们爱护公共财物。这之后,再没有出现过这样的事。

吴仁宝抓思想教育工作有绝招。在华西村,每个组里都有两三个啥也不愿想、啥也不愿干、一天到晚游手好闲的人。吴仁宝组织这些人到中心村上培训班,管吃管住,每个月还发500块钱。一个月下来,这些人待不住了,他们不好意思了,要求工作。吴仁宝说,知道难为情就好。工作两年下来,他们中不少人还要求入党。吴仁宝说:"人啊,尽量不要往外推。推出去,就成了社会不稳定因素。"

吴仁宝抓精神文明建设,有力地促进了物质文明建设。华西村经济始终处于良性发展的轨道,记者采访时发现,全村60多家企业无一亏损。这一是由于具有华西特色的分配制度,"少分配,多积累";二是由于精神文明建设,村民爱岗敬业,生产积极性高,高度自觉,管理成本低。这使人想起毛泽东的名言:政治工作是一切经济工作的生命线。现在人们对思想政治工作有成见,实际上,思想政治工作要高于法律和制度监督,搞好了,它的威力是很大的。邓小平说:"改革、现代化科学技术,加上我们讲政治,威力就大多了,到什么时候都得讲政治。"又说:"在工作重心转到经济建设以后,全党要研究如何适应新的条件,加强党的思想工作,防止埋头经济工作,忽视思想工作的倾向。"

(三)采取多种活泼形式

加强精神文明建设,华西村采取多种活泼形式。一是创建了自己的艺术团。华西村有一个自己创建的特色艺术团,节目取材华西村,寓教于乐,艺术团团长由吴仁宝亲自兼任,这是他在全村60多个企事业单位中的唯一兼职。他们自己编写了《十富赞歌》、《十穷戒词》和《华西村歌》,每年在村里演出300多场。二是用中国传统文化教育农民。他们用《三国演义》里刘、关、张的故事讲团结;用"八仙过海"的故事告诉大家要过海就得有本领,手中有法宝。人们走在横贯全村的艺术长廊里,能听到头顶匣子里播放的腔调柔美的当地传统锡剧,内容是华西艺术团演唱的华西历史。雕塑、音乐,再加上绿树、小桥、流水和盈耳的鸟鸣声,这一切构成了美丽的画面及意境。三是创造社会主义思想道德教育的氛围。华西村到处挺立的标语牌上写着华西人自己的语录:"个人富了不算富,集体富了才是富"、"小发展大困难,大发展小困难,不发展最困难"、"爱国爱家爱华西,爱亲爱人爱自己"。华西村标志性建筑"金塔"的南大门前,树立的是一块巨幅吴仁宝语录:"家有黄金数吨,一天也只能吃三顿;豪华房子独占鳌头,一人也只占一个床位。"

(四)评选文明农户

评选文明农户活动曾在一些乡村开展过,但是效果不佳,最后大多是流于形式,现在评选的地方已经不多了。究其原因,一是村民对评选活动认识不足,这类活动与农民的农活和外出挣钱以及其他家务活相比,农民认为没有多大意义。二是由于乡村经济基础薄弱,评选没有和经济利益相联系,或者即使有联系也联系不大,村民缺乏动力。三是文明农户的标准不好掌握。评选文明农户是精神文明建设的重要内容,对推动整个乡村精神文明建设有重要意义。笔者认为,为了搞好评选活动,除了加大投入与物质奖励相联系外,还可按照由少到多的原则逐步发展。具体说就是,可先评"一好"或"两好"文明农户,随着开展情况,再逐步扩大。例如,可先评选"科学种田好"文明农户和"孝敬父母好"文明农户。其理由是科学种田至今仍然是发展农村经济和增加农民收入的重要渠道,评选"科学种田好"文明农户能够得到农民的普遍认可。农民同住在一个村,有相同的自然环境,那些"科学种田好"文明农户能够起到示范带动的作用,因而受到农民的普遍尊重。我们在乡村工作的同志都能感觉到,在村里普遍受到尊重的村民,是那些能把田里的庄稼种得比别人好的人,而对自己周围出现的因工商致富的富裕户,并未表现出过多的羡慕或嫉妒。在评选"科学种田好"文明农户的基础上,如果能通过对他们进一步加强科技培训,每个乡村都能培养出一批"土专家",就能有力地带动当地农村经济发展。"土专家"与大学或科研机构的专家相比,有自己得天独厚的优势,他们了解农村农民,有吃苦耐劳的精神,劳动报酬少,容易和村民打交道,手把手教农民,这些使得"土专家"在农民那里广泛受欢迎。评选农村文明农户,同做其他的农村工作一样,也必须从实际出发,必须研究农民的意愿、愿望和心理需求,如果他们对我们评选的文明农户没有羡慕心理,他们就不会积极参与评选活动。就是搞个形式评选出来了,意义也不大。我们评选的文明农户必须是村民经过努力有可能达到的,这样评选才有示范带动作用。孝敬父母是中华民族的传统美德,这一美德目前在农村遇到严重挑战。家庭是社会的细胞,家庭和睦是社会稳定的基石,评选"孝敬父母好"文明农户对农村精神文明建设意义重大。同时,孝敬父母是传统文化的核心内容,评选"孝敬父母好"文明农户能得到村民的普遍认可。对于评上的农户,一定要给予物质奖励和精神奖励,或者把它和其他与村民利益相关的事联系起来,没有这一条,在当前形势下评选难免流于形式。因此,搞好农村精神文明建设,一定要加大对精神文明建设的投入。搞好物质文明建设需要钱,搞好精神文明建设同样需要钱。精神文明建设与物质文明建设相比,是更艰难、更复杂的工程。评选文明农户,同干其他任何事情一样,不能急于求成。等到"科学种田好"文明农户和"孝敬父母好"文明农户评选在村里产生了一定影响,产生了较好的效果,再增加其他方面的文明农户评选活动,一步一步、扎扎实实地推进乡村精神文明建设。

现在农村经济社会发展中存在的一个重要问题是物质文明建设与精神文明建设严重脱节,物质文明建设是单纯的物质文明建设,精神文明建设是单纯的精神文明建设,物质文明建设很少考虑如何促进精神文明建设,精神文明建设也很少考虑如何促进物质文明建设。其实,物质文明建设与精神文明建设既是互补的关系,又是互动的关系,两者不仅互相补充,搞好了还能互相促进。现在国家和地方对农民在物质上的各种补助已经很多,但是,如何将这些物质补助变成精神文明建设的动力因素,还较少考虑。毛泽东说,物质可以变成精神,精神也可以变成物质,但是,它们之间的互变也不是随意的,一定要找到一个结合点,在结合点上狠下工夫。现在的农村计生政策是一个可喜的变化。"计划生育好"文明农户评选通常被认为是精神文明建设的一项内容,评选"十好"文明农户,其中就有"计划生育好"文明农户,现在中央和地方对"计划生育好"文明农户实行补助,给予一定的物质奖励,这就是物质文明促进精神文明,物质变精神。这样的办法想多了,就能极大地促进农村精神文明建设。

第三章 连续性发展与跳跃式发展

一、连续性发展是宇宙的普遍规律

我们的哲学教科书上很少讲连续性发展,但是讲量变、讲渐进式发展。其实,它们属于同一类概念,或者说是同一系列的概念。哲学教科书上特别强调质变和飞跃的重要性,是为了给"革命"理论提供哲学根据。根据我们国家改革和进步的需要,突出地强调质变和飞跃的重要性是正确的,但是如果由此否定连续性、量变,就违背了辩证法。无论是在自然界、生物界、还是在人类社会,大量存在的是连续性发展和量变,从整体来看,它们才是主要矛盾方面。

在自然界,无论是在时间上,还是在空间上,连续性比飞跃和质变表现得更普遍、更经常。例如,超新星的爆炸往往要经过百亿年以上的漫长演化过程才出现一次,而原始星云的演化却无时无处不在进行。地球在40多亿年的演化历史中,大规模的地壳运动只不过10余次,就是火山、地震等在某一局部地区也并不是经常发生,然而由地表各种地质应力,如风、海浪、流水、雪融、太阳能等所引起的渐变性地质演变却每时每刻都在地球表面发生。

英国科学家达尔文创立的进化论是指导生物科学研究的最重要的理论。该理论指出,生物之间存在着生存斗争,适者生存下来,不适者则被淘汰,这就是自然选择。生物正是通过遗传、变异和自然选择,从低级到高级,从简单到复杂,种类由少到多地进化着、发展着。进化、发展的本质是连续性,由低级阶段到高级阶段,由简单到复杂,由旧种到新种,这些连续性的过程要经过一系列中间阶段。现代生物学研究证明,生物的进化以连续性为主。在30多亿年的生物进化史上,绝大多数物种是通过经常发生的缓慢进化的方式形成的,只有少数物种是在较短时间内通过突变性的杂交方式或多倍体形式形成的。生命的起源和发展、胚胎的发育等都是一种缓慢的逐渐的和连续的变化过程。

在社会科学领域,英国著名哲学家和社会学家斯宾塞建立起来的庸俗进化论,只承认事物发展中的量变和渐变,否认事物发展中的质变和突变,这些固然是错误的,但他强调事物发展中的量变和渐变却有重要意义,并为许多人所接受。近代英国著名经济学家马歇尔的最主要著作是1980年出版的《经济学原理》,该书在西方经济学界被公认为划时代的著作,也是继《国富论》之后最伟大的著作。马歇尔以"自然界没有飞跃"这句格言作为《经济学》一书的题词,以此强调社会发展过程中的连续性。他认为,经济进化是渐进的,而不是突进的;是连续的,而不是跳跃的;经济的进步有时虽然由于政治上的事变而停顿或倒退,但是,它的前进运动绝不是突然的。在政府的政策之中,通过宏观调控使得经济软着陆问题实际上就等于是在主张非连续性,这对经济发展不利。连续性概念在关于经济发展的论述中时常出现，并且被认为是普遍存在、逻辑合理、符合客观世界发展规律的；而非连续性则常常被排除在研究之外，并且通常被认为是逻辑荒谬，现实中不存在的。认为连续性会带来经济健康持续发展，非连续的经济增长则属于畸形发展的观点属于主流观点；而认为非连续性同样可以带来经济的健康持续发展的观点则尚处于非主流的地位。认为经济发展只能是连续性的，只有连续性才能带来经济健康持续发展的观点经常见于经济学家的文章和政府的决策之中。这样看来，党中央每次召开重要会议时都要强调保持路线、方针、政策的连续性，是客观规律的必然要求。

美国学者拉兹洛和中国学者张颖清把达尔文的进化论推广到整个宇宙，从而提出广义进化论。他们认为，不仅是生物界，而且整个宇宙都是进化的。根据现代科学比较认可的大爆炸宇宙论，大约150亿年前，我们的宇宙起源于一个热核大爆炸，物质从能量中诞生，从此，宇宙按照一定规律开始了自己的演化过程。演化是从无到有、从少到多、从低级到高级的演化过程。物与物之间、阶段与阶段之间没有绝对的间断或分隔。发展是一条连续锁链，呈现给人们的是一个由此到彼的连续伸展，是前一个环节必须导致后一个环节的延续和推进。发展的连续性使人们相信，整个宇宙是一条连绵不断的因果链条，它的每一个环节都是前一个环节必然导致的，一切都由一个共同的总体原因所决定。

德国哲学家莱布尼兹最早提出连续律的概念。这个规律主张，我们必须经过中间阶段，才能从小到大、或者从大到小；并且从来没有一种运动是从静止中直接产生的，也不会从一种运动就回到静止，而只有经过一种较小的运动才能达到。莱布尼兹从连续律出发，把量变和连续性加以绝对化，得出"自然从来不飞跃"的结论。他说："任何事物都不是一下子造成的，这是一条最大的准则，并且是完全证实了的准则，自然从来不飞跃。"一个状态一下子跳到另一个无限不同的状态，是不合自然之道的。从辩证法的观点看，莱布尼兹完全否认质变和飞跃，这是片面的，但是他特别强调连续性却是深刻的。据说，达尔文提出进化论正是受此思想启发。

连续性规律是与辩证法的否定观紧密联系在一起的。我们的哲学教科书一般都讲辩证的否定观，辩证的否定观是所谓的"扬弃"，既克服又保留。辩证的否定观认为，当新事物否定旧事物时，并不是把旧事物扔掉，而是把旧事物的积极因素储藏和保存在自己的结构中；当旧事物进化到新事物时，新事物综合了旧事物的特征和特性。正是这种"储藏"、"保存"和无限综合，才形成了事物的连续性，这就是进化、发展的实质。例如，每一个更高级的新物种，总会把先前较低级物质的内容吸收在自身的结构中，有人把这个规律称作演化发展的全信息重演定律。根据现代科学比较认可的大爆炸宇宙论，宇宙的进化过程是：能量—基本粒子—化学元素—化合物（有机化合物、无机化合物）—生物。这个过程存在一种结构上的包含关系。例如，化学元素包含了各种基本粒子，化合物包含了各种化学元素，生物包含了各种无机物及有机化合物。人是万物的灵长，在人身上和人的大脑中，综合了从基本粒子到灵长类动物物质结构、遗传信息的整个序列。正因为如此，人才能够认识宇宙的奥妙。哲学家柏拉图说，认识不过是"回忆"，人们称之为"回忆说"，这是有深刻道理的。

连续性、广义进化论及辩证否定观的思想还生动地体现在老子提出的著名理论中：道生一，一生二，二生三，三生万物。这个理论生动地体现了事物由无到有，由小到大，由低级到高级,由简单到复杂的连续发展规律和进化规律,直观上非常清晰地表现了辩证否定观。当事物由"一"进化到"二","二"是由两个"一"组成,"二"就包含"一";当事物由"二"进化到"三","三"既包含"一",也包含"二","三"纯粹由"一"和"二"组成。据笔者所知,至今还没有人对老子提出的这个理论如此解读。它直观地反映了事物发展的连续性及辩证否定观。

有个成语叫"循序渐进",意思是(学习、工作)按照一定的步骤逐渐深入或提高。循什么顺序呢?就是循由小到大,由低级到高级,由简单到复杂之顺序,循这样的顺序就是渐进。笔者认为,这个成语反映了我们讲的连续性发展规律。

经济学家经常讲的一个词叫"滚雪球效应",意思是说,一个小小的冰块、石头或者就是一把雪,在雪地上会越滚越大,优势会越来越明显。笔者从"滚雪球效应"中领悟出一个道理,即雪球在滚动过程中总是把它先前经过的道路上的雪包含在自己的内部,或者说最后最大的那个雪球纯粹是由先前路上的雪组成的。这就是连续性及辩证否定观的思想。

列宁说:总之,自然界中没有任何绝对间断的东西;一切对立面、空间和时间的一切界限以及特殊性的一切界限,都消失在绝对的不间断性、宇宙的无限联系面前。

二、三步走发展农村经济

笔者把连续性发展规律应用到发展农村经济上,提出三步走发展农村经济的想法。

第一步,整治土地,搞好农业,首先使农业彻底过关。

笔者仔细研读华西村吴仁宝、刘庄史来贺和唐庄乡吴金印的先进事迹,发现这三个先进典型领导人民群众发展农村经济有一个共同的特点:整治土地,搞好农业,首先使农业彻底过关。

华西村的吴仁宝说:发展要"先稳住农业,再大力发展工业"。20世纪60年代初,担任村支书的吴仁宝带领干部群众制定了华西村的第一个15年规划,他们顶严寒,冒酷暑,填废河,筑干渠,昼夜兼程,用8年时间将原来七高八低的零星田地变成了旱能浇、涝能排的稳产高产田。村民们从此基本摆脱了贫穷,过上了温饱的日子,吴仁宝也因此赢得了村民的广泛信任和尊重,为华西村今后的发展打下了坚实的政治基础和经济基础。

刘庄的发展,用史来贺的话说是:"先从平地改土抓起,靠铁锨、推车、箩筐、人抬、肩挑、车推,全村人整整干了20年才算把土地平整成四大方良田。接着,我们又修桥建闸,打井架电,硬化渠道,实现低产变高产。"史来贺说:"有人认为干农业没有出息,我偏干这个没出息的事。我就包这1.5平方公里的地球,非把它修理好不可。"干农业是个苦差事,要干好农业,就要有这么一股韧劲儿,有这么一种精神,否则,是万万干不好农业的。

吴金印在五四农场时,带领职工大胆调整种植业结构,发展温室大棚蔬菜,引进无籽西瓜品种种西瓜,在1000亩土地上念起了瓜菜经。"瓜菜经济"使农场一年打了翻身仗。在狮豹头乡,为了使老区人民吃饱肚子,过上好日子,10多年间吴金印带领群众共造地2400多亩,在山区开创了小平川。吴金印给群众讲的道理是:随着人越来越多,地就会越来越少,日子就会不好过。造一块儿地,就是一份家产,这是农民的命根子,也是农民的饭碗。在唐庄乡,吴金印带领群众"西抓石头东抓菜,北抓林果南抓粮",使唐庄乡很快走上快速发展的康庄大道。

为什么强调要首先搞好农业？主要原因有三：(1)抓农业容易凝聚民心。农业是基础产业，是农民重要的收入来源，农民对土地有特殊的感情，整治土地，使农业彻底过关，就会极大地赢得广大农民的信任和拥护，从而为进一步发展打下坚实的政治思想基础。史来贺说得好："人是最活跃的生产力，只要抓住人心，抓住思想，一切就好办了。"(2)抓农业容易出成绩，振奋民心。农民祖祖辈辈以种田为生，对于他们来说，农业是比较容易干好的产业，容易出成绩，有了成绩就可以振奋民心、增强信心。(3)农业是母产业，农业搞好了，自然会派生出其他产业。老子提出的发展理论是"道生一，一生二，二生三，三生万物"，农业就相当于老子讲的"一"。农业干好了，干足了，自然会生出畜牧业、工业和服务业等产业。农业还相当于"滚雪球效应"中的小冰块、石头或者第一把雪，让农业滚动起来，雪球就会越滚越大。

现在强调首先搞好农业是不是过时？笔者认为并不过时。农业不仅具有保证国家粮食安全的功能，而且还有保护环境的功能，当前和今后相当长一个时期内，彻底发挥农业的这两项功能是我们必须做好的工作。

第二步，大力发展多种经营。

农业是基础产业，对于一个村庄，对于一个农业乡或农业县，搞不好农业是领导的失职；对于一个农民来说，种不好地当然也是失职。总而言之，无论从哪方面说，搞不好农业都是不行的，每一个领导干部，包括基层的乡村干部，都应该把这个道理牢记在心。但是，这只是一个方面的道理，还有另一个方面的道理同样重要，甚至更重要。即只搞好农业也不行，农业要大发展、快发展，整个经济要大发展、快发展，还要在搞好农业的基础上大力发展多种经营。所谓多种经营，根据刘庄的经验，就是农业、林业、牧业、副业、渔业、工业、商业、运输业、建筑业、服务业等"十个轮子"一起转。早在20世纪60年代，刘庄就做到了粮食亩产超千斤，皮棉亩产过百斤，年人均分配达130元左右，彻底解决了温饱问题。但是，由于主要从事种植业，生产经营单一，所以60～70年代一直徘徊不前。史来贺等从实践中开始悟出一个道理："单靠刮地皮，一百年也富不了。"于是他们又渐渐把工作重点放在多种经营上，很快，刘庄经济就上了一个新台阶。因为围绕农业搞多种经营最简单，最易行，是大多数农民都能做得到的，因此，最容易取得成绩。围绕农业搞多种经营，就是围绕农业建市场、跑运输、搞储藏、搞养殖、搞加工，等等。人们常说的农业效益比较低，是单纯从种植业尤其是粮棉油的种植来说的。过去由于种种原因，人们把农业生产与农产品加工、流通环节割裂开来，农产品增值的收益回不到农业中，因此，农业的收益才低。如果把农业生产与农产品的加工、运输、销售、储藏、综合利用等环节有机地结合起来，实行工、农、商一体化经营，农业的效益并不低。实践证明，围绕农业搞多种经营，就是投资高、资金回报率高，既富民又富乡、富县的高效产业。

现在我国实行的是市场经济，市场经济是一种极具风险的经济，要最大限度地降低风险、稳定收入，最好的办法就是发展多种经营，让进钱的门路尽量多一些，这叫做这边赔了那边赚，东方不亮西方亮。多种经营是由农业到工业连续性发展的中介，事物的连续性正是通过中介体现出来的。发展工业，特别是高科技工业需要很多钱，钱从哪里来？除了外援，从内部来说，主要靠发展多种经营进行积累。如果说搞好农业是为了解决温饱，那么发展多种经营就是为了实现小康。笔者认为,江泽民同志1996年视察河南省修武县小营村时说的一段话至今仍有重要指导意义。他说:这个村主要是围绕"农"字做文章,实行种植、养殖、加工一条龙,工、农、商一体化,集体经济发展了,农民生活大大提高,成为小康村。说"无工不富"是对的,但不等于说务农必穷。立足农业优势,抓好种植业、养殖业和农副产品加工业,实行农业产业化经营,农民收入增加了,农村市场打开了,发展其他的行业也就有了广阔的空间。

当然,发展多种经营,不是局限于围绕农业做文章。例如,外出打工如今已是许多农民重要的收入来源,也属多种经营的范畴。要想增加农民收入,帮助农民致富,就要积极组织农民,培训农民,为农民外出打工提供各种服务。

第三步,发展工业。

我们还以刘庄为例。发展工业是刘庄经济再上新台阶的一个关键步骤,刘庄的标志性工业是华星制药厂。1986年,刘庄的经济不断壮大,先后建起了机械厂、化工厂等几十个企业,但年总产值始终在1500万元左右徘徊,人均分配也停留在1500元左右。下一步该怎么走?史来贺决定向资本密集型企业发展,建华星制药厂。华星制药厂的建成使刘庄经济很快再次上了一个新台阶,1988年,集体经济收入即达到2700万元,比1986年多了1200万元。刘庄人说,看着建成的华星制药厂,觉得以前的发展都成了小打小闹。

农业—多种经营—工业,这就是刘庄发展经济的三部曲,这就是我说的连续性发展。它很像老子提出的理论:道生一,一生二,二生三,三生万物。"一"相当于农业;"二"相当于多种经营,其中也包括农业;"三"相当于工业,里面包括农业和多种经营。"道"又是什么呢?笔者认为,在这里"道"就是指干部全心全意为群众服务、为群众谋利的心。干部有了这样的心,自然会生出许许多多发展经济和建设精神文明的好办法。史来贺、吴仁宝有这样的心,因此他们就有许多发展农业的好办法,有许多发展经济的好办法。

对刘庄50年的发展变化,史来贺是这样总结的,他说:"20世纪50年代是低产变高产,改变穷面貌;60年代高产再高产,粮棉双丰收、双贡献;70年代末到80年代初,农林牧副渔全面发展,给工业发展奠定了基础。工业发展了,以工促农,以工建农,为建设现代化农业提供了资金,又为刘庄的农业、工业注入了发展后劲儿。"史来贺的这个总结就是笔者说的三步走发展经济。这是一个由小到大、由低级到高级、由简单到复杂的连续性发展过程。前一步为后一步打基础,为后一步积累资金、技术、人才和人心,后一步又反过来促进前一步的提升,这样循环往复,不断提升,这就是事物发展的一般规律。

三、图难于其易,为大于其细

根据连续性发展规律,再大的事物也是由小事物逐渐发展而来的,再高级的事物也都是由低级的事物逐渐发展而来的,再复杂的事物都是由简单的事物逐渐发展而来的。因此,要想实现大的目标,就从小事做起,坚持做,做到一定时候就会取得成功;要想实现高级的目标,就从低级的阶段起步,一步一步走,坚持走,走到一定时候就会有质的变化,就会实现高级的目标,这是我国先哲老子教导我们的智慧。老子说:"图难于其易,为大于其细。天下难事,必作于易;天下大事,必作于细。"又说:"合抱之木,生于毫末;九层之台,起于累土；千里之行，始于足下。"老子的这些思想和我们通常讲的量变、质变规律是相通的。这些思想在中华民族的思想发展史上源远流长，支撑着中华民族自强不息，绵延不断。

精卫填海的故事。炎帝的小女儿被海水淹死后化为精卫，一刻不停地从发鸠山上衔一粒粒小石子和一根根树枝，展翅高飞到东海，将石子和树枝扔进东海，她坚信，这样无休止地干下去，终将把东海填平。

愚公移山的寓言。这个寓言在我国家喻户晓，人人皆知，它包含什么样的辩证法哲理？笔者认为，它包含的哲理就是量变质变规律，这个规律和连续发展规律及老子的上述思想都是相通的。愚公带领子子孙孙，每天挖山不止，这就是量变；后来感动了上帝，把山背走了，这就是质变。这个思想不仅激励毛泽东等人领导中国共产党和中国人民不屈不挠，前赴而继，而且是毛泽东正确制定战胜日本帝国主义战略的哲学思想来源。

愚公的做法，看上去好像没有什么道理，不但不是什么智慧，而且有点愚蠢，所以叫愚公。其实，如果仔细琢磨，琢磨透了，无论是在学习、工作中，还是在日常生活中，这样的做法都是大智慧。我们以史来贺和刘庄为例，刘庄三步走发展农村经济，其中每一步又可以分解为许许多多步，不管是哪一步，史来贺领导刘庄群众总是认认真真、扎扎实实地做好。平整土地，全村人整整干了20年。推广棉花种植新技术，他们先在试验田里搞实验，搞不准的事情、有争议的事情，就先试，密植、配药、整枝都是干部们先在试验田里作出路子，然后组织社员具体学习，再到大田里推广。发展畜牧业时，史来贺带着其他人用90块钱买回了3头小奶牛。牛一牵回来，大伙儿看了直摇头，史来贺却说："有苗不愁长，咱们走着瞧哟！"他们充分利用黄河滩丰富的牧草资源，自繁自养，逐步扩大规模，三年后，这三头小牛变成了一群牛。不久，刘庄建成了拥有200多头奶牛、骡马成群、年收入20万元的畜牧场。畜牧业的发展，给刘庄积累了办工业所需的资金，奠定了刘庄经济第二次飞跃的基础。发展工业时，史来贺等人先搞劳动密集型企业，再搞资金密集型企业，由低级到高级。无论是建机械厂，还是建造纸厂，史来贺等人都是因陋就简起步，从小到大，由低级到高级滚动发展。就连1986年建华星制药厂时，他们仍然是沿袭过去的传统，一期工程几百万元投资，村里自筹，从厂房、设备、工艺设计，全部是自己动手。史来贺说："发展经济，就从实际出发，一步步扎扎实实地发展。我村的企业就是从无到有、由小到大滚动发展起来的。相反，如果你脑子发热，一哄而起上项目，铺摊子，东挪西借塌窟窿，图了一时痛快，受了上级表扬，到头来还是一事无成。"

对比刘庄的做法，20世纪90年代，一些地方发展工业之所以失败，笔者认为其中一个重要原因就是没有按连续性发展规律办事，即发展工业以前没有把工作重点先放在农业和多种经营上，没有把农业和多种经营干足干好。这直接导致两个不可克服的困难：一是办企业没有足够资金，二是老百姓没钱消费。发展农业和多种经营是办好工业的基础，只有基础打好了，办工业才有资金，老百姓才有钱消费，这样工业才容易发展起来。农业和多种经营还没有干好，还没有干足，就把工作重点放在办工业上，而且办起来总是贪大求洋，这是违背连续性发展规律的，是县、乡、村大办工业失败的一个主要原因。

先贤曾子说："物有本末，事有始终，知所先后，则近道矣。"(《大学》)完成一个大的任务，一般有许多事情要做，可是，在曾子看来，确定先干哪些事情，后干哪些事情，却不是简单的事，它关系到人们是否能按规律办事。按照曾子的思想，一般规律是先本后末，先易后难，先小后大。农业相对于其他产业是本，是相对容易干好的产业，因此，史来贺和吴仁宝发展经济的办法都是先把农业做好。即先集中人力、物力、财力把农业搞上去，使农业彻底过关。因为农业是本，本固而业兴，其他产业跟着就上去了，用毛泽东的话说就是要先把农业作为主要矛盾方面来抓。

中国道家的哲学特别强调自然而然地发展，强调无为而治。什么是自然而然地发展？笔者认为，主要的就是按连续性发展规律办事，先小后大，先低后高，先简单后复杂。老子讲无为而治，并不是无所作为，更不是什么都不干，而是既要充分发挥主观能动性，又要尊重客观规律，按规律办事。由小而大，由低级而高级，由简单而复杂，这些是事物运动发展的一般规律，按这个顺序发展，就是顺其自然地发展；顺其自然地发展，就是无为而治，就会事事成功。

老子还说："大道甚夷，而民好径。"这是什么意思？笔者的理解是，先小后大，先低级后高级，先简单后复杂，顺其自然地发展，这是一条平坦宽阔的大道，顺着这条大道走，人们就很容易成功。人们之所以失败，之所以出问题，主要是因为人们不按照这条大道走，总是想走捷径，想一步成功。

中国传统文化还特别强调谦虚谨慎、戒骄戒躁。毛泽东说：谦虚使人进步，骄傲使人落后。毛泽东在西柏坡还提出"两个务必"，胡锦涛同志、习近平同志到西柏坡参观时都对此进行了强调，说明这的确是治国理政的名言。毛泽东还反复强调，要夹着尾巴做人，并说这是小时候母亲教育他的道理，他又用这个道理教育全党、全国人民。新民主主义时期，尤其是大革命失败后，特别是蒋介石"四·一二"反革命大屠杀后，一些党的主要领导人总认为共产党领导的革命力量已经很强大了，把工作重点放在攻取中心城市，夺取全国政权方面，结果是接二连三遭遇失败。毛泽东善于总结经验，也是在为了保存革命力量而迫不得已的情况，在实践中逐渐摸索出一条"农村包围城市，武装夺取政权"的正确革命道路。"先城市，后农村"，就是骄傲，不谦虚；"先农村，后城市"，则是先易后难，先本后末，先低级后高级，是谦虚谨慎，不骄不躁，是按事物的一般发展规律办事。"先城市，后农村"，是想走捷径夺取政权，因此遭遇挫折和失败。苏联共产党最后之所以失败，其实在先前所走的"先城市、后农村、后全国"的道路中就已埋下祸根，即农村工作不扎实，与农民的关系没有搞好，这是革命的急性病。

新中国成立前后，毛泽东多次强调，中国由新民主主义过渡到社会主义是一个很长的历史时期，他估计大约需要17年。毛泽东还说，推翻资本主义，还可以再搞资本主义。这些都是谦虚谨慎，不骄不躁的表现。可是"三大改造"顺利完成后，全党同志，包括毛泽东在内开始骄傲起来，全国上下弥漫着一股急躁情绪。突出的表现就是发动"大跃进"，提出跑步进入共产主义，全民大炼钢铁，忽视农业生产，结果遭遇重大挫折和失败。后来毛泽东和党中央总结教训，提出要把农业放在首位，要先农业，后其他，顺序是农、轻、重；提出要先市场，后建设。这就回到了事物一般发展规律的道路上了，这就是谦虚谨慎。什么是谦虚？谦虚就是要处下，做事情要由小到大、由易到难、由低级到高级。什么是谨慎？就是按照规律一步一步来，一步一步向前、向上发展，千万不要三步并作两步走，不要两步并作一步走，隔过必要的步骤是一定要出问题的。这还可以用毛泽东的另外一个思想来概括：认真。毛泽东说：世界上怕就怕"认真"二字，共产党就最讲认真。吴仁宝对毛泽东的

"认真"思想给出了注释,他教育村里的年轻人说:"做事情一定要认真,认真就什么事情都能做好。"吴仁宝带领群众发展经济的办法,用他自己的话说就是:"先把农民组织起来,让农民入股,然后从实际出发,一步一个脚印地做,这是最切合实际的做法。"

改革开放初期,中央提出我国处于并长期处于社会主义初级阶段;后来提出建设小康社会,再后来又提出全面建设小康社会;直到今天我们仍然把自己定位于发展中国家,等等,这些都是谦虚谨慎的表现。十六大召开前,笔者最担心的是中央宣布小康社会已经建成,进而号召全国人民向下一个更高的目标迈进。为什么有这个担心?因为小康社会这个阶段我们并没有干足干好,还有些虚,就急于向下一个目标迈进,是一定会出大问题的。十六大提出全面建设小康社会,就让人放心了。

连续性、谦虚、谨慎、认真等思想,还可以用另外一句话来表达,即发展不能过快。吴仁宝在多个场合说的一句话是:"华西的形势是既不大好、也不小好,是今年又比去年好,一年更比一年好。"这段话被记者称为"具有吴仁宝特色的开场白"。吴仁宝在多个场合说这句话,表明这句话在吴仁宝心里占有很重要的地位。从这句话里能看到什么?笔者看到的是连续性发展、谦虚、谨慎、认真、不骄不躁等。有个成语故事叫"拔苗助长",它告诉我们,做任何事情如果不符合自然规律的客观要求,急于求成,反而会把事情弄糟,这也是成语"欲速则不达"告诉我们的道理。"大跃进"遭遇挫折后,毛泽东总结说:看来搞社会主义建设,也需要几年慢速度。"大跃进"最大的教训是急于求成,违背了经济发展的客观规律,违背了连续性发展规律。党和毛泽东的愿望是好的,是为了尽快改变中国贫穷落后的面貌,使国家早日富强起来,使中华民族早日立于世界先进民族之林,再也不受帝国主义的欺侮。但是,规律就是规律,它不以人的意志为转移,主观愿望再好,违背了规律也要受到惩罚。

20世纪90年代在全国乡村刮起的大办乡镇企业风,由于需要很多资金,乡镇财政不仅被掏空了,还要求农民集资,造成农民负担过重、农民与政府关系高度紧张等严重后果。因此,急于求成是造成三农问题的原因之一。

吴仁宝有个成功的秘密:"不当先进。"吴仁宝曾坦言,他是一个从不想当"先进"的人。新中国成立以来,在多次农村震荡的潮头上,他总不是"先进",但是历史却一次又一次检验了他的正确。吴仁宝曾在先进性教育的大背景下再次被推出来,但是,他却是一个不想当先进的人,不想当先进的人最后成了大先进,成了谁也扳不倒的先进,这其中的秘密不值得我们深思吗?笔者认为,秘密就是发展要适度,不能太快,要按连续性发展规律办事,一步一个脚印走。这样虽然暂时不会当先进,但是由于实实在在地干,最终成了大先进。相反,那些为了争先进,图一时表扬、一时痛快的人,最后大多以失败而告终。老子说,大器晚成。大器为什么晚成?吴仁宝给了很好的注释。

这里还有个历史大背景。一百多年来,中华民族因落后而挨打,因挨打而屈辱,因屈辱而急躁冒进的情绪一直笼罩着我们,我们也因此一而再、再而三地遭遇挫折和失败。在这个大背景下,要是再争当先进,岂有不失败之理?按连续性发展规律办事,绝不是一概反对争先进。如果大的形势是左,再争当先进,一定是失败得很惨;如果大的形势是右,争当先进,可能走的刚好是正道;如果大的形势是不左、不右,争当先进,还是可能会稍微偏离正道。新中国成立以来,左的时间较长,因此,吴仁宝最后成功才有"不当先进"的秘密。

大跃进时,我们的本意是好的,想早一点进入共产主义社会,想早日摆脱贫穷落后,但由于违背规律,遭遇挫折和失败,反而延误了时间,我们应当永远吸取这个教训。

老人嘱咐孩子外出时,常挂在嘴边上的一句话是,慢慢哩!这是先辈人长期实践经验的总结。它用来指导生活有极大帮助,用在工作上,用在发展经济上也有重要的指导意义。大量生活经验告诉我们,许多灾难性后果都出在一个"快"字上。十次车祸九次快;宁停三分,不抢一秒,这些都是经验总结。笔者在玩"蛇吞象"游戏时也深刻领悟到,贪快、走捷径,很难达到圆满的地步。

连续性发展规律还告诉我们,在工作中,一张蓝图绘到底非常重要。愚公带领子子孙孙挖山不止,才有感动上帝的美丽神话。红旗渠工程,林县人民连续苦干了10年才完工,如今是全国重点文物保护单位,被世人称之为"人工天河",在国际上被誉为"世界奇迹"。刘庄、华西村是史来贺、吴仁宝等人用毕生精力打造出来的。无数事实告诉我们,想要取得骄人的成就,就必须有一张蓝图绘到底的决心、气魄。蓝图在开始实施时可能并不是成竹在胸,但是在实践中不断被完善,并一代接着一代干,一届接着一届干,这样才能取得大成就。相反,今天干这,明天干那,虎头蛇尾,也许能干出点儿事,但是最终难成大器。欲成大器者,要连续性发展,要谦虚、谨慎、不骄、不躁、认真、执著。

史来贺培养干部的做法也值得借鉴,即干部都是一个台阶一个台阶地上,不搞火箭式,经过层层考验,层层筛选,便于选好选准。具体办法:第一个台阶是预备干部,即临时干部,也可称为干部苗子,这是从1959年开始设置的,最多时,全村达80多人。第二个台阶是代理干部,可代理生产队长,或代理车间主任。第三个台阶是正式上岗,由群众选举,任期一年,也可连选连任。第四个台阶,群众选举村党支部委员或村干部。

四、坚持连续性发展与跳跃式发展相统一的辩证发展观

西方许多学者,如上面提到的莱布尼兹、斯宾塞、马歇尔等人,他们都是只承认连续性,否认非连续性,否认质变和飞跃。其实,非连续性、质变、飞跃无论在自然界还是人类社会都是普遍存在的。在自然界,超新星爆炸、火山爆发、山洪暴发等,都是典型的质变和飞跃。根据现代科学公认的大爆炸宇宙论,大约150亿年前,宇宙开始于一个热核大爆炸,物质从能量中诞生,热核大爆炸就是典型的质变和飞跃,甚至说是质变和飞跃的根源,后来在自然界、人类社会和思维领域中发生的质变和飞跃都是大爆炸的重演。大爆炸创立了宇宙,质变和飞跃则创立新的事物。例如,基因突变产生新的生物,革命和战争创立新的社会制度,等等。

传统哲学教科书特别强调质变和飞跃,列宁甚至把是否承认非连续性看作是辩证发展观和非辩证发展观的根本区别。传统哲学教科书为什么特别强调质变和飞跃?其主要原因是为了给当时的革命寻找哲学根据,为了批判社会改良主义。从辩证法的角度看,应该是既承认连续性,又承认非连续性,要把连续性和非连续性统一起来,这对于指导我们的学习和研究,指导工作和生活,都具有重要的意义。

在生物学领域,一直都是达尔文的进化论占统治地位,从哲学的观点看,也就是连续性占统治地位。但是,在人类探索地球上生物进化奥秘的历史中,与达尔文进化论相反的

理论即灾变论也不断被人们提起。生物进化是渐变还是突变？这是达尔文进化论中较有争议的部分，在达尔文在世时以及死后相当长一段时间内，很多生物学家，特别是古生物学家，相信生物进化是能够出现突变的，他们认为，新的形态和器官是源自大的突变，而不是微小的变异在自然选择的作用下缓慢而逐渐地累积下来的。在遗传学诞生之后的一段时间内，早期遗传学家们由于强调遗传性状的不连续性，也普遍接受突变论。20世纪40年代，"现代综合"学说将遗传学和自然选择学说成功地结合起来，渐变论逐渐占了优势。但是，渐变论始终不能完全解释变化无穷的生物界的奥秘。最显著的例子就是科学家们在地层中找不到连续的生物缓慢进化的证据，相反，却在化石中常常发现有些物种突然出现以及有些物种突然消失的现象，而且地球上还发生过许多不同种类的动物或植物全部或大部分一起灭亡的现象，即"集群灭亡"现象，其中最显著的例子就是恐龙的灭亡。近二三十年来陆续发现的一些现象更是渐变论无法解释的，因此，灾变论"死灰复燃"，而且大有愈燃愈烈之势。古生物学和进化发育生物学的最新研究表明，生物进化过程中很可能是渐变和突变两种模式都存在的，也就是说连续性和非连续性都是存在的。

从另一个层面看，遗传与变异在生物进化过程中都是存在的，这一点几乎没有人提出异议。遗传是生物进化连续性的一面，变异则是生物进化非连续性的一面。遗传与变异在生物进化过程中都很重要，对此，毛泽东有一段重要论述，他说：两重性，任何事物都有，而且永远都有，当然总是以不同的具体的形式表现出来，性质也各不相同。例如，保守和进步，稳定和变革，都是对立的统一，这也是两重性。生物的代代相传，就有而且必须有保守和进步的两重性。稻种改良，新种比旧种好，这是进步，是变革。人生儿子，儿子比父母更聪明粗壮，这也是进步，是变革。但是，如果只有进步的一面，只有变革的一面，那就没有一定相对稳定形态的具体的动物和植物，下一代就和上一代完全不同，稻子就不能成为稻子，人就不能成为人了。保守的一面，也有积极作用，可以使不断变革中的植物、动物，在一定时期内相对固定起来，或者说相对稳定起来，所以说稻子改良了还是稻子，儿子比父亲粗壮聪明了还是人。但是如果只有保守和稳定，没有进步和变革的一面，植物和动物就没有进化，就永远停顿下来，不能发展了（《读苏联〈政治经济学教科书〉的谈话》）。这就是说，遗传和变异在生物进化过程中不仅存在，而且都有重要作用。

在社会科学领域，长期存在革命与改良、保守与改革、继承与创新的矛盾斗争，归结起来，这些也都是连续性与非连续性的矛盾。马克思主义首先是革命论者，主张通过暴力革命夺取无产阶级政权，但也不是一概反对改良，不反对通过较为温和的方式夺取无产阶级政权，恩格斯就曾提出可以通过普选获得政权。后来列宁通过十月革命取得社会主义革命胜利，中国效仿十月革命建立新中国，于是形成一边倒的思维模式，认为只有革命论才是马克思主义，而改良论则是反马克思主义的，笔者认为这是违背辩证法的。从辩证法的立场看，革命论与改良论都对，以哪种理论为指导，是用革命手段还是用改良手段，因具体情况而定，这就是毛泽东讲的实事求是。实事求是是指，人们用哪种理论指导实践，是用正理论，还是用反理论，还是用处于正反理论中间的理论，全因具体情况而定。具体情况是指，在什么时段，在什么区域，在什么范围。在这个时段可能需要用正理论做指导，在另一个时段可能就得用反理论做指导；从某个范围来看正理论正确，但是从更大的范围来看可能就是反理论正确。毛泽东与梁漱溟在延安的争论非常有名，总的来说，毛泽东主张革命的道路,梁漱溟主张改良的道路。毛泽东认为,改良解决不了中国的问题,中国社会需要彻底的革命。例如,如果把列宁的城市中心论叫"正理论",那么,毛泽东的"农村包围城市"就是"反理论",用哪种理论指导中国革命,必须从中国的实际出发。梁漱溟则认为,阶级斗争不符合中国的实际情况,中国的实际情况是,中国社会的贫富贵贱不鲜明,不强烈,不固定,因此不适宜搞阶级斗争。历史证明,当时毛泽东是正确的,因为用毛泽东思想作指导,我们彻底取得了民族独立,建立了社会主义新中国。但是,当毛泽东把革命论继续用于指导社会主义建设时却遭遇巨大挫折。实践证明,在社会主义建设时期继续革命是错误的,而改良、改革才是正确的。邓小平提出改革开放,并说改革是社会主义制度的自我完善和发展,这实际上就是改良主义。虽然邓小平也说"改革是一场革命",但改革与革命终究有质的区别,邓小平这样说是为了强调改革的伟大意义。历史的真实是,革命中有改良,改良中也有革命;革命战争时期有改良与建设,社会主义建设时期也有革命,关键是把谁作为主要矛盾和矛盾主要方面。既知道正反两个方面都成立,又知道正反两个方面并不均衡,一个是主要矛盾方面,一个是次要矛盾方面,懂得这两点,对于弄懂辩证法非常重要。

改革开放初期及其之前我们所受的教育一直认为,保守、守旧是坏,而改革、革新是好。如今才慢慢懂得,保守、守旧并不都是坏事,改革、革新也并不都是好事,两者搞好了都是好事,搞不好都是坏事。保守、守旧是事物连续性的一面,改革、革新是事物非连续性的一面。正确的做法应该是,改革、革新时一定要保持事物的连续性,既坚持原来的理论、路线、方针、政策不动摇,又要与时俱进,不断补充完善。

"五四"运动后,我们一直激烈地批判传统文化,"文化大革命"时还提出对传统文化进行彻底割裂,这么多年过去了,实践证明文化是不能割裂的,想割裂也割裂不了。一位学者总结说:我们不能割断传统,否则社会就失去连续性;我们必须超越传统,否则社会将失去活力而停止不前。传统可以转化也可以批判,可以发扬也可以改变,可以扬弃也可以再造,但唯独不能割裂。因为割裂就意味着要斩除民族生存之根。俄罗斯总统普京有一个观点:忘记过去是没有良心;想回到老路是没有头脑。既讲继承,又讲创新,这就比较全面了,继承是连续性,创新是非连续性。

中国实行改革开放之初,国外一些人曾尝试将中国高层领导划分为改革派和保守派,邓小平是改革开放的总设计师,他属于哪一派人们自然十分感兴趣。邓小平提出改革开放,就这一点来说,他自然属于改革派;但是他同时又提出坚持四项基本原则,这又是典型的保守派。邓小平对此评论说,他既是改革派,又是保守派,既不完全是改革派,又不完全是保守派,总而言之,自己是实事求是派。改革、保守都非常重要,邓小平说自己是实事求是派,意思是说,该强调改革时就强调改革,该强调保守时就必须强调保守。改革过了头,偏离了四项基本原则,就要强调保守;保守过了头,封闭守旧,就要强调改革。国家刚提出改革开放时,当时觉得很新鲜,总觉得一切新的东西都比旧的好,外国的东西都是好的。30多年过去了,通过比较再比较,现在才慢慢认识到,当时的想法很幼稚,很片面,保守并不是绝对地坏,整体来说,保守和改革都重要。国内有一个著名学者,开始时他是改革的激进派,可是慢慢变得保守了,他说,别人称他是保守派,他感到很荣幸,自己就是一个保守派。这不是一个人的思想轨迹,许多人的思想轨迹也是这样。比较我国与前苏联的改革,应该说中国更成功,因为中国在改革过程中保持了统一和稳定,发展速度超过原苏联和现在的俄罗斯。什么原因？原因很多,但是主要原因,笔者认为还是邓小平在提出改革开放的同时,又提出必须坚持四项基本原则。四项基本原则是稳定之本,发展之基。邓小平提出坚持四项基本原则,是坚持了事物连续性的一面,提出改革开放,则是坚持了事物非连续性的一面。

在共产主义运动史上,一直存在着走什么道路的斗争。为什么有这种斗争？按照马克思主义理论,共产主义一定要代替资本主义,共产主义是人类社会生产力发展到一定程度时必然产生的一种社会制度。共产主义实现的前提条件是生产力充分发展,社会高度发达。这就存在一个问题,前苏联、中国以及其他社会主义国家都是在生产力还不发达的基础上共产党夺取政权,建立社会主义制度。这样建立的社会主义制度是不是早了？在共产主义运动史上,一直存在着这个争论,因为涉及走什么道路,这个争论逐渐变成了残酷的政治斗争。在生产力没有充分发展的基础上,共产党可不可以夺取政权,建立社会主义制度？绝大部分共产党人给予的答复是肯定的,列宁认为,如果有这样的机会而不去夺取政权,就是政治上的大傻瓜。在生产力没有充分发展的基础上,能不能建成真正的社会主义和共产主义制度？原先绝大多数共产党人给予的答复也都是肯定的,但是,现在我们认识到,在生产力没有充分发展的基础上,全球性市场经济没有发展充分,在某种意义上说,是不能建成真正的社会主义和共产主义的,这是由事物发展的连续性决定的。因此,列宁搞了个"新经济政策",中国在邓小平领导下搞了市场化经济改革。毛泽东曾说,推翻了资本主义,可以重新搞资本主义;邓小平劝非洲的朋友说,社会主义、共产主义者夺取政权后,不要急于搞社会主义。这些事实表明,毛泽东、邓小平都曾意识到,在生产力没有充分发展的基础上,可能搞不成真正意义上的社会主义和共产主义。后来毛泽东放弃了他的这个思想。在新的历史条件下,形势迫使邓小平承继了毛泽东的这个思想,开启了中国改革开放的历史进程。连续性发展与跳跃式发展是一对矛盾,辩证法要求既要坚持连续性发展,又不能丢弃跳跃式发展,这怎么可能呢？上述国际共产主义运动史回答了这一问题,即在生产力落后的情况下,共产党夺取政权后,要领导全国人民发展市场经济。

前面提出分三步走发展农村经济,主要强调要坚持连续性发展,要一步一步走,要循序渐进,要滚雪球式发展。这样是不是说就彻底否定跳跃式发展？不是的,发展经济虽然说主要是坚持连续性发展,但是也不能排除跳跃式发展。现在是大开放时期,资金、技术、人才、项目都是流动规模大、流动速度快,看不到跳跃式发展的可能性或者拒绝跳跃式发展,是不明智的,用列宁的话说是愚蠢的。例如,一个大的项目落户到某地,就可能使该地一夜之间暴富,如果心里只有连续性发展而拒绝这样的机会,这不是很愚蠢吗？

前面还提到史来贺培养干部很注重连续性,干部要一级一级提拔,这当然很重要,但是,这绝对不是说就不能破格提拔干部,有好的人才,该破格提拔时还得破格提拔。破格提拔又不能走到另一个极端,像有些人提出的口号,"提拔干部的力度,就是经济发展的速度",这是非常错误的。实践证明,提拔干部不坚持一定的连续性,就会给干部队伍造成极大混乱,促进的不是经济快速发展,而是经济破坏和大量腐败。

五、史来贺的变与不变

事物的变属于非连续性的一面,事物的不变是连续性的一面。坚持连续性与非连续性相统一,就要既坚持变,又坚持不变。一般认为,辩证法是研究事物变化发展及其规律的科学,辩证法承认事物的变,否认事物的不变,其实,这是对辩证法的误解。辩证法是既承认事物的变,又承认事物的不变,它承认变中有不变,不变中有变。按辩证法办事,必须把变与不变统一起来。怎样才能把变与不变统一起来?下面是史来贺的做法。

先说史来贺的变。首先,史来贺的工作重点在不断地变。工作重点是关系工作全局的大问题,工作重点正确,全局皆活,各个方面的工作就顺利;工作重点错误,就会矛盾百出,就会走进死胡同。发展经济,史来贺首先把工作重点放在农业上,然后又放在多种经营上,再往后则放在工业上,工作重点不断变化,而且遵循了事物的一般发展规律,这是史来贺取得成功的一个重要原因。其次,史来贺的办法在不断地变。1983年中央一号文件下发后,他认真向社员宣讲,根据文件精神,他组织社员向大队入股,实现资金联合,刘庄由原来的"大锅饭"变成了按股分红。做思想政治工作,对象不同,史来贺的办法也不一样。他说,对于干部、党员,主要是解决工作多怕吃亏的思想;对于青年人,主要是解决认为农村没有前途的思想;对于老年人,主要是要求他们胸怀宽广,过好晚年,搞好传帮带;对于家庭妇女,主要是引导她们尊老爱幼,团结和睦,培养好下一代;对于儿童,主要是启发他们从小立大志,为国家多学本领。客观情况变了,工作重点也跟着变,办法也跟着变,这叫作与时俱进。

再说史来贺的不变。史来贺最大的不变是"发展经济,让大家都过上好日子"。不论形势多么复杂,不论道路多么曲折,史来贺就认定一个理:"党领导人民走社会主义道路,就是要带领群众共同致富,千变万变,发展经济,让大家都过上好日子,这一条什么时候也不能变。"正是抱定这样一个半世纪不变的信念,史来贺带领刘庄人民拔掉了穷根子,走上了共同富裕的道路。史来贺说:"要让乡亲们从内心感到社会主义好,就是要让群众能过上好日子。我是铁了心的,要豁出命来改变贫穷面貌。"史来贺并不是神,也没有什么超人的智慧,他之所以能取得那样巨大的成就,一个重要原因是他心中始终有这么一个不变的信念。

不变与变的关系,史来贺叫作"有主心骨与不断创新"的关系。他说:"俺刘庄也不是世外桃源,我们的办法是,遇事要有主心骨,不能听风就是雨。只有实事求是,从自己的实际情况出发,才能收到好效果。"无论是合作社时期搞"小社并大社",还是"文化大革命"时期搞动乱,亦还是十一届三中全会之后推行家庭联产承包责任制,史来贺都没有跟风走,就是因为他有一个不变的信念,即让老百姓过上好日子。

不变与变的关系,还表现为继承与创新的关系。既坚持不变,又坚持变,就是既要继承传统,又要不断创新。史来贺上任党支部书记伊始,为什么决定把发展棉花种植作为发展生产的突破口?原因即在于棉花种植在刘庄有三百多年的历史,发展棉花种植,群众有一定基础,容易接受,推广起来难度小。推广种棉新技术时,史来贺特别注意向老农请教,他说:"和'老天爷'打交道,必须尊重并继承老农的实践经验;但为了不断地发展生产,又必须掌握新的技术。"精神文明建设有继承与创新的关系,物质文明、发展经济也有继承与创新的关系,既继承传统,又不断创新,才是按辩证法办事。

特别应当指出的是,解放思想是当今社会最响亮的口号,在这种形势下,正确认识和处理变与不变的辩证关系尤其重要。一定既要坚持变,又要坚持不变;既要坚持创新,又要继承传统。千变万变,有一些东西却千万不能变,变了,事物就变质了。在建设中国特色社会主义的进程中,什么东西不能变? 就是共产党人的本色不能变,建设社会主义和共产主义的理想不能变。史来贺说:"形势变,任务变,全心全意为人民服务的宗旨不能变,相信和依靠群众的原则不能变,真心实意为人民办实事的作风不能变。"如果什么都变,其中没有不变的东西,事物也就没有规律可循了。

凡是认真阅读史来贺事迹的人都能感觉到,在史来贺身上的确既有变的一面,又有不变的一面,他是变中有不变,不变中有变。"千变万变,发展经济,让大家过上好日子,这一条什么时候也不能变。"这叫作变中有不变。然而,史来贺心中的所谓"好日子"又是不断升高的。一是"吃饱肚子,有房住",这是好日子,叫作温饱。二是"有钱花,住上双层小楼房",每人每星期还分到半斤肉,这是好日子,叫作小康。三是"家家有空调、冰箱、洗衣机、彩电、摩托车等全套家用电器,还享受住房、上学、医疗等10多项福利",这是好日子,叫作现代化。这些叫作不变中有变。

从史来贺的实践看,我们不难领悟到,相对于事物的变,不变从某种意义上说也许更重要,它体现了事物的本质。寻找规律,就是探寻和发现不变的东西。日常生活中,我们有"以不变应万变"之说,不变何以应万变? 奥秘即在于不变体现了事物的本质和规律。由于事物的本质和规律总是隐藏在事物的内部,因此,探寻和发现不变相对来说就比较困难。建设中国特色的社会主义,最重要的是要认识社会主义的本质,史来贺用的是"对比法",即从新旧社会对比中认识社会主义的本质。他认为,社会主义的本质最重要的是三点:一是发展经济,发展生产力,让老百姓过上好日子;二是不仅物质上富,还要精神上富;三是共同富裕。

第四章　自力更生与争取外援

一、自力更生在当今中国仍具有重要意义

（一）发展经济需要自力更生、艰苦奋斗的精神

在党的传统文献中，自力更生是与艰苦奋斗紧密联系在一起的。自力更生、艰苦奋斗是我们党在长期革命斗争中倡导和培育的优良作风。依靠自力更生、艰苦奋斗的革命精神，我们党从小到大，由弱到强，克服了无数艰难险阻，取得了新民主主义革命的伟大胜利，依靠这种精神，我们又取得了社会主义建设的初步胜利。

河南省新乡县刘庄村是社会主义新农村建设的典型，更是自力更生、艰苦奋斗的典型。史来贺曾对前去刘庄视察的李先念主席说："刘庄的发展，一靠党的政策好；二靠自力更生、艰苦创业，经济大大发展了，村里一无内债，二无外债。"又说："在农村建设社会主义，一是要发展集体经济，二是要艰苦奋斗。"

发展农业时，刘庄人硬是靠铁锨、推车、箩筐、人抬、肩挑，把700多块凹凸不平的"聋拉头"、"侧椤坡"、"蛤蟆洼"等改造成了旱能浇、涝能排的方块田。抗病高产的"刘庄1号"、"刘庄2号"、"刘庄3号"棉花新品种都是刘庄人在实践中自己培育出来的。建设新村时，刘庄还不富裕，他们一不向国家伸手，二不靠外部支援，三不向群众摊派，主要是依靠集体的力量，自力更生、艰苦奋斗建设家园。县里领导、当地驻军提出要进行支持，他们一概谢绝。史来贺说，艰苦奋斗可以磨炼人的意志，自力更生干出来的东西，看起来气派，经得起历史的检验。发展畜牧业，史来贺等人以3头小奶牛和27匹马起步，自繁自育，最后发展成拥有上千头牲口的大畜牧场，这成为刘庄经济上新台阶的一个突破口。建造纸厂时，没有车床，他们就土法上马，没有技术，他们从本县请来一名技术员教造纸技术，边训练、边建厂。厂房自己盖，机器自己装，除了锅炉、烘罐、电器外，其他设备都是自己制造。就连华星制药厂那样的高科技生物工程，史来贺等人仍然是靠自力更生，多方筹集资金，自己设计，自己动手制造设备。建立豫剧团，他们也是自力更生，勤俭办事，剧团里的家伙儿是旧社会的迷信组织里的一些东西，戏是自己学，自己练，能者为师。几乎没花啥钱，娱乐就搞起来了。这些事实充分证明，自力更生、艰苦奋斗确实是刘庄人取得成功的主要法宝。史来贺说得好："社会主义天上掉不下来，地上冒不出来，别人也不会送来，只有大伙齐心协力，艰苦奋斗，自力更生干出来，我们刘庄的工厂、学校、楼房，刘庄的巨大变化，都是刘庄人民在共产党领导下，自力更生、艰苦奋斗、勤俭创业、从无到有、由小到大创出来的。"史来贺总结当好一个村支书的秘诀，首要的一条就是不怕吃苦。当支书的不怕吃苦，群众就会跟上来，大家都不怕吃苦，就没有干不成的事业。

(二)靠自力更生、艰苦奋斗得到的富裕才会长久

靠自力更生、艰苦奋斗得到的富裕才会长久,这是史来贺的重要思想。史来贺说:"富,只能靠自己的双手干出来,依靠外援的富是长久不了的。"我们现在实行的是市场经济,市场经济是个极具风险的经济形态,要想富得稳、富得长久,就要最大限度地降低风险;而要最大限度地降低风险,就要最大限度地自力更生、艰苦奋斗。如果办的企业主要是靠贷款搞起来的,银行利息增加企业成本、降低企业竞争力不说,外面有个金融动荡、经济危机什么的,企业也必然跟着动荡,跟着危机。甚至是别人打个喷嚏,自己就得跟着感冒。刘庄的企业主要是村民筹资建起来的,在市场竞争中很有竞争力,企业无一亏损。史来贺认为,只有自力更生,艰苦奋斗,勤俭创业,滚动式发展经济,才能把事业建立在牢固的基础上。刘庄人始终发扬自力更生、艰苦奋斗的创业精神,使集体积累不断扩大,集体积累不断扩大又进一步激发人们的艰苦创业精神,这是刘庄经济始终处于良性循环的主要原因。实践证明,依靠外援越多,就越容易受制于人,关键时候就越难以自己决定自己的命运和前途。苏联解体后,一批社会主义国家纷纷跟着解体和动乱,中国红旗不倒,社会稳定,经济发展,其中一个重要原因就是毛泽东为我们制定了独立自主、自力更生的方针。李先念主席视察刘庄后对史来贺说:"就是要自力更生,艰苦奋斗,如果你们是靠贷款发展起来的,我就要把你们的红旗收走,发个黑旗。"

(三)自力更生、艰苦奋斗的精神没有过时

有人认为过去条件差,需要发扬自力更生、艰苦奋斗的精神,现在实行改革开放,条件好多了,自力更生、艰苦奋斗的精神已经过时了。真的是这样吗?笔者不这样认为。自力更生、艰苦奋斗是由我国国情决定的,我国是个大国、穷国,13亿多人口,人均资源贫乏,相当多的地方还是手工工具搞饭吃。这样的国情,实现富裕、和谐的目标,建设有中国特色的社会主义,不可能主要依靠进口,主要还得靠自力更生、艰苦创业。要尽可能地节约有限的资源,使之发挥最大的作用;要尽可能地节省每一份财力、物力,使之用到社会主义建设最需要的地方;要尽可能地发挥每一个人的创造能力和聪明才智,用劳动的双手去建造社会主义的大厦。实行改革开放,我们要革除原先体制中的毛病,这是毫无疑问的,我们要向发达国家学习,学习先进的管理经验,引进先进的科学技术,引进资金,这也是必需的。但是,自力更生、艰苦奋斗的革命精神我们没有改,也没有变。邓小平说,改革开放、现代化科学技术,再加上自力更生、艰苦奋斗的精神,威力就大多了,这才是我们要走的新路、好路、快路。

我们这么大一个国家,又封闭那么多年,一些地方依靠引进国内外技术和资金很快发展起来了,另一些地方抓住时机,抢先一步,办成几个企业,很快富裕起来了,这都是不足为奇的。他们的成功只能证明,建设中国特色的社会主义,需要改革开放,需要招商引资,但是并不能证明自力更生、艰苦奋斗的精神过时了,今天不需要了。大多数地方主要还得依靠党员干部和各级政府带领人民群众自力更生、艰苦创业,依靠长期艰苦奋斗来完成我们所必需的资金、技术和人才的积累。没有艰苦的积累过程,就没有社会主义事业的大发展、快发展、好发展。再仔细分析,就是那些依靠外援发展起来的地方,那些抓住时机、抢

先一步办成几个企业很快富裕起来的地方,开始也都有一个艰苦的积累过程,也都离不开艰苦创业,特区、南街、刘庄、华西村,无一例外。

农业大县、农业大乡,就更需要艰苦创业。可惜至今还有许多人不懂得这个道理,他们仍然把大发展、快发展的希望完全寄托在争取外援和招商引资方面。尤其令人忧虑的是,一些地方在一而再、再而三失败的情况下,不认真总结教训,置国家大局和中央三令五申于不顾,把本来就很紧张的资金用来搞低水平重复建设,用来搞形象工程和面子工程。有些地方依靠外援、外商,也许能很快修好一条路,建起一个工厂,建起一所学校,但是绝对建不起社会主义新农村,因为社会主义新农村是一个内容非常丰富的体系,建设社会主义新农村,主要还得依靠自力更生、艰苦创业。

(四)发扬自力更生、艰苦奋斗的精神有助于原始资本积累

原始资本积累是发展经济不可逾越的一个阶段,也就是说,经济要想大发展、快发展,必须完成原始资本积累。从国际经验看,原始资本积累主要靠三条路:一是靠对外掠夺,二是靠外力援助,三是靠勒紧腰带,自力更生,艰苦奋斗。美国等西方发达国家走的是第一条路,这条路现在不用说我们不想走、不能走,就是想走也走不通。非洲等国家走的是第二条路,实践证明也不是一条好路。相对来说,第三条路可能慢一些,艰苦一些,但是笔者认为这才是正路。大概没有人替刘庄算过这样一笔账,即他们靠铁锹、推车、箩筐、人抬、肩挑整治土地节省了多少资金。但是有人替刘庄算过建设新村的一笔账:按当时的物价水平,如果全部向外边买材料并让外边的建筑队施工,没有五六百万元不行,而刘庄当时仅耗资50万元,就建起了新式住宅楼。仅此一项,就节省资金500多万元。建华星制药厂,由于史来贺等人从厂房、设备到工艺设计,主要都是自己动手,国有企业2000万元拿下来的项目,刘庄人仅用1/3的投资就完成了。刘庄人坚持义务劳动,每年节省资金150万元。当然,现在条件好了,有了挖掘机、推土机等各种机械设备,发扬自力更生、艰苦奋斗的精神,决不排斥使用这些东西。但是,在乡村发展经济,搞建设,要尽最大可能用人力,这样虽然慢些,但能节省大量资金。正是依靠自力更生、艰苦奋斗的精神,刘庄在较短时间内完成了原始资本积累,迎来了后来刘庄的大发展、快发展、好发展。学习刘庄,有的地方看到刘庄建高科技制药厂后迅速大发展,于是也想通过发展高科技项目迅速发展,结果总是走不通。为什么?其实,他们看到的只是现象,本质是刘庄通过自力更生、艰苦奋斗,积累了大量人才和资金,积累了技术和人心。自力更生、艰苦奋斗才是刘庄大发展、快发展的秘密。没有艰苦的积累过程,想通过发展一个类似项目就获得同样效果,那是根本不可能的。特别是在农村、农民普遍缺钱的情况下,坚持自力更生、艰苦奋斗,就更具有重要意义。"从来就没有什么救世主,也不靠神仙皇帝,要创造我们的幸福,全靠我们自己。"笔者认为,《国际歌》告诉我们的这个道理至今没有过时。

(五)我们还应该从政治的高度认识自力更生、艰苦奋斗的意义

党的富民政策使一部分人富了起来,使一部分地区富了起来,但是必须看到,我们国家目前多数人还不富裕,至今还有几千万人生活在贫困线以下,在这种情况下,我们的干部特别是领导干部,如果贪图安逸,追求豪华,不愿再过艰苦生活,也就脱离了人民群众。

脱离人民群众是个什么问题？是个政治问题。政治上出了问题，就可能把中国特色社会主义事业推向险境。60多年前，我国著名民主人士黄炎培先生当面提醒党的主席毛泽东：我国历代王朝，在积累力量、开创基业时期，卧薪尝胆，发奋图强，很快便走向强盛，但取得成功后不久，便往往思想懈怠，精神萎靡，很快又走向衰落，中共能跳出这"周期率"的支配吗？黄炎培提出的问题，是对中国共产党政治智慧的挑战，毛泽东始终把它作为一个重大的政治问题放在心中。当我们党即将夺得全国胜利的时候，毛泽东告诫全党：夺取全国胜利，这只是万里长征走完了第一步。中国的革命是伟大的，但革命以后的路程更远，工作更伟大，更艰苦。这一点现在就必须向全党讲明白，务必使同志们继续地保持谦虚、谨慎、不骄不躁的作风，务必使同志们继续地保持艰苦奋斗的作风。新时期，邓小平也明确指出：为了缩短和消除两三个世纪至少一个多世纪造成的差距，必须下长期奋斗的决心。中国这样的社会主义大国、穷国，实现现代化，不可能走捷径，必须老老实实地艰苦创业。因此，必须再一次向干部和群众进行教育，一定要艰苦创业，对于艰苦创业，要有清醒认识。江泽民同志针对新时期出现的新情况、新问题，号召全国人民大力发扬艰苦创业精神，要自觉地大兴艰苦奋斗之风，并明确指出：我们在经济建设中有两个观点不能丢，一个是群众观点，心里要时刻想着群众；一个是艰苦朴素的观点，再富也要艰苦朴素。胡锦涛、习近平两位总书记上任伊始，又反复强调了毛泽东的"两个务必"。党的领袖都是站在党和国家的前途和命运的高度认识自力更生、艰苦奋斗的，我们也都应该站在这样的高度去认识。

提倡和发扬自力更生、艰苦奋斗的精神与改善人民生活是统一的。自力更生、艰苦奋斗的革命精神，也不是只在战争年代和比较困难的时候才提倡和发扬，它作为一种迎难而上、坚韧不拔、克勤克俭、克服一切困难、不达目的誓不罢休的精神风貌，新民主主义革命时期需要，社会主义建设时期同样需要。邓小平说：我们国家越发展，越要艰苦创业。因此，自力更生、艰苦奋斗的革命精神永远不能丢。

二、争取外援的必要性和重要性

（一）全球化是当今世界的潮流

争取外援常常是与招商引资相联系的。争取外援、招商引资是与自力更生、艰苦奋斗既对立又统一的另一套政策，在目前县、乡工作中占有重要位置。许多县都设有招商局，县委县政府每年都对招商引资工作进行检查评比，对成绩突出的集体和个人进行表彰和奖励。有的地方还对招商引资工作层层下发任务，每个干部都有任务，对完不成任务者施加多种压力。有的地方甚至把招商引资工作与干部升迁直接挂钩。对于这些做法，基层干部议论不少，理论界更是有褒有贬。那么，招商引资工作有没有合理性？它的合理性又是什么？

发展是硬道理，是党执政兴国的第一要务。做好发展工作，一定要研究社会潮流。孙中山先生曾这样描述当时的世界民主潮流：世界潮流，浩浩荡荡，顺之者昌，逆之者亡。毛泽东告诉我们的一个重要工作方法是抓主要矛盾，抓主要矛盾在某种意义上说就是抓潮流。当今世界的潮流又是什么？笔者认为是全球化。全球化是当今世界的潮流,其气势用"浩浩荡荡,顺之者昌,逆之者亡"来形容一点也不为过。其根据是,那些没有融入全球化潮流的国家或地区(如朝鲜、古巴等)日子都不好过,如今它们也开始改革,要逐步加入全球化潮流。什么是全球化？目前学术界关于全球化还没有一个公认的定义,但是全球化的外部特征非常突出,即生产要素(包括资金、技术、人才、信息、物质等)在世界范围内大规模、高速度流动。随着交通、通讯技术的发展,特别是互联网技术的出现,哪个时代也没有像今天这样使生产要素流动速度如此之快、流动规模如此之大,以至于人们惊叹:地球变小了,地球变平了,变成了地球村。中国的改革开放正是顺应了全球化潮流,招商引资则是改革开放的应有之义。招商引资工作就是要给高速度、大规模流动的生产要素找一个合适的家安顿下来,使它们体现其本质,体现其价值,即获得最大的利润。

(二) 对外开放是基本国策

对外开放早已被确定在基本国策的位置上。邓小平在谈到对外开放的意义时指出:对外开放具有重要意义,任何一个国家要发展,孤立起来,闭关自守是不行的,不加强国际交往,不引进发达国家的先进经验、先进科学技术和资金是不可能的。对外开放政策的提出,是对中国长期停滞落后的历史教训深刻总结的结果。邓小平说,如果从明朝中叶算起,到鸦片战争,三百多年的闭关自守把中国搞得贫穷落后,愚昧无知。世界历史发展证明,任何国家要发达起来,闭关自守都是不可能的。我们吃过这个苦头,我们的老祖宗吃过这个苦头。我们新中国成立以来长期处于同世界隔绝的状态,这在相当长一个时期内不是我们自己的原因,国际上反对中国的势力,反对中国社会主义的势力,使我们处于隔绝、孤立状态。当然也不是完全隔绝、孤立,当时对苏联、东欧是开放的。20世纪60年代,我们有了条件,自己关起门来,与世界处于隔绝状态,使我们与世界先进水平国家的差距越来越大。邓小平把我国对外开放政策的意义以及深刻的历史原因说得已经很清楚了,一句话,在全球化日益成为时代潮流的形势下,任何国家或地区都不可能在封闭的、与世隔绝的状态下求得发展。

系统论告诉我们,任何一个系统,只有不断与外界交换物质、信息和能量,才能充满活力,不断生长壮大;否则,就会陷入停滞状态,直至毁灭。一坑水,只有不断补充新水,才不会发臭,这就是所谓的流水不腐;生物只有不断从外界吸收阳光、水分和养料,才能不断壮大;胎儿只有从母体那里吸收营养,才能健康成长。一个村、一个乡、一个县都是一个相对独立的系统,只有不断从外界吸收资金、技术、信息和人才,才会加快发展。这些道理要求我们一定要把争取外援、招商引资放在重要的位置。

列宁及苏俄政权在成立初期的实践中,不断遇到社会主义建设中出现的新问题。首先面临的是和平问题,即新生的苏维埃政权与帝国主义集团的关系问题,是继续打仗,一方吃掉另一方,还是和平共处？从现实出发,双方力量是暂时谁也不好吃掉谁,下一步的问题是双方是否打交道。俄共(布)内部的"左"派坚持认为,社会主义国家为了保持自己的纯洁性,是不能与帝国主义国家打交道的。帝国主义国家为了将新生的苏维埃政权扼杀在摇篮里,对苏维埃政权实行经济封锁的政策。为了生存,在列宁的领导下,苏维埃政权实行了"新经济政策"。列宁认识到经济关系可以超越意识形态,提出了社会主义和资本主义共同的经济利益是它们之间建立正常国家关系的基础。列宁说:"有一种力量胜过任何一个我们敌对的政府或阶级的愿望、意志和决定,这种力量就是世界共同的经济关系。正是这种力量,迫使他们走上这条同我们往来的道路。"这就是说,大至一个国家,小至一个单位,要想在这个世界上生存下来,就必须与外界打交道,这是由经济关系决定的。生存、发展的实质是从自然界获取资源,不断扩大对自然的利用规模,不与外界打交道,怎么能生存发展?

美帝国主义帮助蒋介石集团屠杀中国共产党和共产党领导下的人民群众,新中国成立后又对新生的人民政权实行长期封锁,可是,后来在毛泽东领导下,我国还是与美国建立了外交关系。为什么?一句话,是中华人民共和国生存之需要。因为当时不与美国建立外交关系,来自北方苏联的压力太大,搞不好两个近邻国家就可能打仗。这说明生存高于意识形态的争论。毛泽东的这个决策无疑给邓小平留下了深刻的印象。邓小平领导改革开放,当时他有一个说法,就是再不实行改革开放政策,只能是死路一条。这也是遵循了生存高于一切的原则。实行开放的政策,与其他国家建立正常关系,互通有无,互相学习,互相帮助,当然也包括相互竞争,这是一个国家生存、发展的必由之路。

在近代历史上,日本曾是我们中华民族的最大仇敌,可是,在毛泽东领导下,我们还是与日本建立了正常的外交关系,这说明什么?说明生存和发展实际上高于一切意识形态的争论。

新中国成立后,我们曾考虑要不要打下香港,后来中央决定不能打。为什么?毫无疑问,要打仗就要死人是个顾虑,但是,当时毛泽东还有个想法,即保留香港作为国际港的地位,有利于新中国与外界打交道,有利于新中国走向世界。这说明,与外国打交道在毛泽东的思想里早就占有十分重要的位置。

1989年3月23日,邓小平在会见乌干达总统穆塞韦尼时说:"我很赞成你们在革命胜利后,不是一下子就搞社会主义。我和许多非洲朋友谈到不要急于搞社会主义,也不要搞封闭政策,那样搞不会获得发展。"(《邓小平文选》第290页)邓小平的这段话有两层意思,第一层意思,是强调发展不能过快,搞社会主义要一步一步来。第二层意思是要开放,不要搞封闭政策。邓小平讲的这两层意思,实际上是对我国改革开放经验的总结,由此不难看出对外开放在邓小平心目中的位置是多么重要。

争取外援、招商引资是对外开放政策的重要组成部分,对外开放政策有多么重要,争取外援、招商引资也就有多么重要。

(三)市场经济是我国的基本经济制度

我国农村早已摆脱了自给自足的自然经济而融入了市场经济的大潮中。农民养鸡不再是为了吃蛋,养猪也不再是为了过年吃肉,而是为了拿到市场上卖,为了赚钱。农民要把自己生产的产品卖出去,卖上好价钱,没有大量中间商是不行的。在市场经济条件下,卖农产品难是经常出现的问题,解决卖农产品难的问题,必须加大招商引资力度,加大农产品出口力度,使农业由封闭农业转变为开放农业。市场经济条件下竞争激烈,农民只有不断从外界获取信息,不断提高产品质量,生产适销对路的产品,才能在竞争中不被淘汰。这些也要求我们必须大力开展招商引资工作。

（四）招商引资是基层政权迫不得已的选择

邓小平当年谈到中国为什么要实行改革和对外开放时有一个精辟的论断：不改革、不对外开放，只能是死路一条。就是说，中国当年搞改革开放，并非共产党完全自觉自愿的选择，而是迫不得已的选择，即再不搞改革开放就走不下去了。面对生死抉择，聪明的人只有把生存放在第一位，其他的就暂时顾不得了。以大比小，现在基层政府为什么把招商引资放在特别重要的位置？说到底也是为了生存。农业税及对农民的其他收费项目取消后，大多数乡镇由于工商经济不发达，仅靠上级拨款，已远远不能满足农村社会经济发展的需要，也不能使乡镇干部较为体面地做工作或生活。这是他们不得不把招商引资工作放在重要位置的主要原因。也就是说，招商引资是基层政权生存之需要，是乡村社会经济发展之需要，是基层干部工作、生活之需要。

（五）中国已进入工业反哺农业、城市支持乡村的历史发展阶段

胡锦涛总书记在2004年9月召开的十六届四中全会上首次提出"两个趋向"的论断：在工业化初始阶段，农业支持工业，为工业提供积累是带有普遍性的趋向，但在工业化达到相当程度后，工业反哺农业，城市支持农村，实现工业与农业、城市与农村协调发展，也是带有普遍性的趋向。他在2004年末的中央经济工作会议上又进一步指出：我国现在总体上已到了以工促农，以城带乡的发展阶段。我们应当顺应这一趋势，更加自觉地调整国民收入分配格局，更加积极地支持三农发展。在"两个趋向"思想指引下，中央先后提出免除农业税，实行种粮补贴、良种补贴、农机补贴，提出农村完成九年制义务教育和新合作医疗，提出建设社会主义新农村，等等，这些都直接体现了"两个趋向"的思想。这一系列举措不仅使一度恶化的"三农"形势迅速得到扭转，而且使农村从此进入了一个崭新的发展阶段。当然，大好形势之下也还存在诸多问题，其中公益事业建设是当前农村最为薄弱的环节。从前，农村公益事业主要靠乡统筹、村提留，有个比较稳定的制度保障，现在则主要靠乡村干部积极争取，这就使得争取外援和招商引资工作变得非常重要。

（六）发展现代农业和工业需要大力招商引资

农业的发展前途是发展现代农业。现代农业的突出特点是投入高、科学技术含量高。它是将一整套农业科学技术运用到育种、栽培、土壤的改良、植物保护等生产实践中。科技创新是现代创新的主体，尤其重要的是以生物技术和信息技术为主导的农业新技术正在加速现代农业的进程。工业是农业、农村进一步发展的重要支撑力量，它的特点也是投入高，科学技术含量高。发展现代农业和工业仅仅依靠农业、农民的力量显然是远远不够的，必须大力招商引资，将外面资金和技术引入农村。

三、自力更生与争取外援的关系

（一）自力更生与争取外援在现实中都具有合理性，是相互依存的关系

我们更加深刻地认识到，自力更生与争取外援都具有合理性，两者都是社会主义新农村建设不可缺少的手段。我们既不能用一个方面代替另一个方面，也不能用一个方面否定另一个方面。自力更生、艰苦奋斗是我们的传统，当前仍具有重要意义，如果因为实行对外开放而把自力更生、艰苦奋斗的传统彻底抛弃了，那将不仅是片面的，而且是危险的。争取外援、招商引资是我们党新时期制定的另一套方针政策，不仅具有现实意义，而且具有长远意义。世界形势已进入全球化发展阶段，在这种情况下，如果还死抱自力更生、艰苦奋斗的老教条，拒绝对外开放，拒绝争取外援和招商引资，同样是非常危险的。正确的做法是，既要继续发扬自力更生、艰苦奋斗的精神，又要积极争取外援，大力开展招商引资工作，这才符合辩证法。辩证法的一个基本原理是对立面的共存和相互依存，这是毛泽东在《矛盾论》中早已论述过的。没有上，也就没有下；没有正，也就没有负；没有无产阶级，就没有资产阶级，等等，这些就是对立面的共存和相互依存。我们还可以把这个话换一个说法，即有上，必有下；有正，必有负；有无产阶级，必有资产阶级；有自力更生，必有争取外援。如果用形式逻辑、形而上学的思维方法，就不能理解这种对立面的相互共存和相互依存。我们是辩证论者，要自觉按辩证法办事，自力更生与争取外援都具有合理性，我们要在工作中自觉地把它们统一起来。

（二）自力更生与争取外援是两种相反的发展社会经济的手段，但目的相同，具有目标上的一致性

当年人们关于"计划"与"市场"的争论很激烈，最后，邓小平在南巡讲话中一锤定音：计划多一点还是市场多一点，不是社会主义与资本主义的本质区别。计划经济不等于社会主义，资本主义也有计划；市场经济不等于资本主义，社会主义也有市场。计划和市场都是经济手段。邓小平的话同样适用于自力更生与争取外援，即自力更生、争取外援本身无所谓对或错，也无所谓好或坏，更与社会主义、资本主义性质没有直接关系，它们都是经济、社会发展的手段，目的都是为了建设中国特色的社会主义，都是为了建设社会主义新农村，目标相同，具有一致性，因此我们说两者具有统一性。自力更生多一点还是争取外援多一点，看具体情况而定。我们在工作中往往有许多争论，常常争论得你死我活，谁也不能说服谁。其实，争论是必要的，道理就是在争论中弄明白的，但一定要争到你死我活却大可不必。我们看到，争论的结果常常是你活我也活，应该吸取争论双方的优点，去除争论双方的缺点。铁路巡警各管一段，社区民警各管一片，对立双方在自己所理解的范围内都具有合理性。自力更生、艰苦奋斗我们需要，争取外援、招商引资我们也需要。我们不能只看到它们的对立性，而看不到它们的统一性。所谓要看到它们的统一性，就是要看到它们虽然办法不一样，甚至是相反的，但目标一致。中国有个成语叫"殊途同归"，就是这个意思。

（三）自力更生与争取外援相反相成

相反相成是个很有名的成语,毛泽东在他的讲话中多次引用。意思是互相排斥、互相对立的两个方面又互相促成。相反的两个方面怎么又互相促成？我们在工作中看到,自力更生、艰苦奋斗抓好了,就很容易争取到外援,招商引资就很容易。这就是自力更生、艰苦奋斗成就争取外援,成就招商引资。刘庄、华西村及河南新乡吴金印领导的唐庄乡都是自力更生、艰苦奋斗的典型,因为这些地方的人自己干得好,各级政府、各个部门都想把资金投到他们那里,外商外资也争着在他们那里投资项目,在他们那里不存在招商引资难的问题,相反,他们对投资的项目还要挑三拣四。因此,我们说自力更生、艰苦奋斗是争取外援的最好条件,是招商引资的最好环境。无论是各级领导,还是外商外资,他们都想把事情办好,自力更生、艰苦奋斗是办好一切事情,做好一切事业的基础和条件。哪里自力更生、艰苦奋斗搞得好,无论是上级领导还是外商、大款,他们自然愿意把资金和项目投到哪里。有个成语叫作"锦上添花",各级领导都喜欢锦上添花,其实,这不仅仅是领导的个人爱好,它是有哲学道理的。同时,外援也有助于成就自力更生。许多事情我们不是不想干,而是确实没有条件干,没有资金、没有人才、没有信息,外援提供了这些条件,有助于我们干一番事业。这些就叫相反相成,相反相成是对立统一规律的一个内容、一个含义,我们说对立面是统一的,其中一个意思就是说,对立面是相互成就的。

（四）自力更生与争取外援相互渗透,两者又相互转化

自力更生与争取外援之间并没有一条不可逾越的鸿沟,当我们对双方进行较为仔细的分析时就会发现,两者总是相互渗透的,就是说常常是你中有我,我中有你,而且两者相互转化。在实际工作中,既没有纯粹的自力更生,也没有纯粹的争取外援,当我们向本村在外工作的有钱人请求援助时,说是争取外援,其实不如说是自力更生。我们请求他们支援,也常常说是建设自己的家乡,为建设自己的家乡出点力。当我们自己动手建设家乡时,里面总是渗透着外面的帮助。争取外援,主要是靠我们自己积极争取,这说明什么？说明争取外援里面也有自力更生。站在一个村的角度看是争取外援,站在村所在乡的角度看又可能是自力更生;站在所在县的角度看是自力更生,站在所在乡的角度看又可能是争取外援。就是说,自力更生与争取外援之间并没有一条固定不变的界限,它们是相互转化的。从这些事实来看,我们更加深刻地认识到,绝不能说自力更生越多就越光荣,争取外援越多就越可耻,自力更生与争取外援同样光荣。靠自力更生建设好家乡是英雄,有本事争取到外援建设好家乡也是英雄。我们要积极主动地、灵活地用好自力更生与争取外援这两种手段。

（五）从物极必反规律看自力更生与争取外援的关系

物极必反是辩证法的一个重要规律,从某种意义上说是辩证法的根本规律。根据这个规律,任何事物发展到一定程度,达到极点,就会走向反面。从这个规律来看,再正确的东西,再好的事物,发展到一定程度,达到极点,就会向错误的方面转变;再错误的东西,再坏的事物,发展到一定程度,达到极点,就会向正确的方面转变。自力更生、争取外援都是

发展社会经济不可缺少的好办法,但是无论是自力更生,还是争取外援,都不能超过一定的度,超过一定的度就会变成阻碍社会、经济发展的坏办法。自力更生超过一定的度就会变得愚昧呆板;争取外援超过一定的度就会变成崇洋媚外。从辩证法的角度来看,问题不在于要不要自力更生与争取外援,这两种办法肯定都是要的,问题就在于把握好分寸,把握好度。这个度由什么决定?全由实际情况决定。所谓实际情况主要是指村情、乡情、县情等,指县乡村的自然地理环境、财政经济状况、人心所向等。自力更生与争取外援的关系是这样,实际上其他既对立又统一的事物也是这样。因此,一切从实际出发,实事求是,是最重要、最根本的思想方法。

(六)从内因、外因的观点看自力更生与争取外援的关系

内因、外因的观点是毛泽东在《矛盾论》中教导我们观察事物的重要观点。从内因、外因的观点来看,自力更生是内因,争取外援则是外因。毛泽东还有一个思想,内因是变化的根据,外因是变化的条件,这是什么意思?这样说是不是自力更生就一定比争取外援更加重要?笔者认为不是这样的。当然,没有鸡蛋,再适合的温度也孵化不出小鸡;同样正确的是,再好的鸡蛋,没有适合的温度也孵化不出小鸡。这给我们什么启示?我们可以说内因是变化的根据,外因是变化的条件,但不能由此就说,内因就一定比外因重要。当"万事俱备,只欠东风"时,东风这个外因就更重要。内因外因的区别是相对的,从整体来看,内因、外因应该处于同等重要的地位。当外因确定时,发挥主观能动性,内因更加重要;当内因确定时,积极创造条件,外因就处于更加重要的地位。

(七)从主要矛盾的观点看自力更生与争取外援

主要矛盾的观点也是毛泽东在《矛盾论》中教导我们观察事物的重要观点。毛泽东说,不懂得这个观点,就找不到解决问题的出路。自力更生、争取外援都有合理性,两者都是发展社会、经济不可缺少的手段。整体来看,两者同等重要,但在事物发展的每一个具体阶段,两者就不是处于同等重要的位置,而是一方处于主要矛盾方面的位置,另一方处于次要矛盾方面的位置。在这种情况下,一定要深入研究具体的情况,研究矛盾的特殊性,看看自力更生是主要矛盾方面,还是争取外援是主要矛盾方面,只有找准了主要矛盾方面,才能找到解决问题的办法。

(八)从阴阳论的观点看自力更生与争取外援

阴阳论是我国古代思想家观察宇宙人生,认识社会的重要理论。该理论认为,任何事物都由阴阳两个方面组成,阴阳两个方面既相互对立,又相互依存。阴,代表事物相对稳定、相对保守的一面;阳,代表事物变动不居、积极向上的一面。在生物界有遗传与变异,如果说遗传是阴的一面,变异则是阳的一面。在社会领域有保守派与革新派,如果说保守是阴,革新则是阳。从阴阳理论来看,自力更生是阴,争取外援是阳。既然任何事物都由阴和阳组成,阴和阳是构成事物不可缺少的两个方面,那么,我们自然认为,对外开放、争取外援、招商引资这些方面代表时代潮流,我们要好好把握,顺应这个潮流;同时,自力更生、艰苦奋斗是传统,传统也不能丢,我们要好好继承。

第五章　农业与工业

一、始终把农业放在国民经济发展的首位是中国特色社会主义的特征

中央一直强调,要始终把农业放在国民经济发展的首位。笔者认为,认识农业应该从建设中国特色社会主义的高度来认识,从革命、建设和改革的统一过程中来认识。

新民主主义革命时期,以毛泽东为代表的中国共产党人认真总结大革命中一系列失败的教训,自觉地从进攻中心城市转到向农村进军,实现了工作重点的转移。在农村,党从广大农民最关心的土地问题入手,实行土地革命,赢得了广大农民对革命的热烈支持,从此党领导下的革命有了取之不尽的人力资源和物力资源,中国革命走出了一条成功的道路。应该说,党和毛泽东自从认识到农民问题,认识到农民是工人阶级最可靠的同盟军开始,就为中国革命找出正确的道路奠定了坚实基础。

1949年中华人民共和国成立,其后随着社会主义三大改造的顺利完成,开始了大规模的社会主义建设。我们最初向前苏联学习,执行优先发展重工业的方针,由于重工业建设规模过大、战线过长,特别是从1958年起,搞一个重工业生产的"大跃进",使农业生产受到很大破坏,生产速度大幅下降,人民生活受到严重影响。三年困难时期,农民很苦,连最基本的吃饭问题就解决不了,部分地方还发生了饿死人的现象。在严重挫折面前,毛泽东和党中央及时总结教训,批评了片面强调优先发展工业、忽视发展农业的错误做法。他们提出在社会主义革命和社会主义建设中,不要机械照搬外国经验,要从中国是一个人口多、底子薄、经济落后的农业大国的实际情况出发,走出一条适合我国国情的中国工业化发展道路。这就有了毛泽东的《论十大关系》及后来提出的一系列重要的思想。大家知道,《论十大关系》是毛泽东和党中央探索中国社会主义建设道路的良好开端。毛泽东提出了正确处理重工业和轻工业、农业的思想,并说这个思想是从中国这个农业大国的实际情况出发提出来的,在他以后发表的《关于正确处理人民内部矛盾的问题》的讲话中,更明确地提出发展工业必须和发展农业同时并举,这是中国工业化的道路,是反映中国客观经济规律、适合中国的路线。后来毛泽东和党中央又提出以农、轻、重为顺序安排国民经济发展的观点,提出了以农业为基础,以工业为主导的发展国民经济的总方针。实践证明,这是中国社会主义建设的正确方针。

20世纪70年代末,邓小平开创并领导中国进行社会主义改革。改革一开始,邓小平就提出,中国式的现代化,必须从中国的特点出发,至少有两个重要特点是必须看到的:一个是底子薄,一个是人口多、耕地少。他指出,耕地少、人口多,特别是农民多,这种情况不是很容易改变的,这是中国现代化建设必须考虑的特点。因此,我国的改革首先从农村开

始并取得巨大成就。如果不抱偏见的话,客观地观察中国改革开放的态势,就会发现农村改革取得的巨大成就成为推动我国经济上新台阶的巨大动力。

随着工业化的快速推进,一些地方领导失去了理智,没有充分认识到农业、农村和农民问题在改革开放和社会主义现代化建设过程中的全局性地位,没有把三农问题摆到应有的位置,党的农村政策没有得到很好的落实,农民收入增长缓慢,农民负担过重,严重影响了农民积极性的发挥。所谓三农问题,实际上是由于长时间忽视农业、农村和农民而积累起来的问题。这部分地印证了邓小平的一个预言:20世纪90年代经济如果出问题,很可能出在农业上;如果农业上出了问题,多少年就缓不过来,整个经济和社会发展的全局就要受到严重影响。

江泽民同志说,农业对于中华民族的生存和发展从来都是至关重要的。农业、农村和农民问题,始终是关系我国革命、建设和改革全局,关系经济繁荣、社会安定、国家富强和人民幸福的重大问题,任何时候都不能忽视和放松农业。农村富了,全国才能富;农民生活达到小康,全国才能实现小康。江泽民同志还要求,这样的基本道理在干部和群众中要经常讲,反复讲。

总之,历史经验一再证明,什么时候重视农业、农村和农民问题,我国的革命、建设和改革就发展,就胜利;什么时候忽视农业、农村和农民问题,我国的革命、建设和改革就停止,就失败。新民主主义革命时期,根据中国国情,走毛泽东同志开辟的农村包围城市道路,现在搞建设、搞改革,实现中华民族伟大复兴,也要根据中国国情,走中国特色社会主义道路。始终把农业、农村、农民问题放在全党工作的首位,这是中国特色社会主义的一个重要特征。

二、三个先进典型的启示

(一) 刘庄、华西村的启示

河南省新乡县刘庄是社会主义新农村建设的典型。刘庄在史来贺的带领下,由一个"长丁村"变成了闻名全国的富裕文明的社会主义新农村。刘庄给人们的启示是多方面的,其中最重要的一个方面就是刘庄始终把农业放在经济工作的首位。史来贺说,刘庄的发展是先从平地改土抓起,靠铁锨、推车、箩筐等工具,靠人抬、肩挑、车推,全村人整整干了20年才算把土地平整成四大方良田。接着又修桥建闸,打井架电,硬化渠道,实现低产变高产。有人总认为发展农业没有出息,出不了大政绩。史来贺说,他偏干这个没出息的事。他就包这1.5平方公里的地球,非把它修理好不可。刘庄的工业发展起来以后,又以工促农,以工建农,为建设现代化农业提供资金,刘庄的农业又上了一个新台阶。

吴仁宝在介绍华西村的发展经验时说,发展要先稳住农业,再大力发展工业。20世纪60年代初,担任村支书的吴仁宝带领干部群众制定了华西村的第一个15年规划。他们顶严寒,冒酷暑,填废河,筑干渠,昼夜兼程,用8年时间将原来七高八低的零星田块,变成了旱能浇、涝能排的稳产高产田。村民们从此摆脱了贫穷,过上了温饱的日子,吴仁宝因此赢得了村民的信任和尊重,为华西村以后的发展打下了坚实的基础。

刘庄、华西村都是典型,上面引用的资料甚至说有些陈旧,过时,但是历史有个重要的发展规律,是螺旋式上升,近似一个圆圈。先前走过的路,总是在新的历史条件下重走,重演,有人把这个规律称为"全信息宇宙重演定律"。笔者认为,这也就是辩证法早已阐述过的否定之否定规律,不过加进了现代科学的内容。刘庄、华西村走过的路,基本上是人类发展经济、发展两个文明所走过的路,今天在广大的农村地区,注定还要重复刘庄、华西村走过的路,当然不是完全重复。因此,刘庄、华西村走过的路,他们的发展经验,在今天仍然具有借鉴意义。

(二) 吴金印的启示

吴金印原是河南省卫辉市市委副书记兼唐庄乡(后改为唐庄镇)党委书记,是20世纪90年代中期涌现出来的先进典型,他同史来贺、吴仁宝一样非常重视发展农业,由农业起步,再发展工业,一步一步全面发展起来。

1. 唐庄乡的发展蓝图

吴金印为唐庄乡制定的发展蓝图是"西抓石头东抓菜,北抓林果南抓粮"。唐庄乡的东部七八个村,离卫辉市市区仅几里地,人多地少,一口人七八分地,土质好,水利条件好,有种菜的历史,交通方便,离市区近,卖菜方便。根据这个特点,吴金印和群众商量决定"东抓菜"。"东抓菜"就是调整种植结构,搞塑料大棚温室种菜。个别农户头一年失败了,他们总结经验,请老师讲,再参观、学习,后来终于成功。几年时间,唐庄乡种菜15000多亩,群众人均年纯收入近3000元。

唐庄乡北部是丘陵地区,丘陵地区的特点是怕旱,一旱就减产,旱情严重点就绝收,这里外号叫累死龙王地。种什么东西不怕旱?吴金印从农民那里得知果树是铁杆庄稼的道理,他们看到,山里的红果树长在山坡上、土疙瘩上,不但旱不死,而且树稠叶茂,不分大小,年年结果,年年大丰收,再一个特点就是树龄长,山里的红果树能活二三百年。根据这些特点,吴金印和群众商量决定在北部几个村栽种果树。1988年他们组织了1万多人挖坑栽树,第二年以后每年栽几千亩,最后栽了两万多亩。有一个村叫石屏村,靠果树人均年纯收入达到3000多元。南边是洼地,地势非常开阔,从任里屯到六庄店20多里没有一个村庄,其南边是共产主义渠,北边是铁路。地势开阔适合搞机械化生产,加上这里水利基础设施较好,吴金印和群众商量决定"南抓粮"。许多领导同志斥责农民种粮食是思想保守,其实,种粮食收入低是事实,但种粮食有种粮食的优点,它投入小、风险小,而且容易推广机械化。有了机械化,农民用在土地上的精力就少了,他们就可以腾出更多的时间外出打工或做其他生意,收入可能比栽种果树、比发展大棚还高。

2. 造地是吴金印重视发展农业的一个办法

在狮豹头乡,为了使老区人民吃饱肚子,过上好日子,他带领群众不屈不挠,三战山岭沟,3年时间造梯田200多亩,在跑马岭上,为拦沧河造田,他们不怕牺牲,艰苦奋斗,人们看了他们的事迹,无不为之动容。吴金印在狮豹头乡担任主要领导的10多年间,带领群众共造地2400多亩,在山区开创了小平川。在唐庄乡,吴金印两次动员群众造地2000多亩。1992年,乡里调动3000多部机器,13500多名劳动力,用15天时间将一条十几里长的乱石滚滚、杂草丛生的河沟改造成1000多亩良田。1993年,吴金印等人带领群众又造地1000多亩。吴金印给群众讲的道理是：随着人越来越多,地就会越来越少,日子就会不好过。造一块地,就是置一份家产,这是农民的命根子,也是农民的饭碗。这些道理农民听得懂,做起来又做得到,因此得到广大农民的积极响应。

3. 大力调整农业结构是吴金印重视发展农业的又一个办法

土地是农民最重要的生产资料,依靠科学,面向市场,让土地多出效益,出高效益,是重视发展农业必须首先考虑的问题,也是发展现代农业的目的。为了达到此目的,吴金印的办法就是调整农业结构。1983年,吴金印调到卫辉市五四农场任书记兼场长。为改变农场破烂不堪,一片混乱的局面,在生产方面,吴金印大胆调整种植业结构,发展温室大棚种蔬菜,引进无籽西瓜品种种西瓜,在1000多亩土地上念起了瓜菜经。"瓜菜经济"使农场1年打了翻身仗,3年上了大台阶,吴金印在位3年,赢利80多万元。农场还清了外债,购买了汽车、大型农机具,建了场房,装了电话,垒了院墙;职工们发了工资,发了奖金,连做梦也没有想到还住上了有厅有室的家属楼,农场面貌焕然一新。1987年11月,吴金印调到唐庄乡任党委书记,在调查研究的基础上,从实际出发,他制定了"西抓石头东抓菜,北抓林果南抓粮"的发展蓝图。这个蓝图,使唐庄乡由穷变富,初步积攒了发展工业和发展第三产业的资金。8年时间,全乡社会产值增长14.45培,财政收入增长6.5倍,人均年纯收入达到2337元,提前建成了小康乡。

4. 重视发展农业,必须大力加强农业基础设施建设

吴金印在狮豹头乡担任主要领导的10多年间,他和群众一起,同吃野菜糠团,同住茅草窝棚,一同开山劈石,一同筑路架桥,共打6个山洞,筑起25个水库和蓄水池,架起8座公路大桥,修筑高标准公路20公里,开挖绕山渠3.71公里,闸沟造田2400多亩,旱地变水田3000亩,植树20多万棵,使一穷二白的山区发生了翻天覆地的变化:饥饿的群众有了吃喝,苦旱的土地有了甘泉,荒僻的野岭通了汽车,群众过上了温饱生活。在唐庄乡,从1988年到1996年,吴金印带领群众先后投资900多万元打井修提水站,在南部洼地大搞农田水利基本建设,先把土渠道改成硬化渠道,然后把硬化渠道改成地下塑料管,最后又搞喷灌。在此基础上又大力发展机械化生产,从秸秆还田机到拖拉机,犁地旋耕大耙,一机一楼一模式,精播、犁地、收割,全部是机械化。唐庄乡一万亩洼地变成了地成方、树成行、路相通、渠相连、旱能浇、涝能排的三高田,被河南省定为国家万亩小麦超高产样板田。

5. 大力推广农业科学技术

唐庄乡开始发展大棚时,也有失败的农户,他们总结经验教训,主要原因是管理不科学。一是施肥不够。例如,种黄瓜,一亩就要收1万多斤,农户必须多施肥,多上饼肥、大粪,包括其他肥料,由于舍不得投入,有些农户失败了。二是没有施熟饼。有些农户,你叫他们一亩地施1500斤饼,他们只施500斤饼就把菜烧死了,原因是没有把饼发酵变熟。三是揭盖草苫不科学,下雪刮北风时,农户草苫不揭,看见太阳出来了就把草苫拉开,结果黄瓜就死了。应该是天冷也得每天揭开,叫它见天,若盖住几天不见天,等晴了一拉开黄瓜就死了。搞大棚有很多学问,棚与棚的距离、高度都需要学习,这些技术不掌握,就搞不好大棚种植。人多地少离城近,这是搞好大棚种植的客观条件,努力学习,掌握农业科学技术,这是搞好大棚种植的主观条件,主客观条件都有了,就能把大棚种植搞成功。管理果树,枝如何剪,主枝如何留,哪个是果枝,哪个是明条,都需要学习。北边发展林果的几

个村,从家庭妇女到小学生,随便拉出一个就懂这些技术,这是唐庄乡发展林果成功的一个重要原因。在唐庄乡,乡里面常年住有大学的专家、国家农科院的专家、市农科所的专家。专家坚持给群众上课,办学习班,帮助农民化验土壤,科学施肥。

三、无农不稳与无工不富

(一) 无农不稳

农业历来是关系到稳定与安天下的产业,一个"稳"字突出了农业在古代中国和现代中国经济结构中举足轻重的地位。中国是传统的农业大国,历代统治者都视农业为国家的根本,他们十分重视农业,保护农业生产和小农经济,以确保赋役征派和地租征收,达到巩固封建统治,实现长治久安的目的。因此,体现在农业生产上,历代政府都重视引进和推广农作物新品种,改进生产技术,兴修水利,编著农书,这些就使中国的农耕文明长期居于世界先进水平,精耕细作一直是中国传统农业经济的一个基本特征。

《谁来养活中国》这部书突出了农业在中国现代经济结构中的特殊地位。1994年美国世界观察研究所所长布朗在《世界观察》上发表了题目为《谁来养活中国》的文章。这篇文章一发表,立即在世界上引起了巨大的反响,几乎所有重要的国际性期刊和新闻机构的报纸都在显要位置作了转载或报道,中国政府和学术界也迅速作出了强烈反应。随后,布朗又在几个重要的国际会议上发表讲话,宣扬他的观点,并不断补充新的证据。1995年下半年他又出版了系统全面地论述其观点的专著《谁来养活中国》。他提出这个问题的假设前提是中国在1990年至2030年将实现持续的快速的工业化。他从日本、韩国和中国台湾的共同经历中发现:在工业化之前人口密度就很高的国家或地区,即在人均占有耕地很少的国家或地区,在快速工业化的过程中必然伴随着耕地的大量流失和粮食的大量进口。布朗根据中国和国际上某些机构发布的统计数据,分析了中国未来30年至40年的人口、人均消费水平、耕地、复种指数、水资源、化肥投入、单产和生态环境的动态趋势,也分析了未来世界上主要粮食出口国和进口国的供给与需求情况。在上述分析的基础上,他得出了以下五个重要的结论。

(1) 在1990年至2030年,由于人口和人均收入的增长,中国的谷物总需求量将达到4.79亿吨至6.41亿吨,而中国的谷物总产量却将减少1/5,只有2.72亿吨,从而中国将出现2.07亿吨至3.69亿吨的谷物缺口,相当于目前全世界谷物总出口量(2亿吨)的1~2倍,中国将成为世界上最大的谷物进口国。

(2) 实现了持续的快速工业化的中国将有足够的外汇进口所需要的谷物,但是国际市场上不会有这么多的谷物供中国进口,中国的经济繁荣将使世界进入粮食短缺时代。

(3) 由于中国的大量进口,世界市场上的粮价将大幅度上升,致使第三世界的低收入国家和低收入人口无力购买必需的口粮,因此中国的粮食进口将剥夺这些国家和人口的食品权利,加剧世界的贫困问题。粮价上涨还将引起世界范围内的经济崩溃,并在低收入国家引起政治动乱,粮食短缺对世界经济和政治的冲击将超过20世纪70年代中期的石油危机。

（4）在全球经济一体化的时代，中国的人口和经济发展所形成的需求缺口将通过国际贸易产生全球性影响，中国的人口对中国土地的压力将转变为对全球生态系统的压力，所以中国的粮食危机也就是全球的生态危机。

（5）中国的粮食危机不仅将剥夺穷人的生存权利，引起世界性的经济崩溃和政治动乱，而且将摧毁人类赖以生存的自然生态系统，从而危及全人类以及我们后代的生存权利，因此中国的粮食短缺对世界的危害比军事入侵还要严重，全人类和各国的政治家应当从粮食短缺而不是从军事冲突的角度重新定义人类"安全"的概念。实际上，布朗向全世界提出的不仅是"谁来养活中国"的问题，而且是一个"养活不了自己的中国将如何危害世界"的问题。

布朗的目的是从一个新的视角宣扬"中国威胁论"，号召世界各国起来共同遏制中国。但是，中国共产党和政府应该把他的话当好话听，高度关注国家的粮食安全问题。我们在全国建了很多粮食储备库，提出了18亿亩耕地红线的概念。从我们接触到的情况来看，18亿亩耕地红线的确严厉，任何人不敢逾越，不经批准多占基本农田无条件退出。这并不是说在任何情况下都不能占用基本农田，国家还有个占补平衡政策，占用一亩基本农田，要想法补充一亩基本农田，每年土地部门都要利用土地规划修编并实行占补平衡。我们看到，县级政府为了保证一些重点工业项目和其他项目，不得不把不具备生产粮食条件的土地变成基本农田。这就是说，布朗虽不怀好意，但他提出的问题在一定程度上的确存在。随着中国工业化、城市化进一步发展，耕地一定会进一步减少，能否在实质上保住18亿亩耕地，令人担忧。我们常讲，手中有粮，心中不慌。邓小平在改革开放初期提出，中国的老百姓只要有饭吃，就不会天下大乱。这是历史经验的总结，中国历代王朝都没有很好地解决全国人的吃饭问题。天下大乱，多数是因为老百姓没有饭吃。邓小平曾警告说，中国若出大事，肯定还是出在农业上。因此，我们一定要把农业放在一个特别重要的位置上，在任何时候，任何情况下都要切实把农业搞好。

（二）无工不富

无农不稳是一个方面的事实，另一个方面的事实则是仅靠种地已经无法使农民致富。以下是笔者2012年写的一个调查材料，主要内容是按领导的要求，调查西姜寨乡大宗农产品生产情况。

（1）小麦。小麦是西姜寨乡传统种植的农作物，全乡除两三个村外，其他村基本都有种植，但主要集中在南部几个村，种植面积长期稳定在5万亩左右，人均将近一亩麦田，产品以农民自己食用为主。受国家保护价影响，近几年小麦价格呈稳定增长之势。2011年西姜寨乡小麦种植每亩投入、产出情况大致如下：投入成本主要包括整地120元，种子25斤75元，粗肥2方120元，细肥一袋100元，追肥50斤尿素52.5元，播种12元，拌种30元，锄草剂2.5元，浇地3次，每次2小时，共6小时，用油12斤，计款52.8元。小麦亩产量是1000~1200斤，出售价格每斤按1元算，每亩小麦的毛收入是1000~1200元，纯收入是325.5~525.5元。如果算上人工费，种植小麦的人工费大约是每亩280元，每亩纯收入是45.5~245.5元。

（2）玉米。玉米是西姜寨乡传统种植的农作物，主要分布在小麦种植区和大蒜种植区，面积长期稳定在 6 万亩左右，每亩投入、产出情况如下：投入成本包括种子一袋 40 元，播种 12 元，锄草剂 6 元，浇地 17.6 元，追肥用复合肥一袋 140 元，打药 2 次 10 元，脱粒 10 元，合计投入费用（不含人工费）235.6 元。玉米每亩产量一般是 800～1000 斤，每斤出售价格按 1 元计算，纯收入是 565～765 元。玉米投工较多，人工费在 400 元左右，算上人工费，种植玉米每亩赚不了多少钱。

（3）大蒜。西姜寨乡 2002 年前后从邻近的中牟县引进大蒜种植模式，先在刘庄等几个村试种，后发展迅速，逐渐扩展至近 20 个村，主要集中在西姜寨乡西南部。大蒜市场价格起伏较大，曾使一些商贩赚得盆满钵满，也曾使一些商贩赔得一塌糊涂，农民收入因此受到很大影响。尽管如此，西姜寨乡大蒜种植并未受到很大影响，近些年种植面积一直稳定在 3 万～4 万亩。由于大蒜市场价波动较大，农民种植大蒜的收入也因此相差甚远，每亩纯收入最高时可达 5000 元左右，赔本的时候也不少。近十多年西姜寨乡大蒜种植面积一直比较稳定，大蒜已成为西姜寨乡西南部农民的重要收入来源。

2010 年西姜寨乡每亩大蒜投入、产出情况如下：投入成本包括蒜种 300 斤，450 元，地膜一捆 70 元，化肥 530 元，整地 55 元，浇地 150 元，锄草剂 30 元，人工费 400 元，合计投入成本 1685 元。2011 年前期湿蒜每公斤 2.5 元左右，亩产湿蒜 2000 公斤左右，毛收入近 5000 元，纯收入 3315 元。后期干蒜价格下跌，跌至每公斤 1.5 元左右，按亩产干蒜 1250 公斤计算，每亩毛收入约 2000 元，除去投资成本，亩纯收只有 300 多元。

（4）胡萝卜。胡萝卜种植主要集中在西姜寨乡东北部几个村。大约 2004 年在赵店村开始试种，后迅速波及扇车李、咀刘、斤砦、小尹口等村。近几年种植面积一直稳定在 2 万～3 万亩。胡萝卜市场价格波动较大，时高时低，农民收入不稳定，高时亩产纯收入三四千元，低时还要赔本。以 2011 年为例，每亩投入、产出情况如下：种子 80 元，粪 150 元，一袋复合肥 170 元，浇地 100～200 元，人工费 230 元。胡萝卜亩产一般是 3000～4000 公斤，2011 年胡萝卜价格较低，高时每公斤 0.6 元，低时几分钱。总体情况是种植胡萝卜赔本。2010 年胡萝卜价格较高，每公斤 2～2.4 元，亩纯收入达到四五千元。

（5）花生。花生是西姜寨乡的传统种植农作物，种植面积一直稳定在 5 万亩左右，主要集中在西姜寨乡北部沙区村。近些年花生价格没有小麦、玉米价格稳定，但是要比大蒜、胡萝卜价格稳定。花生是西姜寨乡农民主要收入来源之一。2011 年种植花生每亩投入、产出情况如下：鸡粪约 100 元，复合肥 60 斤约 100 元，种子 30 斤约 200 元，追肥约 30 斤 60 元，整地 40 元，播种 25 元，浇地 7～10 遍约 100 元，锄草剂、农药等约 40 元。亩产花生按 500～600 斤算，2011 年每斤出售价格 4 元左右，毛收入 2000～2400 元，除去 665 元投资成本，每亩纯收入在 1500 元左右。

（6）西瓜。西瓜是西姜寨乡的传统种植农作物，种植面积一直稳定在 4 万～5 万亩，主要分布在北部沙区村。近些年西瓜的市场价格波动情况和花生大致相同，总的情况是受气候影响较大，特别是受我国南方气候影响较大，没有小麦、玉米价格稳定，但比大蒜、胡萝卜价格稳定。种植西瓜每亩投入成本主要包括：鸡粪 300 元左右，化肥 100 元左右，瓜苗 260 元左右，追加尿素 30 元，浇地费用 100 元左右，锄草剂、农药 40 元左右。西瓜每亩产量一般是 4000～5000 公斤，2011 年西瓜价格为：有籽瓜平均每公斤 0.6 元左右，无籽瓜平均价格每公斤 1 元。不计人工成本，2011 年每亩西瓜的纯收入是 1000～2000 元。

上述调查结果表明,农民仅仅依靠种地不能致富,农民要致富,必须在搞好农业的基础上积极发展第二产业、第三产业和其他产业。因此,必须大力发展农业机械化,尽快实现农业现代化,使农民从种植业中解放出来。

四、大力发展农业机械化

(一)发展农业机械化的意义

农业是国民经济的基础。农业要从根本上改变主要依靠手工劳动的传统生产方式,改变农业人口占很大比重的不发达状态,促进更多的人向城镇和非农产业转移,提高劳动生产率,降低农产品生产成本,增加农产品附加值,必须实现农业机械化,没有农业机械化,就没有农业现代化。农业机械化是一个用机械装备代替人力、畜力进行农业生产的技术改造和经济发展的过程,也是农业现代化的重要内容和主要标志之一。

农业机械化是农业生产发展的重要支撑,是农村经济发展的强大助推器,是促进农民增收的重要手段,是改善农民生产生活条件的重要前提,是改善农村人居环境的重要保障。因此,农业机械化是建设社会主义新农村的重要内容和标志之一,同时,全面建设社会主义新农村,也为农业机械化提出了更新、更高、更快的发展要求,发展农业机械化是提高农业生产力水平的重要途径。农业机械化是使用先进农业生产工具的过程,是实现农业科技化的载体。农业机械化是现代农业的重要物质基础和重要标志。发展农业机械化,就是改变落后的农业生产方式,提高农业生产能力。农业机械的广泛应用,极大地解决了农业生产中重点作物和关键环节的农业工程技术问题,解决了困扰农民几千年的"三弯腰"问题。例如,机械耕作取代人畜犁耙,机械插秧解决人工插秧问题,联合收割机解决人工收割问题,拖拉机代替肩挑人扛等运输问题。发展农业机械化是提高农业效益,促进农民增收的有效措施。农业机械化可提高劳动生产率,提高作业质量,增加单位面积产量,可以抢时间、争农时、保丰收,可以大大地改善劳动生产条件。根据中央的文件精神,要把发展农业机械化生产,提高"三率",实现"三个解放",达到"三个促进"作为当前农业发展的重要工作来抓。提高"三率",就是提高农业劳动生产率、土地产出率、资源利用率。实现"三个解放",就是把农民从土地中解放出来,彻底改变多数农民搞饭吃的局面;把农业从传统的生产方式中解放出来,彻底改变靠人力畜力为主的落后低效的生产方式;把农民从高强度的劳作中解放出来,彻底改变面朝黄土背朝天、日出而作、日落而息的生产方式。达到"三个促进",就是促进农业稳定发展、农民持续增收和农村经营制度创新,促进生产、生活和生态建设,促进农业、农民和农村面貌深刻变化。

(二)农业机械化在农业发展中的作用

1. 农业机械化在建设社会主义新农村和农业现代化进程中发挥巨大的作用

农业机械化能提高农业劳动生产率和农业综合竞争力,特别是加入世贸组织后,国外的先进农机产品不断应用到我国农业建设中,进一步补充了我国农业机械化发展的一些缺陷,加快了我国农业机械化事业的发展进程,特别是那些方便、经济、实效、多用的微型机械和性能精密、作业高效的智能化环保机械在我国设施农业、精确农业中发挥了举足轻重的重用。

2. 农业机械化的发展促进了农业产业结构调整

农业产业化能有效解决我国农业小生产与大市场的矛盾,从而进一步提高农产品市场竞争力,要实现农业产业化,必须进行农业产业结构调整。农业机械化的发展推进了农业产业结构调整,发展与农业产业结构调整相配套的各式各样的农业机械,调整和优化农业机械化的发展结构和布局,能促进农业生产向专业化、商业化、现代化转变。让传统农业转变为市场经济下的全方位的市场农业,农业机械是先进农业技术的物化成果和实施载体,离开了农业机械化这一先进的生产手段,先进的农业生产技术在生产领域就很难大范围实施,建设现代农业和社会主义新农村,实现农业生产的产业化,必须使用先进的农业机械,用机械装备农业产业的各个环节,如种植、收获、精深加工、包装、保鲜、运输等。农业机械化是农业生产化的重要生产手段,是实施先进的农艺技术、养殖技术、精深加工技术的桥梁和纽带,是农业生产向专业化、商品化、现代化发展的物质保障。

3. 农业机械化是保护和提高粮食综合生产能力的重要手段

我国是一个人口大国,必须发展粮食生产,提高粮食产量。农业机械化是抢农时、夺丰收的重要保障,同时能增强农业抗御自然灾害的能力。农业生产的耕、耙、收已基本实现机械化,小麦生产实现全程机械化。农业机械化提高了土地的产出率和农产品质量,提高农业机械化水平是保护和提高粮食综合生产能力的重要手段。

4. 农业机械化在开发、利用土地资源过程中发挥重要作用

农业机械化在开发、利用土地资源过程中具有明显的优势,机械化施工效率高,进度快,质量好,经济实用。

5. 农业机械化能加快农村劳动力转移,能促进农民增收

农业机械化能大幅度提高农业劳动生产率,能把大量农村劳动力从繁重的体力劳动中解放出来,能加快农村劳动力转移,能促进农民增收。

五、土地政策该如何走

发展农业,中央曾经讲过三点:一靠政策,二靠投入,三靠科技。这三点至今没有过时。靠政策,其中靠土地政策是最重要的。现在的土地政策仍然是家庭联产承包责任制,第一轮土地承包到期后,中央决定延长承包期30年,并出台了相关法律。虽说是延期承包,但基层在执行这个政策时却有很大不同。第一轮是土地承包政策30年不动,中间允许大调整、小调整,第二轮则是30年不动,增人不增地,减人不减地,中间不允许调整土地。家庭联产承包责任制的优越性不必多说,它极大地调动了广大农民的生产积极性,提高了劳动生产率,降低了生产成本,提高了管理水平和生产效益,使国家、集体和个人三者的利益得到了统一,克服了分配上大锅饭的弊端,不仅促进了农村经济的恢复和发展,而且为全面改革开放奠定了坚实基础。国家能取得如此巨大的成就,家庭联产承包责任制功不可没。但是随着时间的推移,这一制度的弊端也逐渐显现出来,农村也因此积累了许多矛盾,概括起来有以下几个方面。

(一) 人地矛盾

20世纪90年代后期,由于乡镇财政状况日益恶化,计划生育超生罚款成为不少乡镇政府的收入来源之一,不少乡镇政府对超生睁一只眼,闭一只眼,有的甚至是纵容农民超生,导致现在人地矛盾越来越突出,一些农户全家四五口人只有一口人的地。解决人地矛盾,国家土地承包法提出的原则是"大稳定,小调整",国家允许村组预留不超过总耕地面积5%的机动地。但是在执行过程中,由于土地越来越少和当时干群关系紧张等原因,绝大多数村的群众不允许预留机动地。

上级给出的另一个解决人地矛盾的办法是"对树揭皮",即谁家增加一口人先等着,什么时候其他农户减少人口了,就把减少人口农户的地收回一些,把增加人口农户的地添上一些。但是,这个办法在笔者当时工作的乡,除个别村组外大部分没有实行,主要原因是1998年调整土地时,我们执行的政策是"30年不动",对于新增人口以后怎么办,作为乡一级领导,一般是只管完成上级交给的任务,而很少或者说根本没有时间去考虑这个实实在在的问题。为什么说没有时间?主要原因是当时上级要求的时间太紧,这项政策又不符合农村、农民实际,因此干部群众普遍不理解并且抵制,乡政府只好走形式应付上级。当时农村的实际是,在这以前村组一般都有约定,几年一小调,几年一大调,第二轮承包开始时,有的是刚调整过土地,有的则还不到调整时间,这两种情况合起来占绝大部分村组,他们都不同意调整。耕者有其田是中央的一贯政策,添人添地、去人去地在当时干部、群众看来是天经地义的事情。当时上级提出"30年不动"也没有说清楚是土地承包政策30年不动,还是30年"增人不增地,减人不减地",由于以前执行的政策一直是前者,他们大都认为这次的所谓"30年不动"一定是前者。上级叫调整只管调整,实际上并不调整,大多以走形式应付。具体说就是,只把土地承包书填写好发给群众以应付上级检查,检查过后再收回来。笔者现在所在的乡有31个村,当时为了应付上级检查,只发了8个村。由于种种原因,后来越来越向"增人不增地,减人不减地"的政策靠拢,造成目前的人地矛盾。为什么会出现这个趋向?主要原因:一是先占有土地者具有一定优势,他们减人该减地时不愿意减,他们说上面的政策"30年不动",就是"30年增人不增地,减人不减地",他们占着土地不愿退,该增地的农户不愿和他们撕破脸皮,就这样拖了下来。二是后来县政府明确说"30年不动"就是"30年增人不增地,减人不减地"。这一条最关键,有些农户不怕撕破脸皮到县里乡里上访,县里乡里后来就明确说,"30年不动"就是"30年增人不增地,减人不减地",想调整土地的这部分人没劲了。三是县里乡里为什么会如此解释?除了中央的政策有这样解释的空间外,一个主要原因是,调整土地是一件非常费时、费力、费钱的事,县、乡、村各级干部都不想招惹这个麻烦事。有农户上访,一句"中央的政策是不让动地"就打发人了,但是真要是动地就麻烦多了。另外,这几年出外打工成为农民的主要赚钱门路,想让调整土地的这部分农户因此不愿与不想调整土地的农户较劲,再加上上面的政策是不让调整土地,因此现在上下对中央的土地政策基本形成了共识:30年不动,就是"30年增人不增地,减人不减地"。共识虽然形成了,但是人地矛盾仍然存在,特别是近几年中央支持三农的政策力度越来越大,许多优惠政策如种粮直补、良种直补等都是依据耕地进行分配,没有地的农民心里很不平衡。

（二）发展村内公益事业困难

允许调整土地前，发展村内公益事业过程中的一些问题都可以通过调整土地解决，如打井、挖河、修路占地等，这些问题都可以通过调整土地很容易地解决，现在土地不能调整，这些问题就没有以前那么好解决了。为了发展村内公益事业，各村开展了"一事一议"工作，这在一定程度上弥补了资金不足的问题，但土地问题仍然是制约村内公益事业顺利发展的一个因素。

（三）土地管理中存在的问题

现在农业生产中存在的一个重大问题是地块过于零散，每家每户分的好地、坏地都是几块，管理起来很不方便。例如，西姜寨乡某个村共有10个村民小组，其中7个小组是每家每户分4块地，2个小组是每家每户分3块地，另外一个小组是每家每户分5块地。本来该村就人多地少，再加上分成那么多块地，每块面积都不大，管理起来很费劲。拿浇地来说，西姜寨乡大部分村都是用对口抽井，这种井不是很容易出水，好不容易出水了，浇不了多长时间又得换另一块地。旱情严重时农民都是排队浇地，浇完这一块地再去另一块地时，大多是别人正浇着，还得排队，这不仅影响了生产效率，还浪费了农民的时间。由于现在农民收入渠道多了，农民对地的好坏并不是特别在意，为了便于管理，一些农户就主动和邻边农户商量换地，有的甚至用自己的一等地换别人的二等地或三等地。他们说："这样虽然吃点亏，但是管理方便了。"

（四）社会主义新农村建设规划中的问题

社会主义新农村建设是目前统揽农村工作全局的重要工作，同时，社会主义新村建设又是各项工作的重中之重，难中之难。社会主义新农村建设难免要修路或拆迁房屋，这就涉及宅基地问题。由于长时间不调整土地，没有宅基地的农户逐渐多了起来，特别是那些到了结婚年龄还没有宅基地的农民强烈要求取得宅基地。宅基地问题制约着社会主义新农村建设的规划。

（五）农村经济结构调整中的问题

调整农村经济结构，发展高效农业，常常是和种地规模紧密联系在一起的，就是所谓的规模经济、规模效益，这些都与目前地块过于零散存在矛盾。农民自己与别的农户调换土地又存在很多麻烦事，面对困难，很多时候农民现实的选择只能是放弃调整。例如，西姜寨乡农民王国富种植黑木耳，因为自己没有足够大的一块地，为达到一定规模（达不到一定规模在经济上不划算，现在人工成本已经很高），他只好租邻边农户的土地，地租是每年2000斤粮食，麦收、秋收各1000斤。农民朱心年想种菜，为获得一块足够大的地，他连续两年与邻边农户商量租地都达不成协议，最后只好作罢。农民王小法是个兽医，曾经想养猪，也是因为调换土地达不成协议只好作罢。

上述问题都可以通过调整土地解决。不过话又说回来，现在调整土地确实太难了，一是由于缺少资金、怕麻烦等原因，乡干部、村干部确实都不想调整土地；二是现在调整土地确实非常复杂。例如,一些农民投资建的大棚、果园、猪厂怎么办?有的农民已将自己耕地上的土卖了怎么办?诸如此类的问题不容易解决,而且可以预见,此类问题只会越来越多,而且会越来越复杂。当然,一些农民没有地也并不完全是坏事,它迫使这些农民走出村庄,走出土地开创新的事业,反而使他们更早、更快地融入城市生活。而且从长远来看,解决中国人多地少的矛盾,使每个人都有饭吃,就必须有更多的人走出土地、甚至走出国门,开创新的产业,占领更大的市场。《东亚日报》2012年6月4日在头版头条刊文称,中国人走到哪里,特定产业的世界版图就会发生变化。中国人,尤其是中国农民以吃苦耐劳和劳动力价格优势不断走向世界,只要这种趋势不被贸易保护主义所阻挡,中国的人地矛盾就可以解决到可控的范围。

目前,在执行中央土地政策过程中出现以下三种情况并存的事实:一是增人不增地,减人不减地,二是仍然定期或不定期调整土地,三是土地流转。其中第三种情况又分为两类:一类是农民自发自愿,流转规模较小,另一类是县政府、乡政府出台优惠政策,鼓励大规模流转。上述三种情况,第一种和第三种在西姜寨乡有逐渐扩大的趋势,正在成为常态,第二种情况则越来越少。这三种情况都有优点和缺点,笼统地肯定某一种情况或否定某一种情况并不正确,一切以实际情况而定,底线应该是以稳定为最高标准,政府引导则以有利于发展为最高标准。

六、农业与工业的辩证关系

(一) 农业与工业是相反相成的关系

成语"相反相成"出自《汉书·艺文志》其原话是:"仁之与义,敬之与和,相反而皆相成也。"意思是两个对立的事物既互相排斥又互相促成。毛泽东曾讲到这个成语,他在《矛盾论》中说:这个成语是辩证法的,是反形而上学的。"相反"就是说两个矛盾方面的互相排斥,或互相斗争;"相成"就是说在一定条件之下两个矛盾方面互相联结起来,获得了同一性。

相反相成有两层意思:一是相反,二是相成。农业与工业是相反相成的关系。

(1)农业与工业在一定条件下是互相排斥的。农业与工业都需要劳动力,劳动力就那么多,一定时期内,劳动力都用到了工业上,农业就会缺乏劳动力,就会受损失。"大跃进"时期,劳动力都上山炼钢铁了,没有人种田了,这给了我们很大教训。这就是因为没有看到农业与工业在一定条件下是互相排斥的。另外,农业与工业都需要资金,在一定时期,在一个地方资金就那么多,把资金过多地用到了农业上,工业就没有足够的资金可用,反之,把资金过多地用到了工业上,农业就没有足够的资金可用,这两个方面的教训我们都有。农业与工业都需要用地,但是中国的土地就那么多,工业占地过多,就会影响粮食生产。另外,农业效益低,工业效益高,农业投入资金少,工业则需较多资金投入,农业需要较多土地,工业相对来说需要较少土地,等等,这些都是农业与工业相反的方面。

(2)农业与工业相互促成。我们可以从两个方面理解:一是说农业与工业都重要。什么意思?当我们强调农业重要时,一定不要说工业不重要,我们只能说农业与工业都重要,它们的存在都具有合理性。某个地方没有农业,完全靠工业富起来了,这个地方不能因此就说有没有农业无所谓,只有工业就可以了,因为站在全国的角度讲,没有农业也就没有饭吃,不仅没有农业不行,而且不生产足够的粮食也不行。某个地方总是搞工业失败,因为搞工业背上了沉重的债务包袱,这个地方也不能因此就彻底否定工业,因为很多地方的实践证明,没有工业确实难以富起来,至少想大富是不可能的。个别地方没有工业(比如靠旅游业)也可以富起来,但也不能因此就否定工业,因为从全国来讲没有工业确实不行。旧中国就是因为工业不如西方国家才遭到它们轮番欺侮。二是说农业与工业相互促成。毛泽东主要是在这个意义上讲相反相成的。他经常讲,"感谢"蒋介石,"感谢"日本帝国主义,是他们大肆屠杀共产党、屠杀中国人民,才使共产党和中国人民觉醒,才最终使共产党领导人民取得民族解放。农业促成工业怎么理解?农业不仅为工业提供原材料,还为工业发展积累资金。新中国成立后,长期实行"以农养工"政策,通过工业、农业价格"剪刀差",从农业中抽取大量资金,为工业发展积累资金。据计算,"剪刀差"的数额1952~1989年为9716.75亿元,相当于国家统计局计算的农业净产值的1/5。新中国成立后,中国工业能够迅速发展,新中国能够在以美国为首的西方敌对势力的包围下生存,农业与农民功不可没。刘庄的发展和华西村的发展是新中国农业支持工业发展,最终成就工业的一个缩影。史来贺对刘庄50年的发展变化曾做过以下总结:"20世纪50年代是低产变高产,改变了穷面貌;60年代高产再高产,粮棉双丰收、双贡献;70年代到80年代初,农林牧副渔全面发展,给工业发展奠定了基础。工业发展了,以工促农,以工建农,为建设现代化农业提供了资金,又为刘庄农业、工业注入了发展后劲。"史来贺的这番话很好地解释了农业与工业是如何相互促成的。先是农业为工业积累资金,农业成就工业,后来工业发展了,钱多了,又反过来投资农业,提升农业水平,工业成就农业。

农业与工业都需要劳动力,这个矛盾可以通过发展各种替代人力的机械化生产来解决。农业与工业都需要用地,这个矛盾可以通过提高粮食单产,发展高效农业来解决。农业与工业都需要资金,我们要根据实际情况统筹兼顾,使二者共同发展,和谐发展。

(二) 从主要矛盾理论看农业与工业的辩证关系

主要矛盾理论是毛泽东提出来的,这是毛泽东对辩证法理论的一个重大贡献。毛泽东为什么提出这个理论?这个理论是对立面共存、相反相成原理的自然延伸。正面的东西成立,与之相反的东西也成立,农业成立、工业也成立,农业重要,工业也重要,那么,人们自然会问:对立的两个方面是否居于同等重要的地位?农业重要,工业也重要,农业与工业同等重要吗?并非同等重要,一般是一个居于主导地位,一个居于次要地位,这就是毛泽东提出的主要矛盾理论。毛泽东还认为,主要矛盾是可以转化的,从主要矛盾的理论看农业与工业的关系,笔者认为刘庄的史来贺、华西村的吴仁宝都很好地应用了这个理论。刚开始发展时,应当把农业作为主要矛盾方面,重点发展农业。也就是说要把更多的劳动力、更多的资金、更多的土地投到农业上,首先使农业彻底过关。随着时间的推移,农业发展起来了,积累了一定的资金和人才,再逐步把发展工业作为主要矛盾方面,把主要的人力、财力、物力投到工业上。这就是说主要矛盾是不断转化的,我们"大跃进"时犯错误,一个重要原因是主要矛盾抓错了,本来该把农业作为主要矛盾,我们却大炼钢铁,把主要劳动力、主要资金投到炼钢铁的运动中了,后来发生自然灾害,没有劳动力和资金进行抗灾,结果发生饿死人的惨剧。现在我们国家农业、工业都已经得到长足发展,到一定时候,我们也许会把要解决的主要矛盾放在环保上,或放在其他方面。

实事求是是毛泽东思想和邓小平理论的精髓,是中国共产党领导全国人民取得革命和建设伟大胜利的法宝。然而,什么是实事求是?我们可作以下理解:正面的东西成立,反面的东西也成立;正概念成立,反概念也成立;正命题成立,反命题也成立;正理论成立,反理论也成立;那么,我们到底应该用哪一方面的理论指导实践?到底应该把哪一方面作为主要矛盾方面?我们的回答是,应该根据实际情况而定。什么实际情况?一是看事物处于什么发展阶段,二是看空间范围,这就是实事求是。简单地说,用什么方针、政策和理论指导实践,把什么作为主要矛盾方面来抓,全看时间和地点,这也就是中央提出的与时俱进。要随着时间的推移和空间的变换应用不同的理论。

(三) 农业是母亲,工业是儿子

农业与工业虽然相互促成,但相互促成的方法却是有区别的。中国古代不少哲学家的社会经济思想强调要区别"本"和"末",并且认为,农业历来是中华民族生存、发展的根本,农业是本,其他的都是末。吴金印同志的一段话曾很好地概括了这个思想,他说:"毛主席过去讲的是围绕农业办工业,办好工业促农业。现在提的是农业是母亲,有了钱,把这个钱投到工业上,工业是儿子,等儿子大了再反过来,工业支持农业,儿子养活母亲。"农业母亲是如何生出工业儿子的?先是把地种好,粮食吃不完,自然会把剩余的粮食用来养鸡、养猪,发展畜牧业,进一步发展就会把剩余的粮食进行加工,把鸡、猪等进行加工,这样就慢慢地生出工业。

第六章　干部与群众

我们国家现在实行的是社会主义市场经济制度,尽管在市场经济前加有定语"社会主义",但是市场经济规律已经在我们生活最广泛的层面发生作用,处于其中的每一个人都逃脱不了市场经济规律的支配。在某种意义上说,市场经济的核心是追逐利润,利润最大化是每个人的行为动机与行为目标。因此,面对现实,无论谁都应该以主动的、积极的心态参与市场竞争,唯有如此,才不会被市场淘汰,才能取得人生的成就,这是一个方面的道理。另一方面,也不能见利忘义,特别是当干部的,干部作为党员,不能忘记党的宗旨,不能忘记为人民服务,要正确处理好与群众的关系。市场经济理论与党的宗旨是两个不同的理论,但是它们又是统一的。目前这两个理论我们都需要,本章主要论述的观点是:作为党员和干部,什么时候都不能忘记党的宗旨,要用它指导实践,从而取得更大的人生成就。下面请看史来贺、吴仁宝和吴金印的做法。

一、史来贺与群众

(一) 全心全意为人民服务是最先进的理论

无论是改革开放之前,还是改革开放以来,史来贺都是闻名全国的先进典型。在他的带领下,刘庄变成了闻名全国的富裕、文明的社会主义新农村。特别是改革开放以来,史来贺一方面适应市场经济的大环境,努力按市场经济规律办事,另一方面,又从来没有忘记共产党人的宗旨和使命。

史来贺说:"当干部是为群众谋利益的,必须全心全意为人民服务。"这是共产党人的宗旨,也是史来贺取得巨大成就的根本原因。史来贺一生都在按照共产党人的宗旨处理干部与群众的关系。我们现在实行的是社会主义市场经济,再谈按党的宗旨办事是不是已经过时了?笔者的看法是,党的宗旨在市场经济中不仅没有过时,而且有其独特的作用,是很先进的理论。我们曾经专门搞过党的先进性教育活动,什么是党的先进性?党的先进性集中表现在其宗旨上,即全心全意为人民服务,始终把人民群众的利益放在第一位。

史来贺提出"四不怕",这是他实践党的宗旨的具体表现。"四不怕"是"当干部要不怕吃亏、不怕吃苦、不怕作难、不怕得罪个别人"。史来贺说,没有这"四不怕",没有这个执著信念,就不可能为群众服好务,就不可能当好干部。"四不怕",不怕吃亏是排在第一位的,史来贺认为,当好农村干部,关键是这个。这个与争取个人利益最大化的经济理论是相反的。对于"吃亏"问题,史来贺有自己的辩证理解,他说:"当干部要不怕吃亏。你看,你带领全村人共同富裕,当大家都富裕了,干部不也就富裕起来了吗?"党要求领导干部要全心全意为人民服务,为群众谋利益,这并不是说要干部永远都当穷光蛋,而是这样一套理论:当干部先吃亏,先让群众富起来,当群众都富起来了,干部也就富在其中了。反之,如果当干部的利用手中的权利千方百计谋私利,首先富裕起来,这很容易产生干部与群众的对立情绪,这种对立情绪发展到一定程度,如果发生在一个村,村里就不稳定,如果发生在一个国家,可能就会天下大乱。中国和其他国家的发展史都表明,人民群众先富,当官的也就富在其中;反之,当官的先富,则很容易走上邪路。

早在大集体时,史来贺就坚持这样一个原则:大队干部的劳动报酬不能超过一般社员报酬的中等水平。史来贺的道理是,领导是我们的责任,劳动是我们的本分。社员的眼睛都看着分配问题,我们多拿一点,社员会怎么想?当干部不能多拿,当时史来贺还有一个更深远的想法,即"有一天咱们不当干部了,可是要在刘庄留下一条根的,谁来搞特殊,谁在群众面前就过不去"。

史来贺本人更是以身作则。他从当干部那天起,一直按群众平均水平拿工分,上级规定给干部的补贴,他一分也不要。1965年,他开始拿国家干部工资,当群众平均收入比他低的时候,他把工资交给集体,按劳力平均水平参加分配;当群众的收入超过他的工资收入时,他反拿自己的工资,不要村里的补贴。1976年,刘庄建新村,他家中的树木已长大成材,人家给3000元,他不卖,集体要建新村,他却以1500元的低价卖给了集体。新楼盖好后,干部群众首先动员他第一批搬进新居,被他婉言谢绝了。6年后,刘庄住宅楼房全部盖齐,史来贺才和最后一批群众搬进了新居。1953年,上级党委多次调他到区上工作,都被他婉言谢绝。他说:"从我个人的角度讲,到区里当国家干部不吃啥亏,可刘庄还很穷,这里更需要我。"1977年,组织上任命史来贺为新乡地委副书记,这在一般人看来是天大的喜事,可史来贺还是坚持原来的老主意,他对地委领导说:"刘庄的发展正处在关键时期,工业、副业刚刚起步,新村建设才开了个头,缺资金、缺人才、缺技术;我一走,群众情绪就会受到影响,再说,农业劳模离开土地还算啥劳模?"像这样的事还很多。正是因为刘庄的干部吃亏在前,享受在后,严格按照党的宗旨处理干部与群众的关系,广大群众凝聚在党组织周围,同心同德,创造了刘庄奇迹。史来贺说:"不吃亏,干不成事,想不吃亏,别当干部。当干部要见困难就上,见荣誉就让,吃苦在前,吃亏在前,享受在后。"这些话在今天许多人看来是大话、空话,可是,史来贺为什么以这些话为理论指导成就了一番大事业?进一步深入思考,总是使人想起佛教讲的理论。它认为,"空"是万物的本原,是最实在的东西,只有悟到"空",才算是悟到真理。史来贺的人生实践证明,共产党人讲的某些话在今天看来的确有些空,但是,真要实行起来,却又是最实在的真理,是真正的大道理。当干部的,个人先富起来,只是小本事;叫大家都富起来,才是大本事。想成为有大本事的人,就必须践行佛教"空"的理论。

当干部不怕吃亏,严格按照党的宗旨处理干部与群众的关系,到最后干部不仅不吃亏,不仅物质上富,而且还能享受到一般群众享受不到的幸福,即精神上也富。史来贺把群众带富了,把刘庄建成了社会主义农村的典型,党和国家给予了他很高的荣誉,他是第三、五、六、七、八、九、十届全国人大代表,第五、六、七、八届全国人大常委会委员,是中国共产党第十三、十四、十五、十六次全国代表大会代表,是连续四届的全国劳动模范,曾任中共新乡地委书记、中共新乡县委副书记,逝世前任新乡市人大常委会副主任。他还先后十六次进京参加国庆典礼,多次受到毛泽东、邓小平、江泽民、胡锦涛等党和国家领导人的亲切会见。中共中央组织部把他的名字与雷锋、焦裕禄、王进喜、钱学森列在一起,誉为新中国成立以来在群众中享有崇高威望的共产党员的优秀代表。刘庄的其他干部也都受到村民的普遍尊敬和爱戴。当干部,也许物质上富起来并不难,难的是像史来贺那样精神上也富起来。精神上富,才是更高级的富,才是永远享受不完的富。

(二)按党的宗旨办事是搞好发展

中共中央提出又好又快发展,把"好"字放在了"快"字前面,笔者认为这是抓住了问题的根本,是按辩证法办事。"好"与"快"的辩证关系是,"好"字当头,"快"也就在其中。"好"是本,"快"是末,先本后末,就是按辩证法办事。那么到底什么是搞好发展?改变经济增长方式,提高自主创新能力,促进城乡协调发展,等等,都是搞好发展;连续性发展、滚雪球式发展也是搞好发展。这里再提出一种搞好发展,即群众先富,干部后富的发展也是搞好发展。这样的发展也许能最终从根本上解决市场经济中的深层次问题;这样的发展表面上看起来很慢,其实是最快的发展。我们的最终目标是建立和谐社会,是实现共产主义,历史反复证明,一部分人先富起来的发展,若是干部先富起来的发展,最终结果常常是"三十年河东,三十年河西",常常是"富不过三代"。人类社会已经这样发展几千年了,到目前为止,还是不和谐,因此笔者认为它是一条非常慢的路。史来贺坚持走群众先富、干部后富的道路,坚持走发展集体经济和共同富裕的道路,用不到50年的时间就实现了几千年没有实现的目标。因此,史来贺走的路看起来很慢,实际上是一条很快的路。

(三)共产党人不能脱离劳动

按照党的宗旨处理干部与群众的关系,要求干部必须积极参加劳动。怎么才能使干部不脱离群众?怎样才能使干部不至于成为凌驾于群众之上者?这是毛泽东晚年日夜思虑的问题。毛泽东给出的办法之一是干部必须参加劳动。对劳动报什么态度,这是共产党与一切剥削阶级政党区别的一个重要标志。忘记了劳动,就容易忘记过去;忘记了劳动,就容易忘记人民群众。50多年来,史来贺始终与全村干部、群众同呼吸,共命运。搞农业,他与群众一起平整土地,起早贪黑,使大家心往一处想,汗往一处流。建新村,他既当指挥员,又当战斗员,同群众一样参加劳动,累倒在工地上。办企业,他与技术人员一道进行市场调研,搞试验,攻难关,为企业发展呕心沥血。筑黄河堤,他带领民工吃住在工地,一干就是3个月,回来瘦了10多斤,他还带头跳进刺骨的水中干活。刘庄每个干部都有两个本,一个是出勤本,和群众一样参加集体劳动;另一个是为人民服务本,记录全村放假时他们开会、加夜班等情况,这些不算出勤,尽算义务。现在不再提义务劳动了,但是又兴起了各种各样的志愿者和志愿者协会,这是义务劳动在新形势下的重现,这说明正义的东西不管遇到多少困难,总会变换形式重新出现。

(四)干部要为群众办实事

按照党的宗旨处理干部与群众的关系,要求干部真心实意为群众办好事、办实事。史来贺始终把为群众服务作为最大的乐趣。冬天,他提前派人把煤拉来,分到各家各户;春节,他及早备好肉、油、面、菜和糕点,送到群众家中。全村人,谁有病了,他去看望;谁家有了事,找他商量。每到年三十晚上,他总带领干部到饲养室替饲养员喂牲口,让饲养员回家过团圆年。史来贺说:"群众的事没小事。要时时处处想着群众,工作上细心再细心,把群众的事办实办好。"一个人的能力有大有小,但是只要到了这种境界,就能创造出不平凡的业绩。

(五) 共产党人要永远和穷苦人站在一起

按照党的宗旨处理干部与群众的关系,要求干部要特别关心穷人和困难户。对待穷人的态度如何是共产党区别于资产阶级政党的又一个显著标志。史来贺出生于赤贫之家,从小饱受地主的欺凌、土匪的劫掠。因此,他一辈子对穷人情有独钟,怜惜穷苦百姓。1948年刘庄解放时,工作队长告诉史来贺,共产党是为穷人办好事的,是领导人民建立一个没有压迫、剥削,大家都过上好日子的社会,史来贺把这句话铭记在心,他之所以对共产党忠贞不渝,是因为共产党是为穷苦大众谋利益的;他之所以为穷苦大众彻底献身,是为了让老百姓说共产党好。有一年看电视剧《巍巍昆仑》,当剧中出现毛主席挥毫写下"永远站在劳苦大众一边"时,他霍地站了起来,满眼热泪地说:"毛主席啊,最了解中国国情,最了解农民!"他七里营的大姐家富裕一点,毛滩三姐家穷,大姐对三姐言语不屑,他经常去毛滩,几乎不去七里营。

(六) 当干部不能怕得罪个别人

按照党的宗旨处理干部与群众的关系,还要不怕得罪个别人。不怕得罪个别人与为群众谋利益、办实事是相反相成的两个方面。农村工作很复杂,当干部的仅仅有菩萨心肠还不行。自己不多吃不多占公家的,不多吃不多占别人的,但是总有人想多吃多占多拿,当干部的怕得罪这样的人,最后可能啥事也干不成。史来贺多次讲,当干部一方面要为群众着想,不怕吃亏,带头奉献;另一方面,为了维护党的利益、集体的利益还要不怕得罪个别人。没有这个执著信念,就不可能为群众服务好,就不可能当好村干部。

二、吴仁宝与群众

(一) 向吴仁宝学什么

中共中央在开展第三批先进性教育活动和建设社会主义新农村的时代背景下推出了华西村的吴仁宝。毫无疑问,这对搞好先进性教育活动,特别是对建设社会主义新农村具有重要的师范效应。从长远看,华西村的方向就是社会主义新农村建设的方向。但是,笔者也听到不少不同的声音,集中到一点,就是认为华西村学不来,吴仁宝太难学。2005年12月25日下午,吴仁宝举行新闻发布会,当发布会气氛越来越热烈时,记者却在下面议论:"吴仁宝好是好,但太难学了。"这与笔者听到的声音如出一辙,这就有一个学习吴仁宝学什么的问题。从唯物辩证法的观点看吴仁宝,笔者认为主要学习他两点:一是学习他的世界观、人生观和价值观,而这三观的实质和核心就是全心全意为老百姓谋利益;二是学习他的思想方法和工作方法,而这两种方法的实质和核心就是按唯物辩证法办事。这两点中,第一点又是根本。

学习吴仁宝,首要的是学习他全心全意为老百姓谋利益的世界观、人生观和价值观。这样说也许有人会问:在市场经济条件下再提全心全意为老百姓谋利益是不是太虚了?笔者的看法是,不仅不虚,而且是再也实在不过了。为什么这么说?因为我们现在实行的是市场经济,市场经济讲的是竞争,是优胜劣汰,由于农业、农民在竞争中处于"食物链"中"草"的地位,处于最底端,还由于农民一盘散沙,竞争的结果肯定是农村、农民被边缘化,农民成为弱势群体。工业化的火车必然把小农经济的独轮车碾得粉碎,这是一般工业化的规律。"三农"问题至今没有完全解决,表明中国的农民也有难逃此劫的可能。弱者怎么应对强者的挑战?如何避免小农经济的独轮车被工业化的火车碾得粉碎的悲惨命运?辩证法告诉我们的办法是"反其道而行之",即弱者联合起来、组织起来。我们常说"团结就是力量",农民怎么才能组织起来,团结起来?最关键的是要有一个好支书。有了一个好支书,广大农民就能凝聚在支书周围,就能在激烈的市场竞争中争取主动和胜利,最后包括支书在内的所有村民都可能过上好日子。如果支书贪污腐化,群众必然是一盘散沙,甚至搞内斗,最后很可能连支书自己也不可避免地成为弱势群体中的一员。笔者为什么说在市场经济条件下有一个全心全意为老百姓谋利益的好支书是一件非常实在的事?原因就在于此。吴仁宝全心全意为老百姓谋利益,不仅他的村民富了起来,而且他自己、他的子女也都富了起来;他们不仅物质上富,而且精神上也富。吴仁宝曾说,他现在是幸福加幸福。

(二) 全心全意为老百姓谋利益不是空话,是具体的

全心全意为老百姓谋利益是共产党人的宗旨,这个宗旨在吴仁宝和华西村那里具体表现为以下几点。

1. 有福民享,有难官当

吴仁宝说,"立党为公,执政为民"在华西村就体现在"有福民享,有难官当",党员干部的先进性就体现在这里。我们知道,"有福民享,有难官当"来自俗语"有福同享,有难同当"。一帮人在一起干事创业,只要能做到"有福同享,有难同当",大家就能合作共事,就能干出一番事业。在华西村和吴仁宝那里,这一朴素道德规范更提高了一步,变成了"有福民享,有难官当",这就更能把村民团结起来了。吴仁宝说:"实践证明,能够做到有福民享,有难官当,组织就有战斗力,干部就有权威,经济就能发展,老百姓就能真正得到实惠。""有福民享,有难官当",对许多人来讲要求可能高了些,如果能做到如俗语说的"有福同享,有难同当",就是一个很称职的支书。如果连这一点也做不到,而是"有福官享,有难民当",或者是"有钱我花,有难你作",那就是一个不称职的支书,其所在的村奢望能像华西村那样和谐和富裕是不可能的。

2. 首先帮助穷人

记者在华西村采访,不少人告诉记者,吴仁宝是一个心肠很软的人,他最受不了的就是看到别人穷。吴仁宝自己也说:"我是旧社会过来的,看到有人穷我就心疼,最大的心愿就是让穷人过好日子,这是我的原动力。"我们常说,做官首先做人,做人要做好人。一个

人是不是好人,在很大程度上取决于他对待穷人的态度。对待穷人的态度,是无产阶级政党和资产阶级政党的一个显著区别。前者认为,穷人是整个社会存在和发展的基础,欲拯救整个人类社会,先拯救穷人。后者则认为,你穷,该你穷,你穷是你没本事;你死,该你死,你死是优胜劣汰。吴仁宝是个好人,是个真正的共产党人,因为谁越是穷,他就越帮谁,让谁富起来。学习吴仁宝,要学习他对待穷人的态度。

3. 先人后己

人生的最高境界大概就是公而忘私和大公无私,就是全心全意为老百姓谋利益。能够达到这个境界是很了不起的,是仙人,是圣人。可惜这个境界太高,一般人很难达到,笔者认为能够做到先人后己,或者大公无私,就是一个好党员、好干部、好支书。市场经济哲学,说到底就是追逐财富的哲学,但是,财富在一定时期内总是有限的,不能同时满足所有人的需要,这就有个先得后得的问题。能够做到先人后己,就是一个好人,就是一个好支书,大家就愿意和该支书共事,村民就会团结在支书的周围。进入21世纪,华西村村民大都住上了第三代、第四代别墅,现在准备搬进第五代别墅,而吴仁宝还住在20世纪70年代盖的旧房子里。房子不大,布沙发已经褪色了。两台小电视,一部老电话机。记者看后忍不住问他:"这样是不是有点太过分了?"他笑着回答:"如果有了好房子,吴仁宝第一个去住了,老百姓心里不会踏实。"

4. 人多己少

干部与老百姓的利益关系,不仅有个先得后得的问题,而且还有个多得少得的问题。人与人之间的关系,大概是世界上最复杂的关系之一。其实,要说复杂的确复杂,要说简单也很简单。世人追求的目标,无非就是名、权、利,市场经济又以利为核心。利,在一个单位,在一定时期内总是有限的,你多得,别人只能少得,你少得,别人就能多得,想与人搞好关系,想让大家赞成、拥护,自己就要坚持少得。作为村支书,更应该如此。遇到好事,总是盘算着如何往里钻,遇到坏事,总是算计着让别人往里跳,那谁也和他玩不到一块儿。吴仁宝20多年一直坚持"不拿全村最高工资,不拿全村最高奖金,不住全村最好的房子",因此赢得了村民的无限信赖和拥护。总结好的经验,可以得出结论:村支书如果把全部的身心都用在了村民和集体的事上,那这个村一定大稳定、大发展;如果把2/3的身心用在了村民和集体的事上,那这个村也一定不会错;如果把2/3的身心用在为自己谋取利益上,那这个村一定有许多矛盾和问题;如果把整个身心都用在了自己身上,贪污腐化,那这个村一定是一塌糊涂。

5. 心中装着全体人民

吴仁宝从来不是一个只知端自己饭碗过日子的人,而是一个有慈悲之心的真正的共产党人。他说:"社会主义就是让百姓幸福。"早在20世纪80年代,华西村富起来后,吴仁宝的眼光就开始投向了周边的村子,提出了"一分五统",把周边村子纳入了大华西。他曾先后在外省建立了"黑龙江华西村"和"宁夏华西村",这两个村的村民收入翻了四番。他曾为中西部20多个省区举办100多期智力扶贫培训班,带动10万人脱贫致富。"十一五"规划出台后,吴仁宝又决定在今后五年中,计划每年从全国各地请1万名村支书到华西村交流,让更多的老百姓尽快过上富裕幸福的生活。吴仁宝说:未来华西要做的是"村帮村户帮户,核心建好党支书,最终实现全国富"。有了这样的思想境界,就会有不竭的动力。

古代打仗讲"天时、地利、人和",现在发展市场经济,商场如战场,要想在商场中立于不败之地,也要具备"天时、地利、人和"三大条件。天时,即国家大政方针。党中央和胡锦涛总书记作出了"两个趋向"的判断,提出了"工业反哺农业,城市支持农村"的方针,作出了建设社会主义新农村的重大战略部署,这些都是非常好的天时条件。地利,农民具有天然的地缘优势,手里掌握着最重要的土地等资源,紧紧围绕农业办工业,围绕农业发展第三产业,只要紧紧依靠广大农民,搞公平竞争,任何外来资金都无法超过农民在地利上的优势。如果外来资金利用钱多的优势搞不公平竞争,农民可以利用地利上的优势耍"地头蛇",强龙不压地头蛇,农民也不怕。最关键的是怎么实现"人和"。人和,就是农民能够团结起来、组织起来,共同闯市场。要实现人和,重要的是农民要有一个像吴仁宝那样的好支书,有一个全心全意为老百姓谋利益的好支书。潘维说:"不能组织起来,中国的农民是条虫;组织起来中国的农民是条龙。组织起来的中国农民,就像一台巨大的压路机,能压碎拦在面前的一切障碍,包括工业壁垒、城市壁垒、贸易壁垒,甚至帝国主义的军事机器。"(潘维《农民与市场》第219页,商务印书馆)哲学上讲世界观决定方法论,世界观就是看世界的立场,看问题的立场,看站在谁的立场上想办法。若站在老百姓的立场上,那么,自然会有一系列相应的办法;若站在个人主义的立场上,往往是另一套办法。无数事实告诉我们,只要站在农民的立场上想问题,想办法,就没有想不出来的办法,就没有解决不了的问题。反之,以自私自利为中心,凡事先自己后群众,再好的办法也难免走样。吴仁宝为什么有那么多办法?他的办法又为什么总是那么灵验?归根结底是他有一颗全心全意为老百姓谋利益的心。解决三农问题,要说难也难,要说容易也容易。市场经济正在无情地将农村、农民边缘化,任何人都无法阻挡这个潮流,这是困难;但是,只要国家大政方针正确,农民都有一个像吴仁宝那样的好支书,三农问题就不难解决,农村、农民一定会有美好的未来。

三、吴金印与群众

1996年12月9日,《人民日报》发表的《乡镇党委书记的榜样——吴金印》,报道了河南省卫辉市市委副书记兼唐庄乡党委书记吴金印同志28年如一日,全心全意为人民服务,带领广大干部、群众自力更生、艰苦奋斗的先进事迹。群众把他的事迹刻在太行山的峭壁上,他被群众誉为"太行公仆"。吴金印与群众的关系可以概括为以下三个方面。

(一)依靠群众,用群众的智慧绘制蓝图

吴金印曾深有感触地说:"唐庄乡要说这些年发展比较快,要说点子不少,谁给的办法?都是老百姓给的。"后沟村架桥时,由于桥较高,施工很危险,用安全网又没有钱,怎么办?吴金印的办法是开会。会上,大家你一言,我一语,最后决定去山上杀酸枣圪针。桥两边和桥下面铺上一层100多米长两米厚的圪针,在圪针上面,再放上在山上割的白草,又是两米高的一层,人在上面干活,掉下来就掉到草窝里了,跟掉到海绵上一样。就这样,依靠群众的智慧安全问题解决了。唐庄乡河洼村群众代表向乡里反映说,他们所在的庄

千把口人,村干部就20多个,其中6个村民小组,每个村民小组1个组长1个会计,6个村民小组一共12个干部,村干部9个,加在一起是21个,上面要求减轻农民负担,这么多干部咋减轻?吴金印问:"你们说咋办?"他们建议村民小组组长可以不要。吴金印决定先在一个村民小组搞试验,效果还好,工作减少了扯皮,减少了环节,过去开会得开到村民小组组长,不要村民小组组长之后,一开村干部会议,一下就开到底了。他们把这个经验在全乡推广,全乡一下减少了300个干部,光这一项,一年省20多万元。吴金印说:"像这个办法,我们坐办公室,是想不出来的,人家都有,咱们这个地方都取消,我们有这个胆量。"在五四农场,吴金印听取老工人的意见,提出127计划,改变单一种植结构,使农场一年打了翻身仗。在唐庄乡,吴金印又从老农民那里获得果树是铁杆庄稼的道理,栽种果树不仅富了丘陵地区的群众,还调节了气候,改变了村容村貌。当地群众曾这样描述吴金印的工作方法:"有了事就开会,问问大家对不对。大家说对咱就干,大家说不对另改换,最后大家说了算。说了算,定了干,再大困难不能变。"这是说吴金印依靠群众绘制蓝图。

有人总觉得,我们现在搞的是现代化,群众思想保守,文化素质低,依靠群众绘制蓝图,能绘制什么样的蓝图?笔者不这样认为。由小到大,由低级到高级,由简单到复杂,是事物运动发展的一般规律,笔者把它称为连续性发展规律。依此规律,低级阶段的事情只有做足做好,做到一定程度,才会由低级阶段自然过渡到高级阶段。然而,低级阶段的事情是否已经做足做好,还有哪些事情没有做,没有做的,哪些有条件做得来,做哪些事情能给广大农民带来实际利益,高高在上的领导,常常并不清楚。谁最清楚?农民自己最清楚。依靠农民绘制蓝图才容易从实际出发,才能按辩证法的连续性发展规律办事。老子说:"大道甚夷,而民好径。"由小到大,由低级到高级,由简单到复杂是一条自然而然、平平坦坦的大道,沿着这条道路走,事情可自然做成。问题就出在一些人为了快出政绩,出大政绩,总是跨越步骤,超越阶段。低级阶段的事还没有干好,就想一步跨到高级阶段,结果闹得矛盾百出,甚至失败,不得不从头再来,本来想快,反而慢了,这叫"欲速则不达",这是违背辩证法规律的必然结果。避免出现这种情况的唯一办法是走群众路线,依靠群众,绘制蓝图,因为群众最清楚低级阶段还有哪些事情没有办,还有哪些事情没有做足做好。吴金印是按连续性发展规律办事,所以他"干一处,响一处,走一路,富一路"。"西抓石头"时,乡里先在老虎冲搞一个石砟厂,叫周围的群众都上来干活,群众一看,开山也不难,技术也不高,慢慢地大家就干开了。为改变山区面貌,吴金印带领群众今年架几座桥,明年开几个洞,后年修几公里路,坚持不懈,这样的事干足干好了,山区面貌就发生了质的变化。"东抓菜"时,先在代庄搞试点,经验成熟了再推广,最后发展到15000亩。栽果树,每年栽几千亩,最后栽到近2万亩,这叫作由小到大、由少到多。先干能干得来、干得好的事,才是实事求是。搞农田水利建设,先是土渠道,后来土渠道改成硬渠道,硬渠道改成地下塑料管,最后又搞喷灌,这叫作由低级到高级。先农业后工业是由低级到高级的典型,先农业后工业,表面上看没有先工业后农业发展快,其实,由于先农业后工业是按连续性发展规律办事,因此才是发展的捷径。当年大办工业是造成现在三农问题的主要原因之一。可以设想,如果把当年办工业打水漂的钱花在农业上,也许就不会有后来严重的"三农"问题,农村也许会发展更快些。

连续性发展规律和群众路线是必然联系在一起的,群众路线是连续性发展规律在社会领域的应用。按连续性发展规律办事,必须走群众路线,走群众路线就是要让群众参政议政。吴金印说:"在唐庄乡,各个村每十来户选一个代表,由这些代表再选出六七人为村里代表,党支部、村委会有啥事跟他们商量。乡里定期开会,叫大家听听中不中,中了咱就搞,不中咱再商量,让群众参政、议政,监督我们。"

(二)依靠群众实现蓝图

吴金印说,蓝图是靠群众绘制的,实现蓝图也要依靠群众,群众的力量大,群众是靠山,唐庄乡每一件事都是依靠群众去完成的。干部给群众讲的道理是,要治山治水,要改变旧面貌,就得苦干,苦熬没有头,苦干有奔头,咱要靠自己的力量,来把这个地方改变。有人说,现在实行家庭联产承包责任制,一家一户干,再搞大会战不中了。吴金印说,在唐庄乡,没有不中这一说,只要给群众讲清了道理,群众是最讲道理的,最听话的。后沟村架桥时,没有木料,缺这少那,干部给群众讲,架桥要自力更生,艰苦奋斗,要靠自己的双手,靠自己的力量,来改变自己家乡的面貌。吴金印说,在唐庄乡,造地是依靠群众,搞治山大会战是依靠群众,搞山地绿化是依靠群众,就连搞工业也是依靠群众。1994年,乡干部跟群众代表商量,决定要建个水泥厂。按省设计院的设计建厂需2000万元,结果总共下来只用了900万元,为唐庄乡人民省资金1100万元,什么原因?原因就是依靠群众实现蓝图,能用劳动力就尽可能用劳动力,该出的义务工,就让群众出义务工。采石头,挖地基,拉砖,拉石子,拉白灰,全部都是义务工。挖地基承包给别人得10多万元,用义务工,没花一分钱,离那儿近的3个村7天就完成了。建厂时没有钱买砖,吴金印把有砖窑的支部书记、砖厂的厂长一起请到工地,让大家支持支持,需要300多万块砖,结果大家一下报了400多万块。有的窑灭了,没有砖,还去买别人的砖给工地送。吴金印深情地说:"群众是通情达理的,你尊敬他,信任他,他就拥护你,支持你,你啥都能干成,离开了群众,你啥都干不成。"

为了谁,依靠谁,对于我们党来说从来都是个重大的政治问题。为了人民群众,依靠人民群众是我们党的每个干部必须坚持的原则立场。可是,许多年来这个原则被一些干部放到了脑后,他们可能认为这个过时了。他们提出:一是依靠外商外资,把招商引资作为压倒一切的中心工作,一切为外商外资服务;二是依靠上级领导,不惜一切代价"跑步进京";三是依靠先富起来的大款。笔者认为,现在是改革开放时期,靠这些从某种意义上说并没有错,但是什么时候也不能忘了依靠人民群众。

也许有人会说,现在依靠群众不好依靠。例如,要让群众出义务工他们会出吗?中央不是把义务工取消了吗?这的确是个问题。从吴金印的实践来看,解决这个问题至少需要两个条件:一个是要依靠群众绘制蓝图,绘制的蓝图不是来自群众,而是来自个别人,所办的事情又不能给群众带来实际利益,甚至还损害群众的利益,这样的蓝图依靠群众去完成当然靠不住。另一个是必须真心实意地为群众谋利益,而不是借着办工程、办事情谋取个人私利。笔者相信,有了这两条,依靠群众还是靠得住的。

这样说,绝不是要把依靠人民群众和依靠外商外资、依靠上级领导、依靠"大款"对立起来,而是说要大家弄清楚事物的本末关系,知道把谁放在第一位,知道谁先谁后。人民群众是本,其他都是末,要把人民群众放在第一位,先人民群众后其他人,才是先本后末,才是按辩证法规律办事。外商外资是发展经济不可缺少的补充,依靠人民群众绝不是说不需要外商外资,外商外资还是需要的,关键是要把其放在恰当的位置上。如果放在压倒一切的位置,甚至是不惜牺牲人民群众的利益搞招商引资,就是本末倒置,就违背了辩证法的一般规律。要想把依靠人民群众与依靠其他人统一起来,办法就是要把立足点放在依靠人民群众上,把依靠人民群众放在第一位。外商外资是来赚钱的,若依靠人民群众,事业蒸蒸日上,外商外资一看有钱可赚,他们自然会到那里投资。例如,吴金印大概很容易贷到款,也很容易招到商,可能外商外资到他那里,他还要筛选筛选呢!上级领导大都希望自己领导的事业兴旺发达,若依靠群众真正使事业兴旺发达了,自然会得到上级领导越来越多的支持。仅靠请客送礼,或许也能得到些支持,但不会长久。人民群众是本,先本后末,路子会越走越宽广,否则,路子会越走越窄,直至走不下去。

  本是这样一种东西,本立而道生,心中有了本,就是有了宽广大道。吴金印为什么有那么多办法?他的办法又为什么那么灵?他为什么有那么坚强的意志?与吴金印长期在一起工作的韩立平同志从吴金印经常挂在嘴边的一段话找到了答案:"咱当干部的,吃的、穿的、拿的工资,都是人民群众的税金,是老百姓养活了我们。老百姓喂牲口能耕田耕地,喂只鸡能下蛋卖钱。老百姓养活了我们干部,如果我们不给老百姓办事,那还不如一头牲口、一只鸡!"当多家新闻单位的记者请吴金印谈28年的感想时,吴金印说:"我感受最深的是,在中国,谁最难,老百姓最难;谁最苦,老百姓最苦;谁最可爱,老百姓最可爱;谁最伟大,老百姓最伟大,为老百姓办事光荣。"吴金印之所以能在较短的时间内取得巨大成就,就是因为吴金印心中装有人民群众这个本。有了这个本,他的事业成功了,他得到了更高的官位,更为重要的是,他得到了一般人得不到的东西,即党和国家给予的荣誉。因此,无论从党的事业来说,还是从个人进步的角度来说,先本后末,按辩证法的规律办事,是好路、快路,是加快发展的唯一捷径。还必须指出,依靠人民群众与依靠其他人的确又有矛盾的一面。原因是,人的精力总是有限的,常常顾了这个,顾不了那个;原因还在于,依靠谁,就要为谁办事,而一个单位的钱总是有限的,常常是把钱花在这里,就不能花在那里。只有看到矛盾的一面,才能更好地理解和把握事物的统一性。按辩证法的规律办事,先本后末,先群众后其他人,就是要把更多时间、精力和财力放在人民群众身上。

(三)深入群众,联系群众,一刻也不脱离群众

  绘制蓝图,怎么才能绘制得合乎实际?依靠群众,怎么才能依靠住?办法只有一个,那就是深入群众,联系群众,一刻也不脱离群众。我们常说,要急群众所急,想群众所想,干群众所需,但是,群众急什么,想什么,需什么,并不是我们坐在办公室能想到的,而必须深入群众,与群众打成一片。吴金印说"活鱼水中游,死鱼水上漂",群众是水,我们是鱼,我们如果脱离了群众,那就是死鱼。他还说:"领导、领导,群众的领导,你离开了群众,还给谁当领导?你就不是个领导了。你得在群众中领住群众,你脱离群众,你就没有了群众了,你那个书记,虽说是个书记,实际上是个空壳书记,没兵,那你就不中。"吴金印到唐庄乡之后,制定了一个"四同"制度。一是同吃,乡里干部一个村住一个,大村住两个,乡里领导分六个点,设六个点长,在村里不准单独起伙,到群众家里吃派饭,群众吃啥干部吃啥,不能喝酒。一天给群众交四块钱,其中乡里补三块,自己拿一块。乡里面下去的,是党

员的在村里兼支部副书记,不是党员的兼副村长,开会参加村里的会,乡里干部都在村里,都在第一线。第二是同住,乡里干部不能在乡里住,也不能在村委会住,住到老百姓家。住到谁家?五保户家、军烈属家、困难户家。第三是同劳动,乡干部每人每月劳动不得少于10天,自备一套劳动工具。第四是有事同群众商量,群众工作做不通暂不搞,做通工作以后再搞。1992年治河的时候,乡里把门一锁,干部都到了工地。干部既是指挥员,又是战斗员。装车、拉车和群众一块儿干,群众身上有多少土,干部身上有多少土;群众流多少汗,干部流多少汗。依靠群众,怎么才能依靠得住?关键是干部要带头。干部带头,群众就跟上来了。现在拿钱买个书记、乡长也许有可能,但是当上书记、乡长后,要干出一番引以为荣的业绩和人民群众永远称颂的政绩,笔者认为不按辩证法的规律办事,不走群众路线,一定很难。

第七章 对上级负责与对群众负责

一、既对上级负责,又对群众负责,这是充满智慧的好办法

作为一个村干部,特别是村支书、村主任,上面与领导相联系,下面直接面对广大群众,既对上级负责,又对群众负责,这是经常遇到的问题,也是工作中最重要、最难处理的问题。笔者认为,如果这个问题处理好了,村里的工作就会既有声有色,又扎扎实实。

史来贺从1952年担任刘庄村党支部书记到2003年去世,整整51年。他说,他当党支部书记感受最深的是必须正确处理好三个关系:"一是中央路线、方针、政策与本村实际的关系;二是对上级负责与对群众负责的关系;三是有主心骨与不断创新的关系。"由此可知既对上级负责又对群众负责的重要性。

史来贺还形象地把既对上级负责又对群众负责的关系问题比做"接口"。他说:"要把一个村子的工作扎实搞好,既要吃透上面的精神,又要吃透下面的情况。把党的方针、政策与实际结合好,特别注意要在'接口'上下工夫。"又说:"事业的成败,就看你在'接口'上的功夫硬不硬,精不精。"

华西村的吴仁宝把既对上级负责又对群众负责叫做"两头"保持一致。吴仁宝说:作为一个村支书要"两头"保持一致,并称这是自己的一大"法宝"。他说:"我的体会,当干部如果能做到'两头'保持一致,就是一个不太差的干部。如果你只跟上级保持一致,不同老百姓保持一致,就不是好干部,如果你只跟老百姓保持一致,不跟上级保持一致,我看也是不行的。"

吴仁宝已经说得很明白了,当好一个村支书或村主任,就要"两头"保持一致,做到既要对上级负责,又要对群众负责。现实中有两种极端的做法:一是只对上级负责,只与上级领导保持一致,叫作"密切联系领导";二是只对群众负责,而与上级政府和领导对着干,甚至煽动群众闹事。实践证明,这两种极端的做法都不高明,都不能当好一个村支书或村主任。"密切联系领导"是目前官场某些人的"潜规则",是某些人办事升迁的一大"法宝",自然也影响到某些村支书或村主任这一层干部。它有没有道理呢?在某种程度上说,我认为有,既然都成规则了,而且还变成了"潜规则",它一定有它的道理。什么道理?一个是组织原则问题。党的组织原则是下级服从上级,全党服从中央,对上级负责,联系领导,自然是应该的。二是能得到实惠。因为领导手里掌握着大量资源,这些资源常常是给谁都可以,给谁都是给,在很多情况下自然给关系要好的人。因此,对上级负责、联系领导并没有错。问题在于由于某些人固有的人性弱点,常常不好好把握分寸,不好好把握度,变成了只对上级负责,这就不好了。之所以说这种做法不高明,主要原因在于按这种思路也许可以很容易地建一幢楼、修一条路,可以办成某一件实事,但很难使全村物质文明和精

神文明双丰收,更难于走上共同富裕的道路。当干部的经常与上级领导吃吃喝喝,也许可以与上级保持较好的关系,到上面办事好办,只对上级负责,也许能得到一时表扬,但很难干出一番大的事业。这些是说其并不高明、并不智慧的原因。

至于只对群众负责,而与上级政府和领导对着干,就更不高明了。自从直选进入村庄,这样的干部还真多了起来。为什么说这样的干部更不高明?撇开组织原则这些大道理不讲,讲点实际的,这样的干部没有一个不是短命的,而且还是村里拉帮结派等不稳定因素的根源。闹来闹去,最后会把整个村庄闹乱。在现实情况下得不到上级政府和领导的支持,很难有所作为。干部只对群众负责,而与上级政府和领导干部对着干,必定是短命的。

因此,以上两种极端的做法都不高明,不智慧,史来贺、吴仁宝提出的既对上级负责,又对群众负责才是高明的办法,才充满智慧。问题在于这样做太难了,怎么才能做到这一点?认真学习,总结史来贺、吴仁宝的经验,可以受到许多启发。

二、加强学习,先走一步

党的利益与人民群众的利益、政府的利益与老百姓的利益,从根本上说是一致的,现实中之所以常常出现不一致的地方,主要原因在领导。领导为了快出政绩,出大政绩,总是对工作要求过高、过急,而当时还没有条件做好。这种情况下,不做吧,是不听领导的话,不与领导保持一致;做吧,是做不好,甚至明知是劳民伤财,还不得不做。解决这对矛盾的办法就是"加强学习,先走一步"。具体来说就是,当领导还没有认识某个新生事物时,你已经学习认识了,当领导已经学习认识时,你已经开始实践了,当领导要求实践或大规模推广时,你已经具备了大规模推广的条件,这样当领导要求过高过急时,矛盾就解决了。在史来贺的住室里,枕头边常放着三样东西:一是各种政治、经济、业务书,二是收音机,三是笔记本。在全国五届人大五次会议期间,史来贺利用一切间隙,走东访西,取"经"若渴。史来贺说:"山外有山,天外有天,多学多开窍,思想就充实,工作就主动。"史来贺不仅自己学,而且要求所有村干部都要学,都要成为知识里手和内行。他说:"内行,才能集中群众的智慧,才能起带头作用、领路作用;外行,会让人牵着鼻子走,只能搞瞎指挥,起绊脚石作用。"刘庄的党员干部有一套严格的学习制度:(1)村支书委员轮流到大队科研组学习一至二年,边学边干,结业时考试;(2)每月集中学习一次;(3)送出去,请进来;(4)按照专业分工,实行"推磨制",培养多面手;(5)发动群众不定期进行评比和业务、技术知识考核,并把评比和考核结果作为评优提干的重要依据。与史来贺一样,吴仁宝每天必须做的功课就是早上听新闻和报纸摘要节目,白天看《人民日报》等报纸,重点研究第一版(他说:"尤其要看党报的头版,中央的方针政策我要一字一句去研究。"),晚上看新闻联播。为什么要这样?目的是早走一步。吴仁宝说:"我听新闻、看新闻,就是要从中找到中央最新的政策、最新的发展思路,然后抓紧落实,如果等着政策层层传达到村里再谋划发展,那就被动落后了。"又说:"我这个人做事情不等不靠,中央有了精神,不等上级部署如何贯彻,我就开始做了,等到上级的要求下来,我基本已经落实了。这不算创新,只是走在人家前面一点。"

最典型的例子是,1992年邓小平南巡讲话内容传出后,吴仁宝欣喜若狂,当天凌晨两点紧急召开全体党员干部大会。他在会上说:"中国新一轮经济发展马上就要来到,我们要紧紧抓住机会,当前压倒一切的任务是'借钱吃足'。"短短几天内,华西村用筹来的几千万元一下子"吃"进了一个月后价格翻了几番的上万吨铝锭、钢坯,迅速投入随即上马的村办企业生产中。当别人还在学习领会邓小平南巡讲话精神时,华西村已经在经济发展的大潮中一路飞奔。这次会议成了华西村新一轮发展的起点。

这是在贯彻落实党的路线、方针、政策方面,如果先走一步,就会赢得时间,争取主动。其他任何一件事也一样。例如,调整农业结构曾经是农村工作的热门话题,乡政府组织调整农业结构,没少折腾村里,可谓教训深刻。什么原因?乡政府为出大政绩,总是贪大求快,一年就想搞成几万亩,由于群众不觉悟,不配合乡干部、村干部的工作,乡干部、村干部就自己组织人马硬调整,结果总是以失败而告终。如果加强学习,先走一步,在政府还没有号召时就先搞实验,实验面积小顾得来,技术上容易指导,很容易成功,即使失败,损失也很小。群众看到成功,自然就觉悟,自然就有积极性了,群众有积极性了就容易搞出大规模的,就和领导的愿望一致了,上下也就一致了。这个道理用毛泽东在《论持久战》中的思想讲叫作"用时间换空间",它具有普遍指导意义,是小的想变大的、弱者想变强者的胜利法宝。

加强学习,先走一步,吴仁宝把它总结为"两不停"。他说:"我是两不停——脚步不停,脑子不停。我当书记的心得一是要经常动脑子,二是事情要做得快,其实不是超前,但快就显得超前了。"

学习,不只是看新闻、读报纸、学理论,学习别人的经验也是学习。吴仁宝说:"国内国外的都要看,都要学,哪些方面是好的,哪些方面是我们暂时还不能做的,心里有数。一天一天地干,一天一天地学,我是生命不息,学习不止的人。"

三、实事求是,遇事有主心骨

既对上级负责,又对群众负责,归根结底是理论联系实际、实事求是的问题。"吴仁宝只念过两年私塾,可40多年来,在华西村的重大决策上,他没有过大的失误。他的大脑像装有雷达天线,敏锐地接收一切有价值的信号——政策的信号、市场的信号。"这是《经济日报》记者报道吴仁宝事迹时写下的一段话。吴仁宝真像人们所传料事如神吗?其实并不是,他只不过一辈子老老实实地遵循了一条最朴素而又最本质的思想路线——实事求是。吴仁宝告诉记者:"华西村的发展并非一帆风顺,而应对挑战的根本法宝只有四个字——实事求是。"他在华西村新闻发布会上又强调说:"我几十年实践的体会还是那四个字——实事求是。千难万难,实事求是最难。遇到任何困难,要实事求是。不管哪一个人,办什么事,坚持实事求是,就能进步。"实事求是为什么这么难?它到底难在什么地方?笔者认为实事求是难就难在做人要有一个正确的原则,这个正确的原则也就是人们常说的有主心骨,它是人们判断一切事物是非曲直的标准,因为这个原则很难把握,因此实事求是也就很难。下面我们分析一些实例,总结一下社会主义新农村建设的一些原则。

先分析史来贺和刘庄。1956年建立高级社时,一些同志认为高级社规模越大越好,越大越能体现社会主义,上级要求史来贺把七个自然村的一二十个初级社合并在一起。史来贺与刘庄群众商量,他们认为建立高级社并非越大越好,大社不好管理,于是他们决定将刘庄村的三个初级社合并成一个高级社,当时上级不予承认。经过实践,大社没法走下去,又分成小社。由于刘庄避免了折腾,保住了集体刚刚积攒的一点家底,为以后的发展开好了头,起好了步。"大社不好管理",再深一层追问,这是什么意思?其实这里就显示了史来贺当干部有主心骨:民以食为天,无论什么时候,也无论在什么情况下,都要把发展生产和改善人民群众生活放在首位,并把它作为衡量一切是非曲直的标准。1966年,"文化大革命"开始,刘庄被加上"生产党"的罪名,史来贺被加上"黑老模"的罪名。一些"造反派"到刘庄搞串联,煽阴风,点鬼火,想把刘庄搞乱。史来贺顶住了这阵阴风。他说:"农民的本质就是要种好田,多打粮食多收棉,多为国家做贡献,如果光在上层建筑领域里搞运动,不在地上好好劳动,只能是害国家,坑群众。"

十一届三中全会后,刘庄没有照抄照搬其他地方的生产责任制形式,却取得了三年生产翻一番的好成绩,外面的同志见到史来贺,就对他说:"老史呀,这次你们又顶住了。"史来贺说:"怎么说是顶住了?党中央提出要因地制宜地实行各种不同形式的生产责任制,有的地方实行大包干,适合那里的情况,发展了生产,是执行了三中全会的路线;根据我们队的情况,实行统一经营,专业承包,促进了生产的发展,也是贯彻执行了三中全会的路线。"史来贺的主心骨就是发展生产,发展生产是硬道理,生产是否发展是评判一切是非曲直的标准。

华西村的吴仁宝一样有主心骨。20世纪70年代末开始,全国渐渐推行了家庭联产承包责任制,华西村是分还是坚持走集体发展的道路?这成了决定前途和命运的大问题。最后华西村没有分,而是将全村500亩粮田交给了30名种田能手承包,大多数劳动力转移到工业上。吴仁宝说,我不搞分田到户,并不是不听中央的,而是吃透了中央精神,中央文件精神是两点,即"宜统则统,宜分则分",我们华西村是"宜统",所以我们就没有分,那是听中央的,与中央保持一致的结果。这当然首先是吴仁宝"一字一句"学习研究报纸的结果,其次是因为吴仁宝有一个主心骨,即必须把发展经济放在首位。什么叫"宜统"?"宜"或"不宜"其实有一个标准,即是否有利于发展生产,发展经济。史来贺说:"经济搞不上去,人民群众得不到实惠,得不到利益,你怎么能体现社会主义好、党的领导好呢?社会主义总是穷,就站不住脚,就没有人跟你走。"不管社会上刮什么风,行什么潮,史来贺始终有一个主心骨,那就是不利于发展生产的事不干。这是史来贺、吴仁宝的第一个主心骨。

史来贺、吴仁宝的第二个主心骨是共同富裕。十一届三中全会后,刘庄和华西村之所以都没有简单照抄照搬其他地方的做法,除了发展生产这个主心骨外,还有一个重要的原因,就是共同富裕,这是史来贺、吴仁宝的第二个主心骨。贫穷不是社会主义,富比穷好,这没有错,但是富裕如果是两极分化的富裕,我们不能说这不是社会主义,却可以肯定地说,这不是高级的社会主义,共同富裕才是高级的社会主义。一个支书能使村里一部分人富裕起来只能是小本事,能使村民都富裕起来才是大本事、真本事。邓小平说,社会主义的本质是解放生产力,发展生产力,最终实现共同富裕。这应是各级领导干部的主心骨。在当前形势下,实现共同富裕还是一件非常难的事情,甚至可以说短期内是一件不可能的事情,但至少要做到关心穷人,保护弱势群体。史来贺说,他今天最看不惯的就是那些只顾自己发家致富,却忘记自己是共产党员的干部。他认为,每一个共产党员都应该把为民造福作为自己最大的乐趣,否则,光顾自己发家致富,还算什么共产党员。吴仁宝是社会主义新农村建设的典型,与吴仁宝同时代的农村先进典型很多,但有的是昙花一现,很快迷失方向甚至走向反面,而吴仁宝一直红旗不倒,原因何在?原中组部部长李源潮认为,原因可能是多方面的,但根本原因是吴仁宝始终坚持全心全意地为老百姓谋利益的信念不动摇。吴仁宝也说:"我的性格是没有什么可以影响我,不能影响我的什么呢?那就是信仰,我是信仰共产党的。无论什么时候,我坚信一点,共产党是为大多数人谋利益的,什么是社会主义?人民幸福就是社会主义。正是凭这个信念,我走过了一生。"又说:"我是经过旧社会的,新中国成立的时候,我就相信共产党,相信社会主义,一辈子没有动摇过。目标是方向,精神是力量,目标坚定了,就不会动摇,做事情反而好做,最怕的是没目标,没信仰,没原则啊!"吴仁宝从当"村官"起步,当过"县官"(江阴县党委书记),无论职务如何变化,无论顺境逆境,吴仁宝坚持社会主义和为广大人民群众谋福利的信念从没有动摇过。吴仁宝从来不是一个端自己饭碗过日子的人,而是一个有怜悯之心的真正共产党人。他说,只知"社会主义就是让百姓幸福,让全世界人民幸福就是共产主义"。早在20世纪80年代,华西村富起来后,吴仁宝的眼光就开始投向了周边的村子,提出了"一分五统",把周边村子,纳入了大华西。吴仁宝退下来后,他对新一代村领导的最大期望是,把华西"共同富裕的理念坚持到底"。有了像史来贺、吴仁宝这样的思想境界和主心骨,就一辈子不会走大的弯路,就会有永远不竭的动力。

史来贺说:"思想作风建设的核心是实事求是。啥时候不坚持理论联系实际,不坚持实事求是,不坚持把对上级负责与对群众负责统一起来,思想就会动摇,事情就可能办歪。即使是贯彻中央、省、市的决策也必须实事求是,因为中央、省、市不可能针对一个村的具体情况来讲,上级讲的是宏观指示,如何把上级的精神贯彻好,关键是靠我们用实事求是的态度去结合。"实事求是,听起来是一个大道理、空道理,实际上这正好应了佛老的思想,即空的、虚的才是最实的,用起来才最实用。实事求是是史来贺半个世纪人生体验的概括和总结。新中国成立以来,中国农村几经风雨,刘庄却长盛不衰,究其原因,就在于史来贺和刘庄党组织能够带领全村群众时时处处把贯彻执行党的路线、方针、政策同刘庄的实际情况紧密结合起来,把对上级负责与对群众负责辩证统一起来,坚持一切从实际出发,坚持实事求是,不盲从,不照搬,遇事有主心骨,从来不办不听风就是雨的事。而所谓的主心骨,实际上也就是为人处世的原则,事物发展的规律。规律不是一时半会儿、一朝一夕就能掌握的,需要我们在实践中认真总结,反复琢磨。发展、稳定、共同富裕这些原则是新中国成立60多年来党和国家建设经验的总结,是我们办任何事情都必须遵循的规律,当然也是我们建设社会主义新农村必须遵循的规律。

始终保持稳定、和谐是第三个主心骨。提出这么一个主心骨,一个是相对于动乱来说的。"文化大革命"的经验告诉我们,动乱建不成社会主义,建不成社会主义新农村。"文化大革命"时,刘庄不仅没有乱,而且生产发展,社员生活水平不断提高,为后来刘庄快发展、大发展争取了时间。"文化大革命"动乱是大环境造成的,党和国家已经总结了教训,再出现那样全局性动乱的可能性已经没有,说明稳定已成为党和国家的主心骨。现在影响村里稳定的因素很多,但无论在什么情况下都要保持村里稳定,这应当成为每个村支书、村主任的主心骨。始终保持村里稳定、和谐,最重要的是处理好各方面的关系,即处理好干部与群众的关系,处理好在任干部与离任干部的关系,处理好各个家族之间的关系,处理好本村与外村的关系,等等。一句话,处理好所有影响稳定的关系。这些关系处理不好,村里一旦乱起来,就是再想为群众办实事,恐怕也没有机会了。另一方面是相对于发展来说的。发展是硬道理,稳定是硬任务,发展、稳定都重要。哪一个更重要?邓小平说"稳定压倒一切"。当稳定与发展产生矛盾时,应当把稳定放在更加重要的位置。宁可少发展、小发展、晚发展,也不能使村里乱起来。人们常说,机不可失,失不再来,这话没有错,但是它的反道理也同样成立。我总认为,发展的机会总是有的,以牺牲稳定赢发展是得不偿失的。再一方面是相对于原则来说的,做人做事要有大的原则,干部更应当有大的原则。但是,辩证法认为,原则性与灵活性紧密结合在一起才是更高级的办法。为了保稳定,大的原则不能丢,但一些小的原则能放弃还是可以放弃的,这不是没有原则,而是有灵活性,是工作艺术。

四、要有一套自己的发展思路

吴仁宝说:"有一类干部,看起来组织观念很强,不管上级的大小干部,他们统统都听;出去学习,看人家的都是好经验,都要学习,认为自己一点经验都没有。依我看这类干部不是称职的干部。因为他们自己一点也不思考,自己没有一点思想。"吴仁宝说的是当村干部要有自己的一套思路。开始时这些思路也许并不太符合实际,想法并不高明,甚至是错误的,但是只要勇于实践,不停地干,错误的想法也许会改造成正确的想法,原来不高明的想法也许会改造成高明的想法。大凡成功者谁也不是一开始就有一套成熟的想法,不是一开始就直通成功。成熟的想法、正确的想法是在实践中不断完善的。只要有想法,不断地想,不断地干,坚持几年,十几年,甚至几十年,一般人都能做出不凡的成就。干工作不能处处、事事都当先进,人的精力是有限的,干啥都得花钱,钱也是有限的,事事都想当先进,最后可能一样也先进不了。看准某一项,集中精力、财力,干上几年,就会成为别人学习的榜样。这样做上级领导高兴,下面群众满意,上下两头就保持一致了,就统一起来了。因为村干部官最小,所以当村干部最忌讳没有自己的发展思路。若没有自己的发展思路,当干部又不能啥也不干,总得干点事,那就只有围绕上级领导的指挥棒转了,疲于上级领导的指挥,今天干这,明天干那,非常被动,非常累,最后还难以取得实效。20世纪60年代,全国开展农业学大寨运动。史来贺率领刘庄的干部8次去虎头山学习。然而参观回来,他们没有机械地照搬大寨经验,而是结合本村实际组织群众打井架电、养猪积肥、发展副业。从1964年冬到1968年,共打机井7口,架设高压低压线路5500米,兴修桥涵闸71座,改明渠为暗渠37条,总长13000米,铺设地下管道1000米,实现井渠双保险,旱涝保丰收。从此,刘庄甩掉了产棉队吃国家统销粮的帽子,达到了粮食自给有余。上级党委政府高兴,下面群众满意。这都是因为史来贺有一套符合本地实际的发展思路。上级领导和村干部相比,上级领导有见多识广的优势,也许还有政策理论上的优势,但是,村干部却有熟悉本地实际的优势,而最有生命力的东西,既不是本本上的教条,也不是照抄照搬别人的经验,而恰恰是理论与实际相结合的东西。因此,当村干部应当有自信心,相信自己能摸索出一套好的发展思路,能干出一番不平凡的事业。确定发展思路,核心是确定一个切合实际的发展目标,目标是方向,目标是动力。确定目标,最好是目标既不能太大,也不能太小,既不能太高,也不能太低,既不能太快,也不能太慢。

史来贺、吴仁宝都说,千难万难,实事求是最难,首先就难在确定这样一个符合实际的目标。确定目标是一个不断探索的过程,是一个不断补充完善的过程。在没有确切把握的情况下,我的看法是宁小勿大,宁低勿高,宁慢勿快。一句话,宁右勿左。因为有了小,自然可发展到大,小是大的条件和基础;有了低,自然可发展到高,低是高的条件和基础;有了慢,自然可加速到快,慢是快的条件和基础,这样的发展才实实在在。而过大、过高、过快就会遭受挫折和失败,就会遭受损失,一次损失就是一次消耗实力,损失次数多了,就会伤筋动骨。唯物辩证法认为,事物有其自身的发展规律,并不是人们想办什么事情就一定能办成什么事情,办成办不成在根本上受一系列客观条件的制约,条件不具备,主观再努力也不行。一些人之所以好心办错事,原因之一就在于此。量力而行,量入为出,有多少钱办多少事,这就是从实际出发,这就是实事求是。只有实事求是,才能把上级与群众统一起来。

五、淡泊名利,无私奉献

淡泊名利,无私奉献,这听起来是一个大道理、空道理,但是想干大事尤其是想干成大事,没有这样的道理,不讲这样的道理还真不中。这个道理在现实社会中不容易实行,但是谁实行了,谁按这个道理办事了,谁就能办成大事。史来贺、吴仁宝按这个道理实行了,所以他们干成了一般人难以干成的大事业。实事求是、理论联系实际的重要性,人人都知道,上级安排的事情符合不符合下面的实际,下面的人最清楚。明知道不符合自己的实际还要干,明知道干了一定失败还要干,主要原因就是对群众利益考虑得少,对自己的名利考虑得多。不干怕挨批评,怕影响升迁,怕得不到奖励和表彰。史来贺能始终坚持从刘庄的实际出发,实事求是,熟悉他的人都说,这是因为老史有一颗无私奉献的心。心底无私天地宽。小社并大社时史来贺能实事求是地并,"文化大革命"时他能始终不放松抓生产,"大包干"时他又能从刘庄的实际出发走自己的路,这些全在于他有一颗无私奉献的心,即为了群众利益,不怕牺牲个人利益。事物的辩证法就是这样怪,越是无私奉献,越是不怕牺牲个人利益,反而最后得到的越多,反而能得到许多人得不到的东西,反而得到的东西越珍贵。史来贺淡泊名利,无私奉献,他最后得到的东西反而是一般人不能企及的。史来贺不仅物质上富,而且精神上富。他把刘庄群众带富了,把刘庄建成了社会主义新农村的典型,党和国家给予了他很高的荣誉。史来贺受到刘庄群众亲人般的爱戴和拥护,这更是他享受不完的精神财富。精神上富,才是更高的富。吴仁宝曾坦言,他是一个从不想当先进的人,他成功的一个秘密是"不当先进"。什么是"不当先进"? 说白了就是淡泊名利,以事业为重。新中国成立以来,在多次农村震荡的潮头上,他总不是"先进",但是历史却一次又一次检验了他的正确性。开展先进性教育时,吴仁宝是先进性教育的典型,但是,他却是一个不想当先进的人,不想当先进的人,最后成了很有名先进,成了谁也扳不倒的先进,这就是事物的辩证法。老子说,大器晚成,吴仁宝给了它很好的注释。

总而言之，干部淡泊名利，无私奉献，就容易做到实事求是，做到实事求是，就能把上下级结合好，把对上级负责与对群众负责辩证地统一起来。

六、迫不得已搞点形式主义

"加强学习，先走一步""自己要有一套发展思路"，这些办法用来解决上级与群众的矛盾，往往需要一定时间，但是，有时候上级与群众的矛盾很突出，容不得推迟时间解决，而且明摆着的事实是，按上级领导的意见去办，肯定是劳民伤财，不按上级领导的意见去办，就可能挨批评，甚至丢乌纱帽。遇到这种情况又该怎么办？史来贺、吴仁宝给出的办法是对上级搞一点形式主义，最大限度地保护群众利益。"大跃进"时，"浮夸风"盛行，公社开会布置并派人坐镇指挥各村放小麦高产"卫星"，要求深翻土地，挖地三尺，每亩上粪100车、下种300斤，亩产小麦15万斤。当时工作组就住在刘庄天天催。没有办法，史来贺只同意搞3亩地进行试验，大部分田地仍按原种植办法种植。结果，大部分田地小麦夺得了丰收，而试验田里的麦苗长得像马鬃一样，每亩收成仅260斤，还没有打够种子。由于刘庄坚持只种3亩试验田，既没有完全得罪上级，又没有给群众造成大的损失。吴仁宝说："对上级搞一点形式主义，目的是要实事求是。"搞点形式主义与和上级领导对着干相比，是更聪明的办法，现实中大多数村干部也是这样做的。现在形式主义存在，原因很多，其中一个重要原因就在此，在上级而不在基层。部分上级领导脱离基层实际，对工作要求过高过急，基层做不来，为不挨批评，为保屁股不挨打，只好搞点形式主义应付。搞点形式主义不仅仅是个作风问题，主要还是实力问题，仔细分析，形式主义就是表面上看是做了，但是没有做足做够，做得不实在。为什么不做足做够？一是不给充足时间，时间不充分，二是没有足够的财力。因此，克服形式主义，一是要给足时间，二是要量力而行，有多少钱办多少事。

第八章　合作与竞争

一、市场经济是人类社会发展不可逾越的阶段

　　新中国成立后实行的是计划经济,这个模式不仅使新中国迅速恢复了经济秩序,而且在较短的时间内站稳了脚步。但是随着时间的推移,经济规模越来越大,计划经济的弊端逐渐暴露了出来,主要是经济和社会发展缺乏生机与活力。受形势逼迫,农村1978年开始试行包产到户,收到意想不到的效果,农民不仅吃饱了肚子,还为国家贡献了更多的余粮。1982年,中共中央下发一号文件,正式承认包产到户,从此拉开了中国市场经济改革的序幕。1982年,党的十二大报告明确提出"计划经济为主,市场调节为辅"的原则。1984年10月,中共十二届三中全会通过了《中共中央关于经济体制改革的决定》,指为:"社会主义经济必须自觉依靠和运用价值规律,是在公有制基础上的有计划的商品经济。商品经济的充分发展,是社会经济发展不可逾越的阶段,是实现我国经济现代化的必要条件。"邓小平高度评价这个决定,他说,这个文件"有些是我们老祖宗没说过的话,有些是新话"。1987年党的十三大提出:社会主义有计划的商品经济体制,应该是计划与市场内在的统一体制。计划与市场都是覆盖全社会的。新的经济运行体制,应当是国家调节市场,市场引导企业,中国终于走到了市场经济的大门口。然而由于1989年的政治风波,中国是继续朝市场经济的方向前进,还是退回到计划经济,理论界发生了激烈的交锋。反对市场经济者视市场经济如洪水猛兽,甚至把市场经济视为资本主义复辟和帝国主义的代名词。中国何去何从? 历史到了抉择的时刻。1992年初,邓小平在南巡讲话中一锤定音,明确提出要搞市场经济。邓小平说,计划多一点还是市场多一点,不是社会主义与资本主义的本质区别。"计划经济不等于社会主义,资本主义也有计划;市场经济不等于资本主义,社会主义也有市场。计划和市场都是经济手段。"(《邓小平文选》第373页)这段历史表明,中国搞市场经济,不是由哪个人事先完全规划好而其他人只是照着规划好的路走,市场经济完全是党和中国人民的历史性的选择。

　　邓小平开始领导改革时有一个说法,即我们的改革不搞两极分化,如果改革出现了两极分化,若真出现了一个资产阶级,我们的改革就真是走到邪路上去了。我们的社会已经出现了两极分化的趋势。但是,通过改革,生产力发展了,人民生活更好了,综合国力更强了,中华民族对世界的贡献更大了,一定不会出现两极分化。邓小平后来提出了"三个有利于"。按照"三个有利于"标准,即使暂时出现了两极分化,也不能叫改革失败了。但是,两极分化毕竟与共产党的宗旨不相符。邓小平在1992年的南巡讲话时又提出了"社会主义本质论",即"社会主义的本质是解放生产力,发展生产力,消灭剥削,消除两极化,最终达到共同富裕"。邓小平的"社会主义本质论"可以解读为党的最终目标是实现共产主义,

实现共同富裕,这一点并没有变,但是即使两极分化在现阶段不可避免,也不是没有办法的事情。两极分化是和市场经济联系在一起的,但它不是不可避免的,毛泽东领导的社会主义不能逾越市场经济发展阶段,邓小平领导的社会主义同样也不能逾越。历史唯物主义的基本原理告诉我们,历史有自己的发展规律,不以人们的意志为转移,不以普通人的意志为转移,也不以英雄人物的意志为转移。新中国成立后的曲折发展史完全证明了历史唯物主义是真理。

马克思的《资本论》从分析商品和商品交换这个资本主义社会最常见、最简单的现象入手,揭示了资本主义必然灭亡,必然被更高级的社会制度——共产主义所代替。马克思认为资本市场的一般发展规律是,由原始积累开始,通过商业资本发展为产业资本,最后发展到以金融信用资本为主导的形态。中国几十年经济改革的进程,实质就是市场经济在我国经济结构中日益渗透而深化的进程。20世纪70年代末解散公社,实行生产责任制,解放了农民,农民首先把精力用于经营农业、精耕细作方面,开始为市场提供剩余农产品,这是第一个发展阶段。农产品有了剩余,为农民发展畜牧业奠定了基础,农民又开始为市场提供畜牧产品。农民手里有了余钱,时间又可以自由支配,于是农民又开始做生意,"大碗茶"、"傻子瓜子"都是当时很有影响的事件。全民经商,我们更是记忆犹新,这是第二个发展阶段。80年代后期,乡镇企业异军突起,是产业新形态兴起的典型标志,这是第三个发展阶段。邓小平1992年南巡讲话关于乡镇企业说过一段话,大意是,乡镇企业异军突起,这个情况当时中央完全没有预料到,这个发明权是农民的,不是中央的。这正是"有心栽花花不成,无心插柳柳成荫"。这就是客观规律,是历史发展的必然性。该出现的结果,你意想不到它就出现了,不该出现的结果,不管你怎么努力,付出多少代价,它就是不出现。经商办企业一般需要较多资金,现在我们知道资金已成为制约农村、农民发展的瓶颈,农村下一步发展迫切需要开放金融市场。中央适应农村、农民发展之需要,又提出允许农村发展多种形式的金融组织,这标志着农村的改革、发展进入了一个新阶段。包括开放股票、证券市场等,这些表明目前我国已经处于市场经济发展的高级阶段。中国的经济改革和农村发展,并非任何人事先规划和设计好的,而是邓小平说的摸着石头过河,但它惊人地符合市场经济的发展规律。

从世界范围看,原来实行计划经济的社会主义国家,先后转向了市场经济,连最保守的古巴、朝鲜,也开始实行改革,实行了具有市场性质的经济制度。这些事实表明,市场经济的确是人类社会发展不可逾越的阶段,是发展经济不可逾越的阶段。不实行市场经济制度不行,不实行市场经济制度解决不了发展问题,甚至说是解决不了生存问题。正如邓小平所说,不实行改革开放,只能是死路一条。生存问题是人类社会的最大问题,为了生存下去,人们可以改变任何不适宜人类社会生存的价值观念和思想行为方式,这就是历史唯物主义关于社会存在决定社会意识的原理。从现在来看,不实行市场经济制度不仅不行,而且这一制度不发展充分也不行。一位著名经济学家曾说,如果没有大的灾难发生,人类社会关于经济制度的探索基本上不可能再超越市场经济制度。他的意思是说,不充分发展市场经济不行,除非发生全球性的大灾难,不可能有更高级的经济制度来代替市场经济制度。

二、市场经济的基本规则是自由竞争，核心是追逐财富

既然市场经济是人类社会不可逾越的阶段，是经济社会发展的客观规律，那么我们唯一正确的态度是勇敢地面对市场经济，积极参与市场竞争。这就要求我们必须对市场经济理论有所了解。

（一）市场经济的巨大动力是承认个人私利

全部市场经济理论建立在所谓"经济人"的假设之上。这个假设认为，进入市场的个人以"个人利益最大化"作为自己的行为动机和行为目标。因为这个假设与社会主义国家宣传的"道德人"、"社会人"相对立，因此长期以来它不能被我们接受。就是在资本主义国家，它也遭到不少人的批评和质疑。尽管如此，这些年的生活实践告诉我们，虽然我们不能说一切人在一切行为上都是追逐个人利益的最大化，但我们确实不能否认，在某种意义上说，不少人在不少情况下追求个人的私利，并且正是这种追求私利的激情成为推动经济发展的某种动力。实行生产责任制为什么会有意想不到的神奇效果？原因可能很多，其中一个重要原因不能不归结为正是因为生产责任制注入了"经济人"的因素。农民生产的粮食，上缴应给国家的，其余都是自己的，这就是承认了农民的个人利益。邓小平在这个基础上又进一步提出，允许一部分人先富起来，允许一部分地区先富起来，则是更多地注入了"经济人"的因素。与此形成鲜明对比的是"大锅饭"时期，这个时期最鲜明的口号是"割资本主义尾巴"、"宁要社会主义的草，不要资本主义的苗"、"狠批私字一闪念"，这严重压抑了人们的生产积极性。这是计划经济体制不利于经济发展的原因之一。

（二）市场经济的基本规则是自由竞争

所谓"自由竞争"，包括两个方面的含义：一是自由，二是竞争。自由是相对于国家干预来说的，彻底的市场经济主义者，坚决反对国家干预经济，甚至与无政府主义相一致，干脆主张取消国家。但这种完全自由的市场经济也出现越来越多的弊端。自由要求国家给予个人和企业更多的生产经营权和时间的自由支配权。市场经济理论有个著名的"帕雷托模型"，也叫"看不见的手"。这个理论认为，在理想的市场经济制度中，供给和需求通过价格涨落机制得到灵活调节和自动平衡。在供给不足时，商品价格上涨，高利润通过价格信号刺激投资者，促使其将资源、劳力、技术转入短缺部门，于是供给增多，使需求得到满足。当供给超过需求时，商品价格下跌，低利润及低价格信号促使投资者转移资源、劳力和技术，减少生产，于是供求恢复平衡。同时，在供给趋向满足的进程中，市场竞争激烈化，自然淘汰低效益的投资者，自然调整经济结构，从而保持生产的高效率。拿这个理论去解释生产责任制，正是因为生产责任制给农民更多自由，因此才获得了高的效率。农民什么时间下地劳动，完全由农民自己掌握；农民生产什么，怎么卖也由农民自己决定，这就是市场经济理论强调的自由，但市场经济必须由国家进行宏观调控。自由及"经济人"法则是推动市场经济发展的强大动力，但绝对不能没有国家的调控。

（三）市场经济的核心是追逐财富

市场经济讲的竞争，包括名、权、利各个方面的竞争，核心是利，即财富的竞争。在某种意义上说，争名、争权，归根结底是对利的竞争。市场经济哲学说到底是通过市场追逐财富的哲学。改革开放以来的实践证明，追逐财富已经成为社会主义市场经济的原动力。实行改革开放以来，人们从羞于谈论财富发展到理直气壮地创造财富。在某种意义上说，中国的一切个人、一切家庭、一切企业、一切阶层都深深卷入了创造财富的洪流中去。谁再羞于谈论财富，谁就可能在市场竞争中被淘汰。谁早点明白市场经济的规则和核心，谁就能在市场经济的竞争中争取主动。那些很早就下海追求财富者就是这样一批人，他们中的多数现在就处于优势的地位。

我国自从注入市场经济的要素以来，各行各业、各个阶层，好像获得了神奇的力量，迅速发展起来。中国人由吃不饱肚子到粮食过剩，由一个连铁钉、火柴都依赖进口的工业品纯消费国，成为今日世界一些重要产品的主要生产和出口大国，成为世界性工厂。如今中国在一些主要的经济实物（如钢、煤、棉）产出方面已成为跃居世界第一位。中国在世界上的地位和威望从来没有像现在这样令中国人扬眉吐气。中国在迅速发展的同时，还保持了民族团结和全国稳定。这是当年毛泽东、周恩来等老一代领导人朝思暮想而不能办到的。这些成就当然不能完全归功于市场经济，但是凡是持实事求是态度的人都不能不说，取得这些成就市场经济功不可没。

市场经济为什么有这么一种神奇的力量？经济管理学中讲的鲶鱼效应也许能给我们一些启示。挪威人喜欢吃沙丁鱼，尤其是活沙丁鱼。市场上活沙丁鱼的价格要比死沙丁鱼的价格高许多。所以渔民总是千方百计地让沙丁鱼活着回到渔港。可是虽然经过种种努力，绝大部分沙丁鱼还是在中途窒息死亡。但有一艘渔船总能让大部分沙丁鱼活着回到渔港，船长严格保守秘密，直到船长去世，谜底才揭开。原来船长在装满沙丁鱼的鱼槽里放进了一条以沙丁鱼为主要食物的鲶鱼。鲶鱼进入鱼槽后，由于环境陌生，便四处游动。沙丁鱼见了鲶鱼十分紧张，左冲右突，四处躲避，加速游动。这样一来，一条条沙丁鱼活蹦乱跳地回到了渔港。后来人们总结，沙丁鱼是受了外界刺激才保持了生机与活力。市场经济中的竞争因素正是给了人们最广泛的刺激，才使整个社会充满活力。

三、市场经济不可避免的三大弊病

同任何事物都具有二重性一样，市场经济也具有两重意义，它有正面的意义，也有弊病，有好的一面，也有坏的一面。市场经济不可避免的弊病表现在以下三个方面。

（一）生产的盲目性

在市场经济中，生产过剩是经常发生的事情，不断出现的卖粮难、卖棉难、卖猪难、卖瓜难等，都是我们亲身经历的。有时有的产品价格奇高，"糖高宗"、"豆你玩"、"算你狠"等在网上流行，成为人们茶余饭后谈论的话题。在市场经济中，人们生产的商品不是为了自己使用，而是为了拿到市场上销售，看到什么东西价格高，大家很快就跟了上去生产，于是出现生产过剩。生产力是所有生产要素中最活跃的因素,而人们的消费水平在一定时期具有相对稳定性。也就是说,生产某种产品的能力可以在较短时间内提高,而人们的消费水平一般提高很慢,这是造成生产过剩和出售难的一个原因。从理论上说,人们的消费欲望是无限的,是不应该出现产品过剩现象的,但在现实中,受经济条件和其他条件的制约,并不是人们想消费什么就能消费什么,想消费多少就能消费多少,也就是说,人们的购买能力是有限的,这才是生产过剩的原因。出现生产过剩现象,人们一般采取的应对办法是压低价格,少赚钱甚至是赔钱也要把产品卖出去,否则就会烂掉、死掉、扔掉。因为有些农户的产品烂不起、死不起,也扔不起,他们如果没有足够的资金继续进行再生产,就成了农村中的贫困户,成了被市场经济淘汰的人。经济学中有个完成原始资本积累的概念,什么是完成原始资本积累? 我认为,所谓完成原始资本积累,从某种意义上说,一个含义是指赔本赔得起,而没有完成原始资本积累一般是赚起赔不起,一旦发生赔本的事情,就有可能由此走向贫困。因此,一定要继续深化农村金融体制改革,改善农村金融服务,千方百计规范和发展适合农村特点的金融组织形式。市场经济的逻辑是穷者愈穷、富者愈富。虽然市场经济也可以使穷者一夜变富,富者一夜变穷,但这些并不能从总体上改变穷者愈穷,富者愈富的现实,这是市场经济的弊病之一,也是所谓"三农"问题产生的原因之一。

(二) 盲目开发自然,自然则通过旱灾、涝灾和疾病流行报复人类,使两极分化更加严重

市场经济导致两极分化,各国的市场经济实践充分证明了这一点。两极分化又会导致什么结果? 这是每一个关注中国命运和人类社会命运的人不得不思考的问题。笔者认为,两极分化发展下去可能导致两个结果:一是社会动乱和战争;二是生态灾难,如旱灾、涝灾和极端天气等。受各种客观条件的制约,在一定历史发展阶段,人们创造的社会财富总是有限的,赶不上人口增长的速度,满足不了人们奢侈的欲望,为了争夺有限的社会财富,为了争夺有限的自然资源,就可能发生社会动乱和战争。像西方发达国家市场经济制度那么成熟,社会保障制度那么健全,因为金融危机还导致越来越多社会问题,而且越来越严重,我们的市场经济制度还很年轻,我们更没有理由盲目乐观。现在地球已经变为一个地球村,居住在同一个村庄,一部分人一掷千金、骄奢淫逸,想让另一部分人安贫乐道,笔者认为那几乎是不可能的事情。由于现代交通、通讯工具发达,更由于我们党在执政过程中坚持为大多数人谋利益的宗旨不变,我们国家能避免动乱或战争,但是如果不能很好遏止两极分化的趋势,我们可能面临生态灾难。

著名经济学家温铁军先生曾说,在全球化和靠规模来竞争的市场规律的作用下,小农经济当然地被大农场挤垮,个体农民唯一的生存办法就是到荒无人烟的原始森林中去砍伐树木,刀耕火种。不到老百姓中间去,不到基层去,谈资源环境的可持续,就好像一场梦。为什么贵州那些贫苦农民非得到陡坡上去耕种? 坡那么陡,耕牛都不能立足,只能人爬上去,在石灰岩山上的石缝里面,刨一点土种下几颗玉米。是他们愿意那么做吗? 不是,都是贫困逼出来的。无数事实告诉我们一个道理,在贫富两极分化趋势日益严重的情况下,谈环境保护,谈可持续发展,将是非常艰难的事情。从某种意义上说,穷者要富,富者想更富,这股潮流有可能冲破一切道德的、法律的大堤,淹没一切环境保护的政策。一位长期从事环境保护工作的人曾深有感触地说:"近几年我看到,虽然我们付出了很多的精力,也动了不少脑筋,但是我们的环境保护工作越做反而问题越多。"一方治理,多方破坏,点上治理,面上破坏,边治理边破坏,治理赶不上破坏。在某些地方别人不能办的污染项目,环保局局长来办。这些怪事归根到底都源于发展不平衡,源于发展不平衡造成的地方保护主义。发展是硬道理,对于急于发展起来的地区领导来说,环境保护的法规和政策就变成了软道理。

环境遭破坏的结果,必然加剧旱灾、涝灾和极端天气发生的频率和强度,而受影响最大的是农民。近十几年来,旱灾、涝灾发生的频率明显增高,且有日趋严重之势。我们看到发生旱情时,农民整天都忙于浇地,井少不够用,怕别人抢用,他们就把铺盖卷儿搬到井边,日夜守候。耕地稍微多一些的农户,第一遍还没有浇完,最初浇的地块又开始旱了。农民说,过去种小麦、花生,一般浇上二三次就可以收获了,现在可好,浇上五六次还不行。由于柴油价格居高不下,且越来越高,农民种田的成本大幅度上升。农民费尽千辛万苦终于熬到了收获的季节,老天爷又开始下雨,不停地下,由于排涝系统不通畅,眼看着到手的庄稼又被淹得一塌糊涂。面对被淹的花生和漂起来的西瓜,农民伤心得直掉眼泪。投入那么多,却什么也收获不了,这样的事情发生多了,必然使一部分农民走向贫困。

旱灾、涝灾频繁发生且日趋严重,大家一致认为主要是由于环境破坏和气候变暖造成的。科学家预言,未来气候将持续变暖,农业是对气候变化反应最为敏感的部门之一,届时农业成本和投资必将大幅度增加,必将使更多农民走向相对贫困。相对贫困的农民越多,环境破坏也就越严重,形成恶性循环。这是市场经济直到目前还无法避免的弊病之一。

市场经济的全部动力在于人们的消费,在于人们越来越多的消费和越来越高的消费,没有消费,整个市场经济社会就会崩溃。而人们的吃、穿、住、行、用等消费归根结底取决于大自然,消费越来越多、越来越高级,终将使大自然承受不了,从而导致大的生态灾难。

(三)导致腐败大量产生

市场经济理论的基石是所谓的"经济人"假设。这个假设认为,进入市场的个人,都以"个人利益最大化",或者说"个人效用最大化"作为自己的行为动机与行为目标。市场经济学的所有推论,都建立在这个假设前提之上。在市场经济中,追求私利不仅不应该被谴责,而且还认为这种追求私利的激情正是推动市场经济的原动力,但它的一个负效应是大量产生腐败。从某种意义上说,腐败是与市场经济制度联系在一起的。例如,"政绩工程"、"形象工程",人们称之为决策腐败,它是引发党群干群关系紧张的重要原因之一。一些人为什么特别热衷于搞这些工程?说到底是为了追求个人利益最大化,因为他们能最大限度地从这些工程中得到名和利。再如,过去农村乱收费,谁都知道向农民收钱过多会导致许多重大问题,可是在某一时期,某些乡村干部为什么还要收?一位乡党委书记曾自述说:"我的父母亲就生活在农村,我的许多亲戚也生活在农村,他们负担过重谁也没有我清楚,谁愿意到他们家里牵牲口?"应该说这是心里话,可是不愿意去为什么最后还是去了?从某种意义上说,最终原因也是为了追求个人利益最大化,因为按时完成上级下达的任务能得到名和利,而完不成任务,轻者挨批评,重者罚票子、摘帽子。又如,过去上学难,看病难,什么原因? 我认为从某种意义上说,是把教育和卫生推向市场的原因,是某一时期,某些学校的老师、医院的医生追求个人利益最大化的结果。上学贵,主要贵在择校费、资料费、补课费等方面,而家长和学生、学校和老师,一方愿拿钱买,一方愿卖,归根结底缘于激烈的竞争,缘于追求个人利益最大化。看病贵,主要贵在大处方和辅助检查项目上,而医院的医生之所以这样做,是因为这样做能最大限度地从病人身上捞到钱。

从道理上讲,人们追求个人利益最大化有合法与非法、合理与不合理之分,但社会是极其复杂的系统,当人们努力去区分两者的界限时就会发现力不从心。现实生活中大量存在的灰色地带就是明证。这些灰色地带模糊了合法与非法、合理与不合理之间的界限,从而使监督难上加难。

四、进一步加大国家宏观调控力度,将资源向"三农"倾斜

市场经济阶段不可逾越,虽然市场经济有无与伦比的优越性,也有不可避免的弊病,但是唯一的出路就是必须继续实行市场经济。想回到"吃大锅饭"是没有出路的,但是要想办法克服市场经济的弊病,至少要降低它们的危害程度。怎么降低? 辩证法告诉我们的方法就是毛泽东常用的方法,即"掺沙子",就是放入市场经济两大原则的对立面。市场经济有两大原则:一是自由,二是竞争,这两大原则是市场经济的本质特征,是它的优势所在,同时也是缺点,克服缺点的办法就是放入对立面。具体来说,一是相对于自由,因为所谓自由,其主要含义是不要国家干预,因此我们强调要加大国家宏观调控力度,将资源向弱者倾斜。二是相对于竞争,我们强调加强合作。总之,要在遵循市场经济规则的基础上,加强国家宏观调控,鼓励发展合作经济。或者说,要在市场经济的基础上,加进原来计划经济的一些要素,这就是社会主义市场经济的主要含义。

例如,前几年"三农"问题比较突出,什么原因造成的? 我认为在很大程度上是由于实行市场经济造成的,是由于自由竞争造成的。农业处在社会生产链的最初端,农村、农民处在最底层,搞自由竞争必然形成"三农"问题。近些年国家不断加大宏观调控的力度,将资源向"三农"倾斜,使"三农"问题的形势迅速得到扭转。国家的调控力度之大,"三农"问题的形势好转之快,超出很多人原来的预期。这表明,在搞自由竞争的同时,在充分发挥市场之手作用的同时,还要充分发挥国家之手的作用,两只手同时抓,同时发挥作用,这是社会主义市场经济的客观规律。真理既不独在市场之手一边,也不独在国家之手一边,不要迷信它们中的任何一个,它们都不过是经济社会发展的手段,该用哪一手,就用哪一手,用哪一手有利于解决问题,就用哪一手,这才叫实事求是,叫具体的问题具体分析。国家之手是对市场之手的自然补充,它的主要作用和职能有两个:一是调节人与人之间的关系,如老子所说"损有余而补不足",以缓和社会矛盾;二是调节人与自然的关系,根据自然的承载极限,安排人们的生产生活,以缓和人与自然的矛盾,实现人类社会的可持续发展。

国家投资"三农",我建议要特别注意以下几个方面。一是投资于人力资源方面。人才匮乏是制约农村经济发展和各项社会事业发展的重要因素,要想办法把人才吸引到"三农"方面来。二是投资于"三农"基础设施方面。旱灾、涝灾仍然是制约农村发展、农民增收的重要因素,要加强以灌溉和排涝为主的农业基础设施建设。三是投资于农业科技方

面。未来农业发展的前途,主要还是靠创新和普及农业科技。四是投资于教育方面。五是投资于卫生医疗方面。六是投资于社会主义新农村建设方面。社会主义新农村建设代表了未来农村发展的方向,各地要在试点的基础上,不断总结经验,把社会主义新农村建设作为农村工作的重点。七是帮助农民成立互助基金会。缺资金、贷款难,仍然是制约农业增产、农村发展、农民增收的主要原因,市场经济社会是一个风险较大的社会,成立农民互助基金会有利于解决这些问题。

五、发展合作经济

市场竞争使经济充满活力,同时也有不可避免的缺点,农民克服其缺点的办法就是发展合作经济。

(一)发展合作经济能办好一家一户办不了、办不好、办了不合算的事,能有效降低市场风险

在市场经济条件下,农民生产的产品不只是为了自食自用,而是为了在市场上销售,这就产生了千家万户的生产与千变万化的市场之间的衔接问题。如何把产品卖出去,实现从商品到货币的"惊险的一跳",这将决定农业的发展和农民的收入水平。现实情况是,我国农产品总体上呈生产过剩趋势,不仅卖粮难,连瓜果、蔬菜、水产品等也越来越难卖了。主要原因是,都是乡里乡亲的,环境条件基本一样,种植养殖都差不多,看到啥能赚钱,就赶紧跟上去,遂造成过剩。卖的时候只得互相杀价,你低我更低,结果,要么赔老本卖出去,要么就烂掉、死掉,血本无归。就是农产品涨价,由于信息不畅通,农民资本积累少等原因,受益的常常是中间商,而不是农民。造成这些情况的根本原因是,农民单家独户地干,缺少与市场风险抵抗能力。产品卖不掉,农民本来可以通过跑市场,找信息扩大产品销量;也可以通过结构调整,提高产品技术含量;还可以通过储藏保鲜以及深加工等拉长产业链。然而这些都需要钱,需要较多的钱,一家一户是很难办到的,就是能办到,办起来也常常不合算。现实的出路只有一条,就是广大农民联合起来,成立多种形式的专业合作经济组织,发展合作经济。这样不仅可以避免农民相互杀价,而且能办好一家一户办不了、办不好、办了不合算的事。这就是合作经济的独特作用,也是合作经济蓬勃发展的内在动力。

(二)发展合作经济,有利于扩大农业经济规模,实现劳动力、土地、资金等生产要素的优化配置

实行家庭联产承包责任制使地块过于零碎,不仅不利于管理,而且不利于农业结构调整,制约了农业的产业化、专业化和规模化。在有些地方,农民有"调零为整"的想法和要求,但受土地延包合同30年不变的制约,村委会轻易不敢调整土地,这样很难满足群众的愿望和要求。比较现实的办法是,农民自己合并土地,以土地入股,成立合作社,发展合作经济。土地是农民最重要的生产资料,土地的联合必定带动资金、技术、劳动力和生产工具的联合,从而实现生产要素的优化配置。成立合作社,发展合作经济最明显的好处很

多。第一是好贷款;第二是节省劳动力;第三是可以根据劳动力的各自优势进行适当分工,在外打工人员不再惦记家里的土地,可在外安心打工;第四是各个环节都省钱,粮食统一出售还可提高价格;第五是有利于规模化种植,有利于精耕细作。理论和实践都表明,农民以土地入股成立合作社,发展合作经济,能够在更大范围、更广阔领域实现劳动力、土地、资金、技术等生产要素的优化配置,提高农业抵御市场风险的能力,加快了农村致富奔小康的步伐。

(三)发展合作经济,有利于解决我国加入WTO后可能遇到的新问题

我国加入WTO,既有机遇,又有挑战,对于中国农民来说,可以说是挑战大于机遇。例如,绿色壁垒问题就是一个已经出现的、构成对农业和农民重大挑战的问题。现在大家基本认识到,农民生产经营的组织化程度过低是农产品破解绿色壁垒道路上的一只致命的拦路虎,因为千家万户的小农生产状态使质量的控制、标准的实施都无法彻底执行。从国内市场来说,由于毒韭菜、毒大蒜等在媒体上频频曝光,许多城里人不敢吃农民种的东西,直接影响了农产品市场的扩大,影响了农民收入。再如,反倾销问题,世贸组织规定,反倾销诉讼的实施,必须得占到国内同类产品25%以上的生产者的支持,个体农民根本没有这个力量去进行,国外都是通过专业化的农产品协会代表农户进行的,我国农民由于缺少自己的组织,在国际竞争中往往处于劣势地位。

(四)发展合作经济,有利于丰富农民群众的精神文化生活

"三农"问题是复杂而多方面的。如果说农民增收困难、相对和绝对贫困是"三农"问题在经济方面的主要表现,干群关系紧张、缺乏信任是"三农"问题在政治方面的主要表现,那么农民自卑、缺乏自信、精神空虚,就是"三农"问题在文化方面的主要表现。董垒明认为,在许多地方,农民的生活远非"贫困"二字所能概括,用"困苦"二字也许更贴切。也就是说,"三农"问题不仅是物质生活方面的问题,而且是精神文化生活方面的问题。在村里,常听到一些党员和群众埋怨乡干部、村干部不给他们开会,这里除了有要求民主参与村务管理的愿望外,还体现了农民群众对精神生活的企盼。发展合作经济要坚持农民培训原则,农民经常在一起学习、开会,民主协商合作发展的事宜,这样不仅能提高农民的综合素质,还能改变一些没有意义的生活方式。发展合作经济使农民在自己的努力下不断发展壮大,农民不仅能享受到成功带来的精神愉悦,还能增强自信心,克服自卑感,这是一种精神上的寄托。那些许愿让农民进城过城市生活的领导和学者,看到不断攀升的房价、物价和油价,笔者认为就连他们自己也未必有信心。而让留在农村的农民愉快地生活才是切实可行的路子。何慧丽说,世界上没有什么比高兴地度过人生更有意义了。

(五)发展合作经济,有利于加强党对农村工作的领导

坚持党对农村工作的领导是我党一贯的原则,发展合作经济会加强党对农村工作的领导,还是会削弱党对农村工作的领导,这是一个必须搞清楚的问题,因为这个问题直接关系到合作经济的发展。党的领导主要是政治思想领导,发展合作经济的原则和理念与党的政治主张基本上是一致的。因此,发展合作经济有利于实现党的领导。例如,如何使

农民摆脱弱势地位,过上体面的、有尊严的生活？这直接关系到党在广大农民中的威信。发展合作经济坚持按劳分配的原则,坚持共同富裕、互相帮助的理念,这些有助于使农民摆脱弱势地位,过上体面的、有尊严的生活。又如,发展集体经济、实行民主管理,与我党在农村实行的村民自治原则相一致,是实现农村民主的很好的训练课堂。再如,由于实行家庭承包经营责任制,由于干群关系紧张,由于村内存在不同利益集团之间的斗争,现在组织农民开会已是一件不容易的事情,如何把党的政策迅速贯彻落实到广大农民中去成了一件很伤脑筋的事,村干部能开个组长会,能在广播上宣传宣传就很不容易了,这极大地削弱了党对农村工作的领导。如果每个村都能发展合作经济,合作经济坚持农民集中培训的原则,坚持开会,依靠合作经济,也许就能较好地加强党对农村工作的领导。

第九章 民主与集中

一、进一步加强乡村民主政治建设

我国现在实行的是社会主义市场经济制度,市场经济制度有弊端,社会主义市场经济制度由于发展不完善同样有弊端。对市场经济利弊研究最深、最全面的莫过于马克思。马克思提出的在政治上克服市场经济弊端的办法就是让人民群众当家做主,即实行民主。虽然自"五四"运动以来,中国人民一直把追求民主作为重要的政治目标,但是若问什么是民主,这还真是一个复杂的问题。笔者认为,民主的实质,不是"两院制"或"三权分立制",而是人民群众当家做主。有一句大家都耳熟能详的话,即"全世界无产者,联合起来"。为什么会有这么句话?市场经济必然产生弱势群体,革命时期我们称这一群体叫无产阶级,无产阶级怎么与资产阶级相抗衡?弱势群体怎么摆脱弱势地位?马克思提出的办法就是无产者联合起来,弱势群体联合起来。目前,城乡二元结构已经形成,真正解决二元结构的矛盾已经很难。这是因为一方面要充分发挥国家之手的作用,加强国家宏观调控力度,将资源向弱者倾斜、向农民倾斜;另一方面,弱者和农民要联合起来,组织起来,走合作的道路。无论是加强宏观调控力度,还是走合作的道路,民主的原则和精神都是非常重要的。

(一)民主的实质和核心是人民当家做主

在乡村,民主就是农民当家做主。当什么家,做什么主?中央明确指出,凡是与广大农民切身利益相关的事情,如村干部选举、村集体的土地承包和租赁、集体企业改制、集体举债、集体资产处置、村干部报酬、村公益事业的经费筹集方案和建设方案,等等,这些都要实行民主,不能由个人或少数人决定。

唯物辩证法认为,由小到大,由低级到高级,由简单到复杂是事物运动发展的普遍规律。根据此规律,无论干什么事情,一般都要遵循先小后大,先低级后高级,先简单后复杂的顺序。量变质变规律告诉我们,低级阶段的事情只有干足干好,干到一定程度,才会自然发展到高级阶段,否则,就会矛盾百出。凡是在乡镇工作过的同志都能体会到,小事情还没有干,一开始就想干大事情,低级阶段的事情还没有干足干好,就急着向高级阶段发展,一味信奉高、大、洋、新,所干之事不符合老百姓的要求,不急群众之所急,不想群众之所想,不能给老百姓带来实惠,等等,这些是许多乡村问题产生的重要原因。陈云总结自己的一生时曾深有感触地说:"在党的领导下,符合老百姓的要求,做了一点事,如此而已,一点不能骄傲。""符合老百姓的要求"是问题的关键和核心。怎么做事情或者说做哪些事情才能符合老百姓的要求?笔者认为并没有其他的什么好办法,只有让老百姓当家做主。

我们常说,要急群众所急,想群众所想,干群众所需。但是,群众急什么,想什么,需什么,某些高高在上的领导常常并不清楚,只有群众自己最清楚。只有群众自己当家做主,作决策,才能把事情办到群众心坎上,才能把好事办好,把实事办实。众所周知,按照其他地方的现代化模式,今天逼着群众干这,明天逼着群众干那,钱花干花净还不行,还要举债干,所干之事又不能给老百姓带来多大效益,这些曾是过去造成乡村困局的重要原因。实行民主,让农民当家做主,就是要把事情倒过来,即由农民当家做主决策办事情,上级各级财政则要从人力、财力、物力各方面给予支持。现在开展的"一事一议"工作已经比较接近个这思路了。从西姜寨乡2011年开展"一事一议"工作的情况看,凡是开展此项工作的村委,都干了些实实在在的事情,老百姓从中得到了实惠。但是,由于钱较少,想靠"一事一议"解决老百姓的大问题,目前来看还比较困难。温铁军先生指出:"我们应该让各村自己来决定需要什么公共设施或物品。如果各村提出的这些要求是合理的,而他们自己的财力又不够,就应该由上级财政适当安排一定的财力来满足。如果这样一个思路能够确立的话,那么其他问题就会迎刃而解。如果这样一个基本思路没有讨论清楚,无论用什么样的政策,恐怕都很难解决问题。"虽然这话有些武断和绝对,但是还是比较符合农村农民实际的。这就是民主的思想。

农民自己当家做主办事情,开始时,他们所办之事可能很小、很土、很简单,但是,事物发展的辩证法告诉我们,这是事物进一步发展不可缺少的环节。大的只能在小的基础上产生,高级的只能在低级的基础上产生,土的东西看起来不好看,但好用。事物的发展在本质上是一个由小到大,由低级到高级,由简单到复杂的连续性发展过程。隔过去小的,总想径直干大的,隔过去低级的,总想径直干高级的,隔过去简单的,总想径直干复杂的,这样做违背连续性发展规律,最后招致失败,不得不回过头来重新干,本来是想快些发展,结果反而慢了,这叫"欲速则不达"。实行民主,让广大农民自己当家做主,也许是避免发生这种情况的最好办法之一。

(二)民主是与公开性紧密联系在一起的

没有公开,就没有民主。前面讲过,要充分发挥国家之手的作用,将资源向"三农"倾斜,这是缓解三农问题的根本办法之一。但是,怎么才能确保国家支援的资源最后用到"三农"那里?实践证明,只靠上级的检查监督是不行的,笔者认为从上到下搞好公开,就是一个比较好的办法。现在网络、媒体都很发达,国家支援的资源都支援到什么地方了,都支援给哪些人了,这些都可以公开到乡,公开到村。三农工作既然是全党工作的重中之重,乡村每年拿那么多钱订党报党刊,在报纸上用一些篇幅刊登基层干群关心的事情是应该的。国家现在每年支援三农的款项物资已经不少,据报道,全国每年仅财政支农投资约为3000亿元。但"支农率"却很低,记者编顺口溜说:"财政支农几千亿,农民受益毛毛雨。"报纸上曾有一篇报道说:取消农业税地方财政不用愁,29亿元弥补县乡财政减收。可是乡村还是很愁,主要是没有钱,甚至维持乡村政府工作正常运转都成问题。乡村干部就问:这29亿元到底都花在什么地方了?解决这些问题,自上而下搞好公开是办法之一。我们简单算一笔账:假设3000亿元支农款的1/10,即300亿元直补到村,那么全国有694515个村,每村平均就是4万多元,再加上省、市支援的,农民"一事一议"再集资一点,让农民群众当家做主去干一些他们想干的事情。如果每年都如此，形成一种制度，这对改变乡村面貌一定有很大的作用。现在的支农款项物资的分配方法是：这里一项，那里一项，这个部门一项，那个部门一项，撒胡椒面，结果是啥事也办不成，那么多钱几乎白白浪费了。

（三）民主与集中分不开

世界上没有绝对的民主，也没有绝对的自由。现实中太自由了，太民主了，民主就会走向反面，这就是物极必反。物极必反是个普遍规律，任何事物都逃不脱其支配。贺雪峰教授在他的《新乡土中国》一书中提到一个现象，他说，现在的农村不是多数人当家做主，而是少数人当家做主。意思是说，绝大多数人同意干的事情，个别人不同意干，这事情就干不成，因为乡村干部怕上访。现在不少乡村干部抱的态度就是，再好的事，宁可不干，也不能让群众上访。这种状况不改变，乡村公益事业只能永远荒废下去；这种状况不改变，要将农民联合起来，组织起来，将非常困难。这表明，在现在的乡村，不仅需要进一步加强民主，更需要加强集中，民主、集中都需要加强。

（四）加强乡村民主政治建设，要有切合农村、农民实际的民主形式

民主是好的，但是搞不好就会事与愿违。美国带头推翻几个国家的现行政权，想在那些国家实行民主，结果把那些国家搞成了人间地狱，人民群众生活在恐怖爆炸的阴云下。"文化大革命"时搞大民主，搞出了派系斗争。现在农村搞直选，作用是有一点，但是不大，多数是走形式，走过场。实践证明，无论是"文化大革命"式大民主，还是直选式大民主，都是动不动就要所有人参加的民主，这不太符合当下农村、农民的实际。笔者认为，相对小一点的民主，相对土一点的民主，即村民代表会议，也许更符合农村、农民的实际，这样的民主与我国人民代表大会制度一致。因此，要下大决心，花大气力，搞好村民代表会议制度建设，不仅财务、村务要在村民代表会议上公开，凡是涉及村民利益的重大事项都要由村民代表会议研究决定，选举村干部也可由村民代表来选，真正把村民代表会议建设成为有独立形式、有权威的村级重大事务的决策机构。村民代表会议中要设立各种各样的小组，负责财务监督、劳务输出、司法调解等，小组要定期向村民代表会议报告工作。目前村民代表会议制度建设遇到的最大困难是，由于外出务工人员较多，想经常召开村民代表会议是一件非常困难的事情，这使任何关于村级民主政治建设的设想都难免流于形式。现在国家的中心工作仍然是经济建设，高房价、高学费、高婚礼费等迫使所有村民不得不把主要精力用在挣钱上，因此，乡村民主政治建设还是要因时因地制宜，切不可操之过急。

关于乡村民主政治建设，笔者不赞成在合法的村民委员会之外再搞个什么农协。原因一是名不正，农协是革命时期共产党领导下农民群众自愿参加的用以反抗反动政府的组织，现在再搞农协不合适。名不正，则言不顺，许多话不好说，或者说不清楚，搞不好就会被坏人利用。原因二是会增加农民负担，因为任何组织都需要组织费用。原因三是最重要的，即它不利于村民团结。现在村里有党支部、村委会两套人马，已经把一些村搞得是支书一派、村委会主任一派，上台干部一派、下台干部一派，再搞个农协，不知道会把村里搞成什么样子。农村经济基础薄弱，笔者的看法是，现在农村不仅不能再搞什么农协，

而且党支部、村委会能够交叉任职的就尽量交叉任职,支书、主任能够一肩挑的就尽量一肩挑,这不仅会减少村级机构运转的费用,而且很有利于村民之间的团结。乡村建设任务繁重复杂,不仅要搞物质文明建设、精神文明建设,而且要搞政治文明建设、生态文明建设。政治文明建设就是乡村民主政治建设,只是众多任务中的一项,所有这些建设都要遵照循序渐进的原则,一步步扎扎实实推进,指望再搞个什么组织就能一夜之间把问题解决,这只是异想天开。

二、村务公开要与时俱进

村务公开是村级民主管理的基本制度。实践证明,哪个村这一制度落实得好,哪个村就稳定,事业就发展得好,反之,哪个村干群关系就紧张,事业就颓废。干群关系紧张,深层次原因虽然很复杂,但直接原因多是由于村务长期不公开、民主管理跟不上造成的。据统计,农村上访案件中,此项所占比例高达86%。因此,搞好村务公开,对农村的稳定和发展、对乡村民主政治建设和经济建设都具有重大意义。

村务公开被称为"阳光工程",是村民自治的一种形式,在20世纪50年代就有了雏形。20世纪80年代,随着市场经济在我国的逐步建立,在全面推进村民自治的大环境下,村务公开也进入了一个新的发展阶段,并获得了初步成功。据民政部提供的有关资料显示,村务公开在我国农村已普遍推行,全国69万多个行政村中,目前已有95%的村实行村务公开,比较规范的占60%。然而,目前村务公开还存在许多问题,农民还有许多不满意的地方。据笔者所知,主要存在以下问题:一是公开内容不全面,有的只公布数额较小的收支项目,不公布大额收支项目,有的只公布一般财务往来收支项目,而回避焦点、热点问题。二是公开内容多虚假,突出表现在财务账目公开不实或虚列项目,或偷梁换柱,或改动数额,有的甚至改动时间,把上一季度的内容换成了下一季度的内容。一些公开栏上表面看起来收支既分明又平衡,但群众却反映一些收入不在其中。三是公开程序不规范,普遍存在公开栏公布的内容事先不认真审查,事后不收集意见。四是公开不及时,有的公开栏只是上级检查时才有内容,过后一直空白。五是发现问题解决难,村务公开的内容上墙后,对其中的一些问题,群众有疑问,但不知道怎么反映,怎么解决,致使问题越积越多,最后形成集体上访,干群矛盾尖锐化,村里从此不再安宁。

由于村务公开存在上述问题,一些人就认为村务公开纯粹是形式主义,既浪费村集体有限的钱财,又浪费乡村干部的时间,还不如不搞。必须指出的是,这是一种片面的、错误的看法。笔者认为,与时俱进才是唯一正确的态度。与时俱进是新时期最响亮的口号之一,它有两个方面的含义:一是继承,二是创新。也就是说,一方面要坚定不移地继续搞好村务公开,这一点坚决不能变;另一方面,要根据村务公开存在的种种问题,不断创新村务公开的内容和形式。深层次理解与时俱进是指,按照唯物辩证法的观点,事物在不同发展阶段的特点受不同规律的支配,我们必须根据事物不同发展阶段的特点按照不同的规律办事。社会主义发展阶段与资本主义发展阶段不同,两个阶段的发展规律就不一样,改革开放后与改革开放前是不同的发展阶段,其发展规律也不一样。但是,不同的发展阶段又是紧密联系在一起的,它们有继承与创新的关系。村务公开要与时俱进,包括内容和形式。中共中央办公厅、国务院办公厅《关于健全和完善村务公开和民主管理制度的意见》指出:"国家有关法律和政策明确要求的事项,如计划生育政策落实、救灾救济款物发放、宅基地使用、村集体经济所得收益使用、村干部报酬等,应继续坚持公开。当前,要将土地征用补偿及分配、农村机动地和'四荒地'发包、村集体债权债务、税费改革和农业税减免政策、村内'一事一议'筹资筹劳、新型农村合作医疗、资助村集体的政策落实情况等及时纳入村务公开的内容。农民要求公开的其他事项,也应公开。"这就是内容上要与时俱进。

内容与时俱进决定了村务公开的形式也要与时俱进。仅就增加这么多内容来说,原来普遍采用的在墙上公开这种形式对一些村来说显然已不能满足其需要。中共中央办公厅、国务院办公厅《关于健全和完善村务公开和民主管理制度的意见》指出:"要充分利用现代科学技术,不断创新村务公开的有效形式和手段。"各地农村应坚持实际、实用、实效的原则,在便于群众观看的地方设立固定的村务公开栏,同时还可以通过广播、电视、网络、明白纸、民主听证会等其他形式公开。例如,河南省南乐县实行的"点题公开"制度,就是把公开的"指挥棒"交给农民,广泛征求农民的意见,确定每年定期公开日和非定期公开日的内容。公开什么、什么时候公开,怎么公开由农民群众"点题",按群众说的办,做到"群众出题目领导给答案",变原来的"单位公开什么,群众就看什么"为"群众点什么,单位就公开什么",真正体现群众的利益和愿望。在推进"点题公开"的过程中,南乐县还针对群众反映的"公开滞后、监督乏力"问题,在全市率先实行"公开听证"制度。各村凡遇到重大决策或与群众利益密切相关的事项,必须事前召开公开听证会,广泛征求意见,把监督的关口前移。又如,浙江省诸暨市店口镇的各个村,自办《村务简报》期刊,里面设"财务收支"、"村务近况"、"项目发包"、"警示台"等栏目,较好地克服了该镇先前村务公开存在的问题。再如,宁夏回族自治区中宁县枣园乡枣一村在民主理财方面摸索出一套"五牙子章"的管理办法,即把一个图章像切西瓜一样切成5块,理财小组人手一块,如果有"一块"对需要报销的单据持怀疑态度,那就不准报销。每月的28日是枣一村民主理财小组的工作日,他们对村级财务进行集中审核。理财小组是这样产生的,即按照有关规定,以居民小组为单位召开会议,每5~15户推选一名村民代表,全村共推选38名村民代表,再以无记名投票方式,选出5名理财小组成员。据报道,枣一村原来的干群矛盾很严重,其中主要的一个原因就是村务公开做得不好,村民们对村干部不信任,村里的两委班子走马灯似地换人。1996年至2001年这6年间村党支部书记就换了5任。新办法实行后就大不一样了。

下面着重要谈的是另一个办法,即在村民代表会议上开展村务公开。现在一些地方村务公开之所以搞形式、走过场、搞假公开,其中一个重要原因是农民在村务公开中始终处于被动地位,即"什么时候公开、公开什么、怎么公开、公开的内容真不真,都是由上面领导和干部说了算",农民即使对村务公开有疑问,也不知道向谁说、怎么说、说了管用不管用,更不知道说了会给自己带来什么不良后果。由于有这么多不确定因素,所以农民即使对村务公开有疑问,也往往默不作声,最多在下面发发牢骚。农民默不作声,干部得过且过,能省事就省事,致使形式主义越来越严重,问题越来越多,最后形成集体上访。农民默不作声,常被一些人认为是农民民主素质低,其实这是农民以保护自身利益为出发点作出的明智选择。因为农民得罪乡村干部后,乡村干部就可能会以计划生育、宅基地、上学参军、扶贫救灾、林业等方面给农民制造麻烦,或找农民的岔子,从而损害农民的整体利益和长远利益。认识不到这一点,不能从农村的这一实际出发,一味地埋怨农民素质低,是不能解决任何问题的。村务公开在村民代表会议上公开就不一样了,这能在很大程度上改变农民的被动地位。其好处,一是给农民提供了说话的机会和平台,农民有疑问可以当面问,虽然这也有可能得罪乡村干部,但是疑问是提在当面,况且开会就是叫大家提意见的,这比到上级上访解决问题的可能性要大,而且风险要小。二是开会时人多,能给干部一定压力,督促干部廉洁从政。三是节约资金,符合农村、农民实际。农民和村集体普遍缺钱,而有的是时间,上面提到的一些做法,如印简讯、开听证会等,不可避免地要花一些钱,而开村民代表会议,不需要花钱,只需要时间就行了。四是开会本身就是一种政治生活、精神生活,能在一定程度上缓解农民精神上的空虚、无聊。从乡村干部一方来说,在村民代表会议上公开村务,村干部就会有一定压力,因为众目睽睽之下说瞎话毕竟风险大,公开不好就可能下不来台,这就迫使乡村干部不得不认真搞好村务公开。不管出于什么原因,乡村干部只要想认真公开,村务公开的一切问题都好办。

财务公开是村务公开的重点,也是长期影响干群关系、困扰农村经济社会健康发展的关键性因素。对此,中央明确要求所有的收支必须逐项逐笔公布明细账目,让群众了解、监督村集体资产和财务收支状况。在墙上公开这种形式受墙面面积的限制,财务账稍多一些的村,很难做到逐项逐笔公布,而在村民代表会议上公开就不存在这个问题,财务账再多,也能做到逐项逐笔公布,只是开会开时间长些罢了。这个办法,华中科技大学的贺雪峰教授在他的《新乡土中国》一书中曾提到,而且还给它起了名字叫"唱票评据"。他说:"所谓'唱票评据',就是在村组两级的财务管理中,分季度或分月召开村民代表会议,由村干部将本季度或本月村组开支票据公开唱票,由村民代表评论。凡是村民代表认为不合理的开支,一律不允许报销。这种办法不仅是最有效的村组财务公开办法,而且是村组事务的民主管理。更为精妙的是,'唱票评据'很好地利用了村庄熟人社会和村组事务相对单纯的特点,只要村组干部将开支票据在村民代表面前一唱,村民代表就知道这个票据是否真实和合理。不真实不合理的票据,村组干部也不敢拿出来唱,不然,即使村民代表通过了,也会传得满村风雨。村组开支还不规范,也很难规范,不规范的票据只要在村民代表会议上唱过,就可以报销,这正合乎村民自治的特点。'唱票评据'真是好极了。我很长时间这样想,并一再向人推荐这种村级财务管理的办法。"

不过,据贺雪峰教授讲,这个办法也有遇到麻烦的时候,尤其是如何处理"合情不合理,合理不合情"的条据,代表们常争执不下,每次争执,都会遗留一些矛盾,争执的次数一多,矛盾就解决不了。这说明,村务公开没有一劳永逸的办法,再好的办法也要与时俱进。有新矛盾和新问题,就想新办法解决,这是与时俱进的应有之义。例如,对那些"合情不合理,合理不合法"的条据按少数服从多数的原则进行表决,刚好符合民主的本义。再如,那些"合情不合理,合理不合法"的条据,大多是一些请客送礼吃饭的条据,考虑到这些条据在当今社会不可避免,对这类开支可由村民代表定出个总数,总数以内的可以报销,超过总数的一律不报,也许问题就可以解决。笔者相信,只要从农村实际出发,坚持与时俱进的态度,就没有解决不了的矛盾和问题。

还有个问题,就是在当下农村,每季度或每月都召开一次村民代表大会并不是件容易的事,有些村还根本不可能。如何解决这个问题呢?笔者认为可采取以下办法,即由村民代表选出各种各样的小组如"村务监督小组"、"理财小组"、"民主决策小组"等负责相关日常工作。村民代表大会没有条件经常开,这些小组可经常开会、碰头,小组每年至少一次向村民代表会议报告工作。否则,这样的小组慢慢就可能形成新的既得利益者,从而影响村务公开的效果。

三、《灰村纪事》的启示

朱凌的《灰村纪事》是部好书。书中主人公崔联是个理想主义者,他性格倔强、执著,大有"不到黄河不死心"、"不撞南墙不回头"的决心,从而使乡村民主建设中的深层次矛盾凸显了出来。他既有成功的经验,也有失败的教训,对人们认识乡村民主建设的规律提供了借鉴。《灰村纪事》提示人们,在中国乡村,不仅需要加强民主建设,而且需要集中,没有民主不行,没有集中更不行。

必须进一步认识乡村民主建设的长期性、艰巨性和复杂性。笔者长期在乡镇工作,曾认为,一个乡镇领导只要站到公正、公平的立场上去处理村里的问题,无论是选举干部或者是处理其他事情,就没有解决不了的问题。后来的事实一再证明,这个想法是太天真了。读了《灰村纪事》,笔者进一步思考其中的道理。记得一个伟人说过,在社会科学领域,有多少个阶级或阶层,就有多少个主义。什么是公正、公平?你认为对大多数人是公正、公平的事情,对既得利益者来说反而是不公正、不公平,如果处理不好,会遇到来自他们的强大阻力,无论你想干什么事情,都会困难重重。对群众来说,你能让谁得到好处,谁就认为你是公正、公平的,反之,就认为你是不公正、不公平的。换句话说,你很难找到普遍的被所有人都能接受的所谓公正、公平。一位哲学家说过,几何公理要是违背了人们的利益,也会被宣布为无效。民主选举里,夹杂着如情理、道理、习惯、祖训、恩怨、家族利益、家庭利益、乡村舆论等因素,这就使乡村的民主建设非常复杂。时常听人说,现在的村民自治推不动,选举时走形式、走过场、搞假选举,根源主要在乡镇一级,都是乡镇干部捣鬼造成的。笔者不是为乡镇干部辩护,说心里话,笔者不同意这种看法。1997年,笔者所在的乡有个村30多个村民到省里集体上访,主要反映干部的账目和执政不公问题。笔者奉乡领导之命带队到村里解决问题,去后不久,首先把两委会干部全免了,重新组织选举。整个选举由笔者一手主持,没有来自乡领导的半点压力。笔者的办法是先选村委干部,按票数由高到低选出7名村委委员,由村委委员再选村主任。同时声明,进入村委委员是当然的支部委员候选人,由支部委员选举村支书。最后,群众票数最高的那个党员在支部选举中当选为支部书记。笔者这样做的目的,主要是想让村支部建立在广泛的群众基础之上。这样做现在看来虽然不合法,但那时《村组法》还没有正式实施,也没有人提出疑义,选举这事就这样结束了。支部书记为人忠厚老实,口才不太好,家庭势力单薄,选下去的老支书总是找他的岔,给他出难题,他应付不了,迫不得已笔者走上了前台。经过进一步发展,笔者与老支书和个别党员的矛盾和冲突愈来愈多、愈来愈直接,老支书打出家族的旗帜,说笔者只整治他们家族的人(笔者认为自己是站在大多数群众的立场上办事),他们就联合起来对付笔者。最后,笔者连会都开不成,工作难以推进,不得不离开该村。最终,老支书又上台执政了。此后,笔者不断思考没有取得成功的原因。原因之一是笔者把改革、把乡村民主看得过于简单了,在思想深处没有充分认识到农村工作的复杂性,也没有采取相应的工作方法。不过,这件事笔者和崔联有同感,人在江湖,身不由己啊!

乡村民主建设必须从农村农民实际出发,坚持走渐进式改革路线。乡村民主建设比较复杂,不仅需要热情、勇气,更需要智慧。正如刘卫兵评价说,崔联给人的印象是缺少大智慧,这是造成他个人悲剧的重要原因之一。什么是智慧?古希腊女神雅典娜智慧的象征不是聪明的猴子,也不是灵巧的八哥,而是一只猫头鹰。辩证法大师黑格尔解释说,因为雅典娜的猫头鹰总是在黄昏到来时才会起飞。中国也有句俗语:吃参子得等到天黑。这就是说真正的大智慧者,是那些善于等待的人。等待,不是什么事也不干,而是干那些干得来、干得好,且有利于实现大目标的事情。等待,是积累,是积蓄力量。老子说,大智若愚,大器晚成。他又说,图难于其易;天下难事必作于易,天下大事必作于细。世界上再难的事,都是由易事组成的,易事只要做够,做到一定程度,难事可自然得到解决,世界上再复杂的事,都是由简单之事组成的,简单之事只要做足做好,做到一定程度,复杂之事可自然得到解决,这是哲学中的量变质变规律告诉我们的道理。崔联却不善于等待,不善于积累,而是急于求成。可以这样设想,崔联如果不是急于掌权,而是利用自己的地瓜储藏技术造福于乡邻,并在这个过程中,逐渐扩大自己在村里、镇里,甚至是县里的影响;不是急于当一把手,而是先进入班子,最后再等待时机,也许会有较好的结果。崔联不是这样,而是急不可待,且打出查老干部"老账"的旗号,把自己放在老干部、乡镇政府的对立面,陷于"你死我活"的选举斗争中,这样做的结果,大多是悲剧。相对来说,崔联的"夺印"、崔老爹的"软官硬度"倒显得有点智慧。

笔者这里不是在搞事后诸葛亮,更不是叫崔联如何夺权,而是由崔联想到现在的乡村民主改革,想到相关的法律法规。笔者认为,现在乡村的民主改革和相关的法律法规不太符合农村和农民实际,显得有点急于求成,这是许多矛盾产生的重要原因。朱凌在《灰村纪事》这部书中说:"在宗法观念和各种利益与习俗密如蛛网的中国乡村,世俗的力量、家庭的力量都是非常强大的。"搞乡村民主改革不能不考虑这些实际,也脱离不开这些实际的影响。朱凌说:"每当我打破沙锅问到底,考虑法律上是否讲得通的时候,就会出现这样的尴尬局面。"笔者认为出现这种局面,主要原因是现行法律法规不太符合实际。主要表现在以下几个方面。

第一,《村组法》规定,村民大会是村里的最高权力机构,有权决定村里的一切事情。现在无论是民主选举,还是民主决策,动不动就要全体村民参加,这在农村是一件非常困难的事情。乡镇政府怕人多出乱子,不愿意召开这样的会议;农民群众怕耽误自己挣钱不愿意参加这样的会议;外出打工者很多,有些村已不能召开这样的会议。崔联为了召开村民大会,让每个来开会的村民都享受10元人民币的误工补贴,这本身已经违法不说(这样的决定并不是全体村民研究决定的),关键是补贴钱并不是每个村都能做到。灰村有一大笔数目相当可观的塌陷款,相当多村子并没有这样一笔钱。因此,灰村能做到其他村不一定能做到。崔联开村民大会不怕打架流血,而乡镇领导最怕开会打架。特别是对于矛盾比较集中的村,乡村干部最怕开会。这是现在"直选"走形式,走过场的原因之一。不用说全体村民参加,就是按法律规定,三分之二以上的村民参加,才是合法的村民大会,这在当今农村也已经很难。崔喜就是用这一手,把崔联给难住了:不符合法律规定,我就是不给你盖章。鉴于此,笔者认为把村民代表大会作为村里的最高权力机构,使它不仅有权决定村里的一切事情,而且也有权选举村干部,这也许更符合当下农村、农民的实际。笔者赞成曹国英的观点:"使村民代表会议成为一个具有独立组织形式,有权威的村级重大事务的决策机构。"当然,这样不是不要村民大会,特殊情况下,如村民代表大会不能解决问题时,还可以召开村民大会。人民代表大会制度是我国的根本政治制度,它有许多优越性,只因有人说外国的东西才是先进的,于是我们在乡村搞起了"直选",结果非但没有出现更好的民主,还遭遇一地鸡毛。加强村民代表会议制度建设,使它有包括选举村干部在内的一切权力,上与我国人民代表大会制度相一致,下与农村、农民的实际相符合,笔者认为这才是当今乡村民主政治建设的发展方向。

第二,实行党政分开。党政分开在各村是指村委会和党支部两者分开。党政分开,不管理论上说有多少优越性,也不管站在省、市、县、乡的角度说有多好,但是在村一级党政是很难分开的。如果一定要分开,只会增加干部人数,增加农民负担,并且给村里带来许多矛盾。朱凌说:"没有人做过统计,有多少原本风平浪静的村庄,自从成功地实行村民民主选举之后,反而万般无奈地陷入派系之争的不安宁里。"根据笔者在乡里十多年的观察和思考,这样的村确实不少。读过《灰村纪事》这部书,虽不能得出民主自治不好的结论,但的确促使人们进一步思考,村民自治到底怎么自治才更好?虽然说现在农村的诸多矛盾从根本上说是长期以来造成的,也不能简单地将此概括为党的领导与村民当家做主的矛盾或者是原有村干部与民选村干部的斗争,但是党政分开,村民自治的确起到了催化剂的作用。经济基础决定上层建筑,现在农村的经济基础是否适合实行党政分开,是值得认真研究的。历史不能走回头路,村民自治已经实行多年,想取消也是不可能的。为解决此类矛盾,笔者认为一些同志提出的通过交叉任职,实行党政一肩挑是个较好的办法。

第三,村委委员一定要过半数才能当选。在灰村选举中,所有的候选人中只有崔联一个人的票数过半了,后来,镇里依据票数的多少而不是依据票数是否过半数的法律规定来确定村委会成员,对此并没有人提出疑义。这说明,依据票数多少确定村委会成员是符合农村选举实际的。按现在的法律规定,像灰村选举,假如说村里还有一个像崔联那样死扣法律字眼的人,坚持认为这样的选举无效,必须重选,否则就组织人上访,那将是非常麻烦的事情,灰村也许就选不出村委会。据笔者所知,很多村政权就是这样瘫痪的。

第四,由村委委员直选村主任。现在许多村都是由几个自然村组成,以村为单位选,一是不容易组织,二是组织到一起人多容易出事,三是可能造成有些自然村一个村干部也没有的情况,这样既不利于以后工作,又造成自然村与自然村之间的矛盾。笔者建议以自然村为单位选,自然村就选本自然村的村干部(人数可根据人口或其他情况分配),谁票数最高,谁就是村委委员,村委委员再选村委主任。现在搞的直选村主任,事实表明,票数最高者,并不一定是该村最理想的一把手。由村委委员选村委主任,灵活性、选择性就大一些。这样可能给乡镇留下一点权力,但这样也许更好。民主是好的,必须坚定不移地推进乡村民主事业,对此不能有丝毫怀疑、动摇。但是,民主建设不能急于求成,更不能照抄照搬,一定要从实际出发。

乡村民主政治建设,必须坚持党的核心领导。《灰村纪事》这部书留给人们的思考是多方面的。其中最耐人寻味的大概是这样一个事实:民主斗士崔联当选为村委主任后,不得不用拳头和具有黑社会性质的力量来维护秩序,以实现他的民主。这一事实至少促使人们思考这样一个问题:没有集中,农村能实现民主吗？现在有些人,特别是那些盲目崇拜民主的人有这样一种错误认识:农村要真正实现民主,党权、国权就必须退出农村领域,而且退得越快越好、越全面越好,即所谓的"党权退、民主进","国权退、民权进"这种错误理论。灰村的民主实践告诉我们,在一个竞争激烈的社会里,若党权退、国权退,不但根本不可能产生民主、民权,而且会产生拳头和类似黑社会性质的势力。民主与集中、自由与纪律是紧密联系在一起的。世界上没有纯粹的民主,也没有纯粹的自由。现在的农村,如果没有集中,没有国家之手干预,我们得到的可能不是民主,而是一片混乱,一盘散沙。只要在这个世界上还存在竞争,国家的力量就是必不可少的。如果说村民代表会议制度是比较适合当下农村和农民实际的民主形式,那么研究如何通过立法,通过加强集中,确保村民代表会议研究作出的决定得到贯彻执行,我认为这是当前乡村民主政治建设的关键问题。

第十章　稳定与发展

一、稳定与发展的地位和意义

（一）稳定与发展是人们认识社会及其发展规律的一个重要纽带

我们常说，社会是一个小宇宙。宇宙是什么？古人曰："上下四方曰宇，往来古今曰宙。""上下四方"就是空间，"往来古今"就是时间。因此，宇宙不是别的什么，就是空间和时间。任何事物都具有质的相对稳定性，空间就是对事物稳定性的抽象，时间是对事物运动、变化、发展的抽象。假如事物都是瞬息万变、变化不定的，事物的存在就失去了意义。假如空间中的一切存在物停止位置的相对移动，水不再流，鸟不再飞，风不再吹，等等；假如一切植物、动物不再生长、岩石不再衰变、原子不再分裂，那么时间的概念就没有意义。因此，空间是存在物的现实存在的绝对抽象，而时间则是对变与动的绝对抽象。

这样讲空间、时间可能有点抽象。其实，空间、时间的概念与我国古典哲学讲的阴、阳概念是相对应的。空间相当于阴，时间相当于阳。阴阳又是什么呢？冯友兰说："'阳'这个字的本义是阳光，或任何与阳光相连的事。'阴'的本义则是指没有阳光的阴影和黑暗。后来，它们的含义逐渐发展为宇宙中的两种相反相成的力量，阳代表男性、主动、热、光明、干燥、坚硬等；阴则代表女性、被动、冷、阴暗、柔软等。"（冯友兰《中国哲学史》第122页，天津社会科学院出版社2005年）我国古代哲学家认为，宇宙是由阴和阳组成的，宇宙不是别的什么，就是阴和阳。这与宇宙就是空间和时间的说法是相一致的。

社会就是一个小宇宙，宇宙由阴和阳组成，社会也由阴和阳组成。用我们现在的话说，社会领域具体由自然和人、生存和索取、生产关系和生产力等组成，我们正是通过这些概念来认识和把握社会的。

所有这些范畴和概念构成我们认识社会，把握社会的基础。试设想，没有这些范畴和概念，我们怎么去认识社会及其发展规律呢？弄清楚了这些范畴和概念及其相互关系，我们就基本上认识了社会及其发展规律。认识了稳定与发展是社会及其发展规律的一个重要方面。

例如，人与自然的关系是构成人类社会存在、发展的最基本的关系。自然与人相比，人具有很强的繁殖能力，具有能动性，自然则具有相对稳定性。人没有任何超自然的能力，人只有从自然那里索取生活资料才能生存与发展，离开了自然，人一天也活不下去。今天，我们认识到的一个重要规律就是，人类的生产、生活不能超越自然的承载能力，必须走与自然相和谐的道路。到目前为止，人类历史不过是利用自然的规模不断扩大的历史。又如，生产关系与生产力是马克思主义政治经济学重点阐述的一对关系。生产力决定生产关系,随着生产力的不断发展,生产关系也必然发生相应的变化。原始社会生产力低下,人们能获取的食物有限,为了生存下去,人们必须合作起来与自然斗争,与其他大野兽斗争,因此,必须实行公有制,产品平均分配。后来生产力发展了,产品有了剩余,于是产生了私有制。以后生产力高度发展,自然相对人的能力显得已经很有限了,不进行有计划的生产,自然将无法承受。例如,现在实行的休渔制度,实际上就是一种计划生产。由于人们捕鱼技术先进,不实行休渔制度,肯定使鱼的数量和种类大大减少。不过与过去单一的计划经济不同,这种计划是计划中有市场,市场中有计划。由于技术发达,武器先进,国与国之间谁也不好吃掉谁,想共同生活下去,自然资源就必须平衡分配。计划经济、自然资源共享等,就是共产主义制度的因素。共产主义制度是由生产力高度发达决定的。从历史的总体来看是生产力决定生产关系,从具体的历史时段看,实际上生产关系对生产力具有反作用,不然的话,人们为什么要革命、要改革呢?革命、改革的目的就是为了有好的制度,或者说要有好的生产关系,以便更好地促进生产力的发展。只讲生产力决定生产关系,不讲生产关系反作用于生产力,是片面的。

本章主要讲稳定与发展及其相互关系,总的目的是帮助人们认识社会及其发展规律,认识农村社会及农村工作的规律。

(二)稳定压倒一切

1. 稳定压倒一切是社会发展的一个普遍规律

稳定压倒一切,重要的是必须保持社会稳定,这是邓小平在我国社会主义建设和改革开放的过程中提出的重要论断,此论断不仅是我国社会主义建设和改革开放的重要指导思想,而且也是人类社会发展的一个普遍规律。即任何社会总是竭尽全力保持稳定,普通老百姓则是向往社会稳定。

西周时期,武王死后,武庚、管叔、蔡叔等人发动武装叛乱,周公亲率大军东征,用三年时间平定了叛乱。武庚和管叔被杀,蔡叔被流放。叛乱评定后,周朝采取了一系列措施稳定当时的局势。为了稳定并安抚商朝的遗民,还启用了纣王的庶兄。西周建立了分封制,设定这些制度的目的主要有两个,一是稳定当时的社会,二是发展农业生产。西周奴隶主贵族为了巩固内部的政治、经济秩序,为了保持社会稳定,还建立了一整套宗法制度和礼乐制度,这些制度延续了几千年。

孔子提出"克己复礼",其主要的目的是防治社会动乱,维护社会稳定。孔子认为,如果君臣父子之间各自遵守等级名分,臣对君尽"忠",子对父尽"孝",做君父的对臣子也讲"礼",社会就不会发生动乱。孔子周游列国时,各国都忙于争霸战争,对孔子的主张并不采纳。但在国家统一后,统治者逐渐察觉到,孔子的"仁"、"礼"这套主张,很有利于社会稳定,因而就把儒家的思想加以继承、改造和提倡,使其逐渐成为统治阶级的思想。汉武帝采纳董仲舒的建议,"罢黜百家,独尊儒术",儒家思想从此成为官方的统治思想。孔子与墨子、孟子,与道家、法家,在许多观点上并不相同,甚至是相反,但这些学说有一个共同的作用,就是都有利于维护社会稳定。北宋时期的二程和南宋的朱熹提出"理学",他们说,治理国家只能靠"义理",只要使人民认识"义理",就不敢放纵人欲去造反,封建统治就能巩固。他们提出"理学"的一个主要目的,是巩固封建统治,维护社会稳定。包括从外国传到中国的佛教、基督教和伊斯兰教,不管其具体教义是什么,都在中国扎下了根,为什么?因为它们都有维护社会稳定的作用。

秦始皇时期的"焚书坑儒"广受后人诟病,秦始皇为什么要这样做?他的一个主要目的是加强思想控制,巩固封建统治,稳定全国的形势。

楚汉战争后期,刘邦为了联合各路军队反对项羽,曾封韩信等七个将领为王,后来为了巩固中央政权,为了社会稳定,又把他们大都消灭了。

汉景帝平定刘濞的叛乱以后,做出规定:各封国一律由中央政府派官史治理,诸侯王只能享受封地内的租税,不再给以独立的军政权力。汉武帝颁布"推恩令",规定诸侯王除嫡长子继承王位外,其余子弟也要分享一份封地,成为列侯。这是为了削弱侯王的权力,为了稳定政权,稳定社会。

在我国历史上,禹之前推举首领的办法是"选贤与能",后来为什么变成了世袭制呢?一个重要的原因是世袭制从短期看有利于维护政权稳定和社会稳定。

宋太祖赵匡胤建立北宋王朝后,对幕僚赵普说:唐末以来,几十年间皇帝就换了八个姓,战争不息,原因何在?要平息兵乱,使国家长久,有何办法?赵普回答说:战争不息、国家不安的原因,在于将领权力太重,君权反而弱小。要长治久安,就必须削夺他们的权力,控制他们的钱谷,收去他们的精兵。于是就有了历史上有名的"杯酒释兵权"。

在我国历史上,部分开国皇帝是农民起义军的领袖,这些起义军领袖几乎有一个共同的特点,即当起义取得胜利后,又回过头来支持地主阶级重建他们的家业。孙中山领导的辛亥革命推翻了清王朝,孙中山为了不再使中国陷入内乱,为了保住民主共和制度,这位中国革命的先行者不惜把临时大总统的位置让给了袁世凯。袁世凯为了稳定,继续向保守势力妥协,继续向后退,最后还做起了皇帝梦,迫使革命者起来进行更加彻底的革命。

至于历史上统治阶级不惜一切代价镇压农民起义的例子就更多了。我们这里暂不分析其中的利弊得失,也不说谁对谁错,但是,统治阶级不惜一切代价保稳定却是历史事实。

2. 稳定压倒一切是建设有中国特色社会主义必须遵循的一个规律

我国20世纪70年末开始实行改革开放政策,与此同时,资产阶级自由化思潮也迅速泛滥起来,以至影响了社会稳定,以邓小平为核心的党中央果断地进行了处理。邓小平说:"我们坚定不移的原则是要有稳定的政治局面,以保证有秩序地进行四个现代化建设。"(《邓小平文选》第208页)"一切反对、妨碍我们走社会主义道路的东西都要排除,一切导致中国混乱甚至动乱的因素都要排除。"(《邓小平文选》第212页)又说:"中国的问题,压倒一切的是需要稳定。凡是妨碍稳定的就要对付,不能让步,不能迁就。"(《邓小平文选》第286页)

邓小平讲到一个道理,即中国如果不稳定就是个国际问题。他说:"可以设想一下,如果中国动乱,那将是一个什么局面?这绝不是'文化大革命'那样的问题,那时还有毛主席、周总理等老一辈人的威信,说是'全面内战',到底不是大打,真正的内战并没有出现,现在就不同了,如果再乱,如果乱到党不起作用了,国家权力不起作用了,这一派抓一部分军队,那一派抓一部分军队,就是个内战局面。中国一打内战就是各霸一方,生产衰落,交通中断,难民不是百万、千万,而是成亿地往外面跑,首先受影响的是现在世界上最有希望的亚太地区,这就会是世界性的灾难。内战真的打起来,胜利的肯定是我们这一方,但不知要死多少人,伤害多少人的感情,那才是伤筋动骨啊!一些所谓的民主斗士只要一拿到权力,他们之间就会打起来。所以,中国不能把自己搞乱,这当然是对中国自己负责,同时也是对全世界全人类负责。"(《邓小平文选》第360～361页)在当时,唯有邓小平站得这么高,看得这么远,并果断决策,稳住了形势。比较前苏联和其他社会主义国家,比较今日中东的许多国家,我们不能不由衷地敬佩邓小平,感谢邓小平。

邓小平说,动乱使我们更加认识到稳定的重要性。中国要摆脱贫困,实现四个现代化,最关键的问题是需要稳定。道理很简单,中国人这么多,底子这么薄,没有安定团结的政治环境,没有稳定的社会秩序,什么事也干不成。已经取得的成果也会失掉。因此,稳定压倒一切,中国的问题,压倒一切的是需要稳定,稳定是中国人民的最高利益。

评价一个人或一件事,不能从他的主观愿望出发,而应该从实际效果出发。主观愿望再好,实际效果不好,我们也不能评价其为好,历史是检验真理的客观标准。1989年到现在,20多年过去了,从一些国家解体、发生内战和恐怖袭击不断的教训中,我们更加感到稳定的重要性。每一个人都要像爱护自己的眼睛一样,维护党的团结和社会稳定。另一方面,中国共产党作为执政党,一定要坚持与时俱进的态度,诚心诚意地改掉工作中的缺点和错误,不要使小问题积累成为影响社会稳定的大问题。只要坚持这种态度,中国的发展就是不可阻挡的,中华复兴就是不可阻挡的,中国梦就一定能实现。

(三)发展才是硬道理

发展才是硬道理是邓小平1992年南巡讲话时提出的著名论断。20多年过去了,如今这一论断更加深入人心,并在此基础上中央提出了科学发展观的思想。

1. 只有充分的发展,而且是体现在老百姓生活水平上的发展,才能证明社会主义的优越性

社会主义好还是资本主义好?这些在今天看来似乎没有多大争议,在改革开放前却是天大的政治问题。新中国成立后,我们一直教育人民的道理是社会主义好,社会主义优于资本主义。首先是邓小平在这个问题上打开了缺口,大大解放了人们的思想。按照邓小平的理论,社会主义好还是资本主义好,是社会主义优越还是资本主义优越,不能光靠嘴上说。邓小平认为,社会主义要消灭贫穷,贫穷不是社会主义,更不是共产主义,不能有穷的共产主义,也不能有穷的社会主义。社会主义如果老是穷的,它就站不住脚。空讲社会主义不行,人们不相信。讲社会主义,首先就要使生产力发展,这是主要的,只有这样,才能证明社会主义的优越性。我们革命的目的是解放生产力,发展生产力。离开了生产力的发展,国家的富强和人民生活的改善就是空的。我们反对旧社会、旧制度,就是因为它是压迫人民的,是束缚生产力发展的。如果我们采取的政策措施束缚了生产力的发展,我们反对旧社会、旧制度而进行的革命还有什么意义?

1992年,邓小平南巡讲话时指出:"抓住时机,发展自己,关键是发展经济。现在,周边一些国家和地区发展比我们快,如果我们不发展或发展得太慢,老百姓一比较就有问题。所以,能发展就不要阻挡,有条件的地方要尽可能搞快点,只要是讲效益、讲质量、搞外向型经济,就没有什么可以担心的。"(《邓小平文选》第375页)"发展要最终体现到人民生活水平上。生活水平究竟怎么样,人民对这个问题敏锐得很。我们上面怎么算账也算

不过他们,他们那里的账最真实。"(《邓小平文选》第381页)"人民,是看实践。人民一看,还是社会主义好,还是改革开放好,我们的事业就会万古长青!"(《邓小平文选》第381页)

2. 发展是解决国内外问题的关键

我国1978年开始实行改革开放的政策,但真正在全国实践起来是1980年开始的。农村改革带来许多新的变化,农作物大幅度增产,农民收入大幅度增加,乡镇企业异军突起。广大农民的购买力增加了,不仅盖了大批新房子,而且自行车、缝纫机、收音机、手表这"四大件"和一些高档消费品进入普通农民家庭。农副产品的增加,农村市场的扩大,农村剩余劳动力的转移,又强有力地推动了工业的发展。1980年到1985年,这期间共创造了工业总产值6万多亿元,平均每年增长21.7%。改革开放在取得巨大成就的同时,国内也出现一系列意想不到的问题。主要是部分人的信仰出现危机、思想道德开始滑坡,社会上腐败犯罪案件增多、贫富差距不断扩大,这些问题比改革开放前存在的问题更加复杂,解决起来更难,于是社会上出现了怀疑改革开放政策的声音。对此,邓小平坚定地认为,这些问题都是改革发展中出现的问题,只有通过改革发展来解决,走回头路是没有出路的。中国解决所有问题的关键是靠发展,现在就是要排除一切干扰,硬着头皮把经济搞上去,就是这么一个大局,一切都要服从这个大局。

解决我国台湾问题要靠发展。解决台湾问题,无非是两种方式,一是和平解决,二是武力解决。武力解决,中国人打中国人,这是两岸人民无论如何都不愿意看到的结果。台湾问题还涉及美国,问题复杂。武力一时不能解决,就只有用和平方式,靠两岸谈判解决。虽然谈判并非易事,但可以肯定的是,中国大陆越发展,就越容易谈判解决,大陆与台湾的经济关系、文化关系等发展越深,岛内抑制台独的力量就越强大,和平解决台湾问题的希望就越大。

解决国际问题要靠发展。邓小平说:"现在世界上真正大的问题,带全球性的战略问题,一个是和平问题,一个是经济问题或者说发展问题。"(《邓小平文选》第105页)中国的主流传统文化,无论是儒家的还是道家的,都是反对战争的。毛泽东时代提出"永远不称霸",现在中国提出的口号是和平崛起,构建和谐世界。因此,无论是从中国历史文化看,还是从现实的对外政策看,中国都是维护世界和平的坚定力量,中国越发展,抑制世界战争的力量就越强大,世界和平就越有希望。

现在世界上真正的大问题还有生态环境问题。这个问题在毛泽东、邓小平时代还不突出,现在已成为全球性的突出问题。在这个问题上,发展中国家与发达国家分歧严重,发达国家把环境问题的罪责推到发展中国家身上,提出解决的办法是限制发展中国家的发展,并要求发展中国家与他们承担相同的责任解决环境问题。以中国为代表的发展中国家表示坚决反对。我们认为,环境问题是在发展中出现的,必须靠发展来解决;解决生态环境问题,发达国家要承担更多责任。中央提出科学发展观,主要目的之一就是为了解决发展过程中出现的生态环境问题。

环境问题是关系人类社会能不能持续生存和发展下去的大问题,生存高于一切,人类社会一定有智慧、有能力改变一切不适于自己持续生存和发展的思想观念及行为方式。笔者认为,想要阻止人类社会因生态环境问题而走向毁灭,一方面,要继续推进全球化,因为社会的发展具有连续性,我们既做不好也做不了下一代人才能做好的事,而只能从当前的实际出发制定路线、方针、政策。另一方面,为了阻止全球化走向极端,给人类带来大灾难,必须消除全球化的弊端。既顺应全球化潮流,又要消除全球化的弊端,笔者认为,这是一个辩证的态度,是唯一正确的态度。在消除全球化的弊端方面,伊斯兰教、佛教等宗教都是重要资源。中国不仅有传统文化方面的优势,还有制度上的优势。一位西方诺贝尔奖获得者曾说,人类要想在21世纪继续生存下去,就必须到东方孔子、老子那里汲取智慧,这是中国在传统文化上的优势。在政治制度方面,中国实行的是社会主义制度,中国正在走向强大,消除全球化的弊端,使其不发展到极端,我们不仅有条件,而且有义务把它作为社会主义国家义不容辞的责任。社会主义中国越发达,世界性的反资本主义和反全球化弊端的力量就越强大,资本主义和全球化就越不容易发展到极端,避免给世界带来大灾难。现在中国"威胁"论甚嚣尘上,以美国为首的一些西方发达国家认为,中国一旦崛起,将给全球生态系统造成灾难,并威胁全球粮食安全。这种论调一出现,就受到全球和中国高层的高度关注,因为它很容易迷惑人。笔者曾经就被这种论调所迷惑,因为他们讲的道理很简单,很有力量。例如,美国人布朗宣扬中国粮食威胁论,他说中国一旦发达起来,就需要很多粮食,需要多少?他用具体数字计算,竟是即使全球市场上的所有粮食都供应中国也不够中国一国之用。这样的道理听起来很有分量。再进一步推论,中国人这么多,中国一旦像发达国家那样生产生活,全世界市场上的资源也不够中国一国之用。笔者曾经被这种道理所迷惑,一度认为,现在中国追求的现代化目标是根本实现不了的,实现不了还非要实现,所以就造成种种看起来根本不能解决的问题。现在笔者的看法改变了,认为只有中国崛起、强大,才能阻止全球化走向极端进而给全球生态系统带来大的灾难。为什么有这个变化呢?原因就是,中国越强大,反全球化弊端的力量就越大,全球化就越不容易走向极端。也许有人会说,中国现在不也是实行市场经济制度吗?跟资本主义国家没有多大差别。笔者认为,中国现在实行社会主义市场经济制度,的确在某些方面一定程度上恢复了资本主义因素,这是没有办法的事,社会的发展是有规律的,具有连续性,资本主义这个发展阶段就是像毛泽东那样的伟人也无法彻底超越,我们只能从现阶段的实际出发制定方针、政策。但是,中国共产党只要还把实现共产主义作为自己的旗帜,中国共产党就与其他政党有质的区别,随着条件的变化,就一定会逐渐改变现有的不合理的部分,最终实现真正的社会主义、共产主义的社会制度。我们这一代人、甚至是以下几代人的任务就是努力实现中华复兴,要千方百计谋发展。也就是说,不管外国人说什么,国内的一些人说什么,我们都不要管,就是一心一意谋发展。只有中国强大了,才能解决包括生态环境问题在内的看起来根本不能解决的全球性难题,原因是消除全球化的弊端中国不仅具有政治制度上的优势,而且具有传统文化上的优势。

3. 发展是党执政兴国的第一要务

发展才是硬道理,在中央文件和领导讲话中还有个说法,即发展是党执政兴国的第一要务。所谓第一要务,顾名思义,就是第一重要的任务。有第一重要的任务,当然就有第二、第三重要的任务。第一、第二、第三……表面上看只是个顺序问题,其实质却是是否按规律办事的问题。我国古代思想家曾子说:物有本末,事有终始,知所先后,则近道矣。"道"的含义,就是道路、规律。在曾子看来,事物都有本根和末梢,都有结局和开端,能够知道它们之间的先后次序,就接近知道事物的发展规律了。事物的一般发展顺序是先本根、后末梢,先始后终,先小后大,先简单后复杂,先低级后高级。因此,我们无论做什么事情,一般都要按这个顺序,这样才是按规律办事。当然,有一般就有特殊,特殊就是不按正常的顺序。正确处理好一般与特殊的关系,就是按辩证法办事。马克思主义政治经济学认为,经济与政治相比,经济是本根,政治是末梢,生产力与生产关系相比,生产力是本根,生产关系是末梢,按事物的一般发展规律办事,就是先经济后政治,先生产力后生产关系。发展经济、发展生产力是第一要务,发展政治、发展生产关系是第二要务。新中国成立后的相当长一段时间内,特别是"文化大革命"时期,我们没有弄清楚经济与政治、生产力与生产关系之间的辩证关系,结果是耽误了发展。邓小平认真总结社会主义建设时期的经验和教训,把这两对关系理顺,大大加快了我国社会主义的建设速度。第一要务和第二要务的关系,用毛泽东的哲学思想讲,就是主要矛盾方面和次要矛盾方面的关系。毛泽东关于主要矛盾和次要矛盾、主要矛盾方面和次要矛盾方面的理论是对辩证法的重大贡献。毛泽东认为,事物的性质是主要矛盾和主要矛盾方面决定的,我们无论做什么事情,都要全力去抓住主要矛盾和主要矛盾方面,这样其他矛盾才会迎刃而解。比较毛泽东思想和邓小平理论,他们在本质上是相通的,但在具体的方面又是不同的,甚至说在某些方面是相反的。在毛泽东的思想里,我们不能说毛泽东不重视发展经济,请苏联帮助我们国家搞工业体系建设以及社会主义三大改造、"大跃进"等,都是毛泽东重视发展经济的生动体现。但是,正如邓小平所说,毛泽东的方法并非都是对的。在邓小平的理论中,我们也不能说邓小平不重视政治,毛泽东就说邓小平政治思想强。改革开放后,实事求是评价毛泽东,邓小平最坚决;反对资产阶级自由化,邓小平讲得最多,这都是邓小平政治思想强的表现。但是,在处理经济与政治、生产力与生产关系的问题上,毛泽东与邓小平又的确是不同的,最大的不同就是看待第一要务和第二要务的不同。毛泽东个人,特别是毛泽东个人晚年的认识,是把政治和改变生产关系看作第一要务,而邓小平则是把发展经济和发展生产力看作第一要务,这是毛泽东和邓小平一个很大的不同。现在我们认识到的一个重要规律就是,除非在特殊情况下,如大规模外敌入侵,我们都要把发展放在首位,把发展经济,发展生产力,提高综合国力,作为党执政兴国的第一要务。

(四)稳定与发展是衡量各项工作对错的一个重要标准

1. 评价事物必须有一个标准

在日常生活和工作中,在对待同一个社会问题的看法上,人们往往会有不同的结论,甚至是相反的结论。这是为什么?第一,是因为立场不同。毛泽东说,在阶级社会中无不打上阶级的烙印,有多少个阶级或阶层,就有多少种看法。若站在美国或西方发达国家的立场上看中国,总觉得这也不是,那也不是;若站在党和祖国人民的立场上看问题,又完全是另外一种情况了,这是由于立场不同。第二,是因为标准不同。在社会实践中,标准被广泛应用,如计量标准、计时标准、工资测算标准、奖罚标准、收费标准、入学年龄标准、升学录取分数线标准、各种技术标准等。绝对高度是以海平面为标准的,因此称海拔高度。这是说在自然科学领域标准很重要。在社会科学领域标准同样重要。人们之所以对同一个问题看法不同,一个重要原因就是人们看待问题的标准不一样。特别是在社会转型期,标准更加重要,因为在这个时期人们往往会对标准有不同的看法。清朝末年,中国社会由封建社会转向半殖民地封建社会转变,这时长期作为价值标准的孔孟之道遭到中国先进知识分子的猛烈批判。新中国成立后,党和毛泽东等制定了社会主义的价值标准,一切是对是错,是好是坏,均以此为标准。改革开放后,中国由农耕社会快速转向工商社会,价值衡量标准又改变了,许多人迷失了方向。怎么改革才对?怎么改革才能避免错误?这些需要在实践中不断摸索,因此我们重新提出"实践是检验真理的唯一标准"。

2. 邓小平关于衡量标准的论述

改革开放伊始,中央提出允许一部分人、一部分地区先富起来。其效果非常好,吃饭问题基本得到解决,群众的积极性调动起来了。但是也有不少人对改革提出疑问。为了明确地指导实践,1983年1月,邓小平同有关部门负责同志谈话时明确提出了标准问题。他指出:"农业搞承包大户我赞成,现在放得还不够。总之,各项工作都要有助于建设有中国特色的社会主义,都要以是否有助于人民的富裕幸福,是否有助于国家的兴旺发达,作为衡量做得对或不对的标准。"(《邓小平文选》第23页)邓小平这里提出两个衡量标准,一是人民的富裕幸福,二是国家的兴旺发达。

1985年9月,邓小平提出:"在改革中,我们始终坚持两条根本原则,一是以社会主义公有制为主体,二是共同富裕。"(《邓小平文选》第142页)这两条原则,从某种意义上说也是衡量标准。

1987年3月,邓小平指出:"我们坚定不移的原则是要有稳定的政治局面,以保证有秩序地进行四个现代化建设。"(《邓小平文选》第208页)又说:"我们评价一个国家的政治体制、政治结构和政策是否正确,关键看三条:第一是看国家的政局是否稳定;第二是看能否增进人民的团结,改善人民的生活;第三是看生产力能否得到持续发展。"(《邓小平文选》第213页)邓小平提出的这些原则和标准,我认为可以归结为两条:一是稳定,二是发展。

1991年8月,邓小平指出:"总结经验,稳这个字是需要的,但并不能解决一切问题。……特别要注意,根本的一条是改革开放不能丢,坚持改革开放才能抓住时机上新台阶。"(《邓小平文选》第368页)

经过长时间思考,邓小平1992年初南巡讲话时提出了著名的"三个有利于"标准。他说:"改革开放迈不开步子,不敢闯,说来说去就是怕资本主义的东西多了,走了资本主义道路。要害是姓'资'还是姓'社'的问题。判断的标准,应该主要看是否有利于发展社会主义社会的生产力,是否有利于增强社会主义国家的综合国力,是否有利于提高人民的生活水平。"(《邓小平文选》第372页)与此同时,邓小平还提出了社会主义本质的概念:"社会主义的本质是解放生产力,发展生产力,消灭剥削,消除两极分化,最终达到共同富裕。"(《邓小平文选》第373页)

根据邓小平的以上论述,笔者认为,现阶段及今后相当长的时间内,应该把稳定和发展作为衡量各项工作对错的标准。无论实行什么样的路线、方针、政策,这些路线、方针、政策不管表面上看起来多么先进、多么高级,如果最终导致国家动乱或动乱因素不断增加,或者导致人民生活停滞不前,都是不正确的。换句话说,如果我们实行的路线、方针、政策,从整体上看国家是稳定的,生产力不断发展,综合国力不断增强,人民生活水平又不断提高,即使还存在许多问题或不尽如人意的地方,笔者认为基本上就是正确的。哪怕是某一时期稍微有些骂声,哪怕是发展慢点,只要是大局稳定,只要是在向前发展,就应该给予肯定。有了这两条,经过相当长一段时间,社会主义中国将是不可战胜的,我们就一定能实现中华民族的伟大复兴。看问题要全面看,所谓全面看,当然要看细微处,更要看大局。民主政治建设、食品安全、生态环境、房价过高等都是需要解决的问题,但是不能因为还存在这些问题就怀疑甚至否定中国特色社会主义的路线、方针、政策,这样就不是把稳定与发展作为衡量标准,而是把民主作为衡量标准,把食品安全作为衡量标准,等等。民主、食品安全等工作当然很重要,都是人民群众关心和企盼解决的热点问题,一定要想办法做好,但是作为衡量标准,它们都不如稳定与发展高。例如,阿富汗、伊拉克等国,每天爆炸不断,人民生活在恐怖的阴影下,不管政治上实行了怎样的民主选举,笔者认为从稳定与发展的高度看都是不成功的。中国很大,人口又那么多,国内外形势又如此复杂,领导这么一个国家很不容易,只要国家基本上是稳定的,又是不断向前发展的,我们就应该知足,应该满意。每一个中国人只有真心爱党、爱国家,大家心往一处想,劲往一处使,才能早日实现中华复兴。只有中国更强大了,我们每一个人才可能过上更好的生活,中华民族才能对世界做出更大的贡献。

  总起来说,从现实看,应该把稳定与发展作为主要的衡量标准,辅之以其他的标准;长远看,则应该把共同富裕与和谐,包括社会和谐、人与自然相和谐,作为衡量标准,这是更高的标准。我们毕竟是社会主义国家,共同富裕是体现社会主义本质的东西,如果最终不能实现共同富裕,我们就与资本主义没有两样。但是,现在还不能把共同富裕作为衡量标准,如邓小平所说:"太早这样办也不行,现在还不能削弱发达地区的活力,也不能鼓励吃'大锅饭',什么时候突出地提出和解决这个问题,在什么基础上提出和解决这个问题,要研究。可以设想,在本世纪末达到小康水平的时候,就要突出地提出和解决这个问题。"(《邓小平文选》第374页)现在来看,邓小平这个预言还是稍微早了点。如今新世纪已过去了将近13年,中央虽然已经提出要解决共同富裕的问题了,但什么时候把共同富裕作为主要的衡量标准,一切依具体情况而定。但是,我们什么时候也不能忘了共同富裕,否则,共产党与其他政党就没有本质区别了,党就失去了先进性。

  3. 如何评价中国的改革开放

  中国的改革开放被公认是世界上最成功的,为什么这样说?其根据是什么?笔者认为就是稳定与发展,中国在实行改革开放的过程中,既保持了社会大局基本稳定,又保持了经济快速发展。

  稳定方面主要表现在影响稳定的因素不断被排除,促进稳定的因素不断生成。第一,改善了党和政府与农民的关系。20世纪90年代中期以后,党和政府与农民的关系不和谐,农民负担过重,农民上不起学、看不起病,三农问题一时成为全社会高度关注的问题。2009年10月,国家宣布全面取消农业税,中国农民结束了2600年种田交税的历史。不仅如此,农民种地还有各种补贴,很多项目工程投向三农,农村面貌得到了很大改善。2005年以来,全国财政教育支出增长近10倍,城乡全面实现了九年制免费义务教育。医药卫生体制改革取得突破性进展,包括农民在内的全民基本医保制度框架基本形成。最低生活保障、医疗救助制度覆盖城乡。连续8年提高企业退休人员基本养老金,60%以上的农民参加了新型农村社会养老保险。最低工资标准、个人所得税起征点、国家扶贫标准普遍较大幅度地提高,改革发展成果更多更公平地惠及全体人民。党政部门开展认真解决群众切身利益问题的活动,广泛开展平安建设活动,夯实了社会稳定的基础。

第二,就业形势明显改善。党和政府实施就业优先战略和更加积极的就业政策,城镇新增就业连续5年超千万。十多年前,实行减员增效的改革措施,造成大规模工人下岗,其负面效应现在基本得到排除。社会管理体制进一步健全,应急管理处置能力逐步提高,在经济社会深刻变革和急剧转型过程中,社会大局始终稳定。

第三,排除了境外敌对势力的干扰和破坏,依法处置西藏和新疆打、砸、抢、杀、烧等暴力犯罪事件,迅速控制事态发展,保卫了人民群众生命财产安全,保持了西藏和新疆的大局稳定。

第四,和谐发展取得明显进步。实施西部大开发战略,制定一系列推动西藏、新疆、甘肃等省区经济社会跨越式发展和长治久安的重大政策举措,雪域高原、天山南北呈现出科学跨越、快速赶超的喜人景象。实施振兴东北老工业基地战略和中原崛起战略,中西部地区、东北地区经济增速连续4年超过东部地区,区域发展格局发生重大变化。国家积极调整收入分配关系,着力缩小贫富差距,以按劳分配为主,实行多种分配方式,各种要素按贡献参与分配的格局基本形成,以税收、转移支付、社会保障为主要手段的再分配调节制度框架初步建立,和谐发展取得明显进步。

第五,以人为本的理念深入人心。中央提出科学发展观,并郑重将其写入党章,进一步明确了发展为了人民、发展依靠人民、发展成果由人民共享、人民利益是高压线谁都不能触犯等理念,如今这些理念深入人心,从根本上保障了国家长治久安。

发展方面主要表现在高新技术不断取得新突破,经济上了大台阶,综合国力和人民生活水平不断提高。科学技术是第一生产力,"神舟"飞天、"嫦娥"揽月、"天宫"对接、"蛟龙"探海、超级杂交水稻、大型飞机等前沿科技实现重大突破,三峡工程、青藏铁路、南水北调等重大工程捷报频传,一次又一次让世界惊叹,让中国骄傲,展现了改革开放和发展的伟大成果。信息技术、生物技术、稀有资源替代技术、多功能技术、推进洁净煤技术、复杂油气开发等战略性、基础性和先导性技术,以及节能环保、生物医药等战略性新兴产业,使中国逐步走向新型工业化之路。国民经济连续10年保持了10%以上的年均实际增长速度,总量跃居世界第二,在世界经济剧烈动荡中创造了持续较快增长的中国奇迹。如今,中国拥有世界上最长的高速铁路网和规模最大的汽车制造业。国内生产总值2005年超过英国和法国,2008年超过德国,2010年超过日本,外汇储备稳居世界第一,综合国力连续迈上新台阶,与发达国家差距不断缩小,新中国缔造者们确定的赶超目标正在逐步变为现实。城乡居民收入持续增长,人民生活水平显著提高,我国进入中等偏上收入国家行列。2002年以来,我国城镇居民人均可支配收入、农村居民人均纯收入均增长1.8倍,主要耐用消费品拥有量不断提高,恩格尔系数进一步下降,人均国内生产总值超过5000美元。我国在全球政治经济格局中的地位大幅上升。充分利用两个市场、两种资源,我国成为世界第一大贸易出口国、第二大贸易进口国和外商直接投资流入国、第五大对外投资国和最大新兴市场,进出口贸易总额位居世界第一,大多数工农业产品产量位居世界第一,已经成为具有全球影响力的制造业大国。中国石化、国家电网、华为、重工等70多家企业上榜世界500强,相比之下,美日两国企业上榜数量不断减少,中国企业正在赶日超美。

2003年至2011年,中国对世界经济增长的贡献率超过20%,加强对华关系日益成为各国政策主流,中国与各大国开启了构建新型大国关系的历史进程,同周边国家利益交融进一步深化,我国在国际舞台上的影响力日益增强,在反恐、气候变化、能源资源和粮食安全等全球性问题上成为国际协调与合作的重要一方,在国际和地区热点问题上发挥了独特的建设性作用。尤其重要的是,中国这些成绩是在战胜各种艰难险阻的过程中取得的,如SARS疫情大面积肆虐、南方雨雪冰冻灾害、四川汶川特大地震、青海玉树地震、甘肃舟曲特大泥石流灾害以及国际金融危机、欧债危机等。我们还成功举办了北京奥运会、上海世博会、广州亚运会、深圳世界大运会,成功举办了庆祝新中国成立60周年、中国共产党成立90周年等大型活动,充分彰显了中国的综合国力和经济实力,彰显了中国特色社会主义制度的政治优势。

与中国相比,许多国家搞改革付出的代价要大得多。戈尔巴乔夫的新思维使世界头号强国前苏联轰然倒下,社会主义改旗易帜,共产党丢失政权,国家分裂为许多小国。两次车臣战争伤亡近万人,恐怖袭击不断,人民群众生活水平下降。南斯拉夫的改革与前苏联相似,国家解体,并发生内战。内战使南斯拉夫20多万人丧生,数百万人流离失所,创下了二次世界大战后欧洲最大的人间悲剧,更让南斯拉夫人丢尽颜面的是外国入侵。现在独立后的六个国家虽然都逐渐趋于稳定,但经济发展缓慢。中东国家的民主化改革代价更大,各国不同程度地发生内战,基地组织活跃,教派斗争激烈,每天爆炸不断。人们最担心的是安全问题,对死亡数字近似麻木,重建进程任重道远,人民希望的平静生活遥遥无期。这些国家的部分知识分子原先幼稚地认为,只要采用了西方的政治制度和民主制度,国家的所有问题都会迎刃而解,现代化很快就会实现,结果迎来的却是杀戮和混乱。非洲国家,自从西方国家强行将自己的民主制度移植到他们的土地上那一刻开始,这块土地上就没有消停过,犯罪率居高不下,内战不断,是世界上最贫穷的地区之一。前社会主义国家改旗易帜后,世界头号强国美国风光一时,然而自从打响阿富汗反恐战争,日子一天不胜一天。如今是经济低迷,债台高筑,而且还要在本土和世界其他地方提防恐怖分子。欧盟国家被欧债危机所困扰,昔日的大款如今不得不勒紧裤腰带过日子,部分国家罢工游行不断。日本经济乏力,一年换一个首相,政客们为了吸引民众眼球,不断与邻国发生摩擦,在右倾化的道路上越走越远。以上概括并非全面,但从稳定与发展的角度看,中国无疑是世界上改革最成功的国家,中国特色社会主义道路和中华传统文化在世界上的影响日益深远,中华民族对世界的贡献越来越大。笔者认为,赵本山在他的一个小品中的说词既搞笑又不乏深刻:"国外比较乱套,成天钩心斗角。今天内阁下台,明天首相被炒。闹完金融危机,又要弹劾领导。纵观世界风云,风景这边独好!"

二、稳定与发展的辩证关系

(一)没有稳定,就不能实现又好又快发展

1. 没有稳定,就没有更多精力谋发展、促发展

精力都是有限的,当我们把主要的精力都用在维护稳定上,就没有更多精力用来谋发

展、促发展，就不能实现又好又快发展。例如，"文化大革命"时期，人们当时把主要的精力都用来搞内斗了，就没有更多精力发展工农业生产了，这是我们那时发展缓慢的主要原因之一。正是由于总结"文化大革命"的经验教训，党和国家特别珍惜稳定的政治局面。对出现的不稳定因素坚决地、毫不犹豫地进行排除。邓小平说：中国的主要目标是发展，是摆脱贫穷落后，使国家的力量增强起来，人民的生活得到改善。要做这样的事，必须在安定团结的条件下有领导、有秩序地进行，没有秩序，遇到这样那样的干扰，把我们的精力都耗在那上面，改革就搞不成了，四个现代化就搞不成了。又说："发展经济要有一个稳定的局势，中国搞建设不能乱。今天来一个示威，明天来一个大鸣大放大字报，就没有精力搞建设。"（《邓小平文选》第332页）

2. 没有稳定，就没有更多物力、财力搞建设

不仅人的精力是有限的，国家的物力、财力也是有限的，把主要的物力、财力都用在维护稳定上，就没有物力、财力发展经济，就不能实现又好又快发展。例如，在战争年代，第一位的目标是生存，是购买先进武器打胜仗，资金都用在这方面了，也就没有更多资金搞发展了。前苏联比我们国家实行改革开放要早，但是从前苏联分裂出来的国家现在没有我们发展好、发展快，其中一个重要原因就是，在解体后的很长一段时间内稳定不下来，特别是两次车臣战争和国内恐怖主义势力牵扯了太多物力、财力和精力。许多中东国家、非洲国家搞改革时都不同程度发生内乱，它们也很难实现又好又快发展。例如，叙利亚现在正在打内战，政府把主要的物力、财力和精力都用来对付反对派武装了，怎么可能实现又好又快发展呢？现在的叙利亚已经不是什么又好又快发展了，而是大倒退，几十万、几百万的难民往外跑，还影响了周边国家。自从"9·11"事件以来，恐怖主义势力猖獗，有些国家为了对付恐怖主义耗费了巨大财力。美国因为打击恐怖主义，如今是债台高筑，发展困难。阿富汗反恐战争打响后，7年时间美国支出反恐经费8580亿美元。据报道，美国的一个国际问题研究所2013年发布一项研究报告指出，美国发动伊拉克战争10年来，已经花费了2万亿美元，此外，在未来40年，美国还将承担与伊拉克战争相关的4万亿美元开支，这样美国怎么能又好又快发展呢？根据辩证法物极必反的道理，笔者认为，美国终将会同世界上其他帝国一样盛极而衰，但是因什么而衰呢？原来不得而知。现在人们确信，美国很可能终将为恐怖主义所拖累，并从此衰落下去。因为欧债危机，欧盟许多国家游行示威不断，经济损失严重。2009年1月和3月，法国主要工会在全国举行大罢工和示威游行，全国交通几乎瘫痪，经济损失上亿欧元。2010年，法国因退休制度改革又举行大规模游行示威，因罢工每天造成2亿～4亿欧元的巨额经济损失，并使法国当年的经济增长下降了1.6%。

3. 没有稳定，人们难以进行交流、交换

发展的实质是向自然界索取资源，然后进行交流、交换，互相学习，互相帮助，各取所需。换句话说，发展就是物质、能量、信息进行交流、交换，就是资金、人才进行交流、交换，而动乱、战争等都是阻碍人们进行交流、交换的，因此，在根本上都是阻碍发展的。俗话说"要想富，先修路"。修路、修桥都是造福子孙后代的善事。为什么这么说呢？因为修路、修桥不仅有利于人们扩大对自然利用的规模，有利于向自然索取，而且有利于人们进行交流、交换，有利于稳定和发展。秦始皇发动对六国的战争，虽然死伤无数人，人们对他的功

绩还是给予充分肯定。秦始皇统一全国后,把原来东方六国设立的关卡、要塞、堡垒全部拆毁,以国都咸阳为中心,修筑了通往东北、华北和东南地区的几条"驰道"。他还统一了文字、货币和度量衡,对车轨的宽度也作了统一规定,从而密切了全国的交通联系。秦始皇所有这些名留史册的功绩,用一句话概括,就是有利于全国人民进行交流、交换,从长远看,有利于全民族的生存和发展。

从今天的角度看,动乱、战争等之所以阻碍发展,还因为人们一般都不愿意把资金投入到这样的地区。稳定与发展是一对矛盾,是对立统一的关系,处理好了是良性循环,处理不好就是恶性循环。越是发展,发展越好,国家就越稳定;越稳定,就越有利于发展。反之,越穷就越容易乱,越乱就越穷。我们每一个人都要以高度的自觉性处理好稳定与发展的关系,做促进社会稳定的模范,不要因为个人的一点利益得失而做破坏社会稳定的事情,更不能因为无道理的政治空口号而参与动乱、暴乱。邓小平说:"中国不能允许随便示威游行,如果三百六十五天,天天游行,什么事也不要干了,外国资金也不会进来了。我们在这方面控制得严一点,不会影响外商来华投资,恰恰相反,外商会更放心。"(《邓小平文选》第286~287页)

(二) 发展有利于稳定,发展不好影响稳定

1. 发展有利于稳定

稳定与发展是一对矛盾,辩证法告诉我们的道理是,凡是对立的东西都是互相转化的,或称为"相反相成"的。拿稳定与发展的关系来讲,从总体上讲是稳定有利于发展,发展也有利于稳定。我们要想保持社会大局稳定,就要千方百计地谋发展、促发展;要想又好又快发展,就必须保持社会稳定。哲学上有个量变质变规律,即量变到一定程度就会引起质变,质变又会引起新的量变,这是讲量变与质变互根。生产力发展到一定时候会引起生产关系的变化,新的生产关系又会进一步促进生产力的发展,这是说生产力与生产关系相互促进。

20世纪六七十年代,自行车在农村还是奢侈品,谁骑个自行车从面前经过就会引起人们的兴趣。人们不仅对自行车本身感兴趣,而且对自行车运动起来为什么不倒下去感兴趣,这里面就有一个稳定与运动的辩证关系,即运动有利于稳定。运动本来是不稳定的意思,现在却是运动有利于稳定,这就是辩证法。物理学、系统论告诉我们,一个远离平衡状态的系统,只有不断与外界交换物质、能量、信息,才不会走向死寂。发展的实质就是向自然索取,然后交流、交换,因此,从本质上讲发展是有利于稳定的。交换的意义在于,你不需要的东西,在他那里可能是无价之宝,你已经多得成累赘的东西,他那里正好缺少。这就是各取所需,双方互利。经过交换,原来两人各有一样东西,现在却变成了两人各有两样东西,从原则上讲,手头东西越多,就越有利于稳定和发展,越有利于生存。

从整体上讲,发展之所以有利于稳定,是因为人民群众的普遍愿望是过上好生活,有饭吃、有衣穿、有房住,少有所学,老有所养。2012年中央电视台随机采访基层群众,问什么是幸福,老百姓所理解的幸福其实很简单,就是过实实在在的生活,过上安定的生活。邓小平说:"最根本的因素,还是经济增长速度,而且要体现在人民的生活逐步地好起来。人民看到稳定带来的实在的好处,看到现行制度、政策的好处,这样才能真正稳定下来。

不论国际大气候怎样变化,只要我们争得了这一条,就稳如泰山。"(《邓小平文选》第355页)

　　2. 发展不好影响稳定

　　发展是硬道理,发展是解决国内外所有问题的关键,这自然使人认为发展越快就越好,只要发展就是好的。辩证法反对这种推理逻辑。它认为,任何事物都是一分为二的,发展也不例外。只要对发展作进一步的分析就会知道,发展也有好与坏之分,好的发展才是我们需要的,坏的发展则是应该摒弃的。稳定与发展的真正关系是,发展好了有利于稳定,发展不好反而不利于稳定。

　　第一,不发展或发展缓慢影响稳定。20世纪八九十年代,前苏联等社会主义国家纷纷解体或改旗易帜是震撼世界的大事,自然引起一切热爱思考的人的高度重视,更引起改革家和政治家们的重视。邓小平对此的看法是:"世界上一些国家发生问题,从根本上说,都是因为经济上不去,没有饭吃、没有衣穿,工资增长被通货膨胀抵消,生活水平下降,长期过紧日子。……人民现在为什么拥护我们?就是这十年有发展,发展很明显。"(《邓小平文选》第354页)美国前总统尼克松也有类似看法,他说:"就经济而言,莫斯科的经济犹如一个竹篮子,增长率几乎近于零,生产率下降。旷工、腐化、装病逃差、酗酒盛行,生活水平有所降低,以致苏联人的平均生命实际上缩短了。……近年来,苏联主要经济指标中增长项目寥寥无几,而这些还是由于克里姆林宫对其经济统计数字做了手脚。"(王长江《苏共:一个大党衰落的启示》第226页)

　　现在中东的叙利亚最乱,为什么?经济发展落后,民生解决得不好是主要原因。叙利亚矿产资源不足,无法和周边国家相比,而且工业基础薄弱,是一个相对贫困的国家,2009年国民生产总值约550亿美元,列全世界第65位,在15个阿拉伯国家里排名第9。由于国民经济水平有限,而且长期实行苏联式计划经济,私营经济和小企业不够活跃,叙利亚的失业率长期居高不下,有数据说高达20%以上,尤其是青年人失业最严重。由于农业收益较低,农村青壮年进入城市打工,使就业问题更加突出,这是叙利亚最大的社会矛盾。总之,国民经济滞后,民生问题解决得不好是叙利亚内乱的主要因素。客观上说,叙利亚人民虽然可以享受到国家的高福利政策,但收入和生活水平、住房条件却上升较慢,尤其是不断增加的人口使就业形势十分紧张。

　　目前,非洲是全球最乱的地区,什么原因?经济发展缓慢无疑是主要原因之一。在20世纪独立初期,非洲国家曾经有过短暂的经济发展较好的时期。但自20世纪70年代中后期开始,出现了普遍衰退的现象。20世纪80年代被认为是"失去发展的10年"。这10年中,撒哈拉以南的非洲国家(南非除外)国内生产总值年均增长率由1973年的6.1%下降到0.8%,人均收入下降约25%。城市50%的人口、农村75%的人口受到饥饿的威胁。在贫困线以下的人口由1985年的1.05亿增至1992年的2.2亿,联合国公布的全球49个最不发达国家中非洲就占34个。例如,北非的石油生产国阿尔及利亚原本是非洲最富裕的国家之一,但其人均国民生产总值在80年代也不断下滑,由1982年的2350美元降至1989年的2230美元。1990年,外债达271.3亿美元,占国内生产总值的65%;通货膨胀率高达46.3%,失业人数占劳动力的20%。莫桑比克粮食产量严重亏缺,1989年仅57.5万吨,需进口75.3万吨才能满足人们的最低需求,人均国内生产总值只有60美元,60%的居民生活在贫困线以下。刚果经济每况愈下,1990年外债高达50亿美元,每人平均2500美元,为人均国民生产总值的2.6倍。埃及等20多个国家的负债已超过各自的国民生产总值,几乎完全丧失了还债能力。不发展或发展不好导致非洲国家内乱不断。在20世纪的最后几十年中,非洲这片贫瘠的大陆从未太平过,一直战事连绵,内战和骚乱对于非洲国家来说如同家常便饭。进入21世纪,动荡的政局更是此起彼伏,非洲人民似乎没过上一天舒心的日子。卢旺达3个月的种族屠杀使近100万人丧失生命。塞拉利昂10余年内战造成20多万人死亡,数十万平民被迫逃离家园。科特迪瓦内战造成约5000人死亡,100多万人流离失所。1993年10月,布隆迪因民选总统被军事政变者杀害而引发大规模部族流血冲突,造成几十万人被杀的惨剧。发生过政变的国家不胜枚举,据统计,有75%以上的非洲国家在不同程度上卷入战乱,战乱共夺去800多万人的生命,使600多万人沦为难民,许多儿童成为孤儿。

在全球化背景下,经济发展缓慢,人口不断增加,失业率居高不下,出现这些状况而想保持国家稳定是很难的。穷国不发展或发展缓慢会乱,富国也是如此。

长期以来,西欧发达国家推行的"从摇篮到坟墓"的高福利、高工资、高补贴制度使欧洲社会和谐稳定,被发展中国家视为人间天堂。然而,受全球金融危机和主权债务危机双重打击,欧元区15国和欧盟27国从2008年开始经济普遍停滞不前,政府债台高筑,经济增长缓慢甚至是负增长,失业率急剧上升,原本富裕的欧洲国家随之进入风雨飘摇之中,欧洲强大的经济体法国、英国、意大利、西班牙都处在暴风的中心。2001年至2007年,欧元区年均GDP增长率仅为1.8%,而同期欧元区年均失业率达8.5%。法国是欧盟三驾马车之一,是典型的"福利资本主义国家",2009年1月29日,法国爆发了金融危机以后的第一次大规模罢工运动,全国数百万民众走上街头,表达对生活每况愈下的担忧和对政府推出的救市计划的不满。据统计,当日法国各地共发生200多场示威游行,近250万人参加,尤其是一些中小城市几乎50%居民参加。德国、西班牙、希腊、意大利等国更是示威不断,甚至发生了警民冲突。英国伦敦骚乱、挪威枪击和爆炸事件震惊世界。原本富足安定的欧洲,由于经济发展缓慢而面临严重的社会危机。

第二,发展不平衡影响稳定。从中国历史上看,"朱门酒肉臭,路有冻死骨"历来是国家内乱的重要推动力量,外国也是如此。经济发展缓慢是叙利亚内乱的一个重要原因,从表面看,叙利亚内乱是由于教派纷争,其实隐藏在教派背后的原因还是经济发展问题,即经济发展缓慢,经济发展不平衡。利比亚内乱的原因也许更复杂,但是发展不平衡肯定是原因之一。卡扎菲用武力统一利比亚后迁都至的黎波里,将利比亚的政治经济重心向西转移,其政权对东部基本上是不管不问,尽管利比亚的很多石油资源都在那里。卡扎菲长期奉行大企业国有的政策,国家掌控石油等主要行业,政府部门的工作一直控制在以卡扎菲为首的部族中,从而造成贫富两极分化,普通百姓的生活并不富裕。在卡扎菲统治的40多年中强力地压制了其他部族的发展,其根深蒂固的部族矛盾在外力的触发下发展成为内战。

"五行说"是我国古代先哲提出的重要思想,该学说认为,世界万物都由五行(木、火、土、金、水)构成,五行之间存在着错综复杂的关系,其中相生相克是两种普遍的和基本的关系。所谓相生,是指一事物对另一事物具有促进、助长作用;所谓相克,是指一事物对另一事物的生长和功能具有抑制和制约作用。"五行说"认为,五行中任何一行如果发展适当,对其他行都有相生作用,而任何一行过度发展或发展不足,对其他行都有相克作用。正是五行之间存在这种相生和相克的关系,才维持着宇宙万物和每一个系统的动态平衡,如果任何一行的发展突破系统的承载极限,系统就会崩溃或毁灭,转化为另一种事物。唯物辩证法认为,任何一个事物(或子系统)都受到整体的调节,防止其发展过头或不及,维持事物或系统的相对平衡,如果一事物发展过头或不足,就会打破这种平衡,出现失衡状态。这对于一个社会系统来说,就是酝酿动乱的开始。

社会动乱的导火索可能只是一个偶然事件,但是动乱的原因常常有许多,其中经济原因又常常是第一位的原因和深层的原因。

第三,发展过快影响稳定。过快,严格地说包括"过"和"快"。过快,有很多表现形式。例如,人跑得过快,超越了身体的承受极限,身体就会崩溃,这是影响了身体稳定。社会是一个复杂的系统,其发展具有一定的连续性,尤其不能过快。例如,共产主义一定要取代资本主义,这是共产党人坚定不移的信念,但是要用多长时间取代,共产主义什么时候能最终取得胜利,却是需要认真研究的。恩格斯很早就批评了在向社会主义过渡问题上的急躁思想,指出这是一个有许多"中间站"的过程,不能幻想"跳过各个中间站",后天"就会实现共产主义"。我国社会主义改造完成后不久,党中央就发动了"大跃进",提出跑步进入共产主义,结果遭受挫折,出现三年困难时期,不仅影响了中央高层政策的稳定,而且在一定程度上也影响了社会稳定。现在中央提出"社会主义市场经济"的概念,指出我国还处于社会主义初级阶段,这就是一个很重要的"中间站"。因为它是共产党领导的,共产党的最终理想是消灭资本主义,实现共产主义,所以我们说它是"中间站"。这个"中间站"是跳不过去的,奢想跳过去,必定是事与愿违的。

非洲的贫穷和内乱,最要害的问题就是没有把经济搞上去,贫穷落后的面貌长期得不到改观,不少国家陷入内乱或内战。邓小平认为,这与非洲国家过快发展社会主义有关系。1988年5月18日,邓小平在会见莫桑比克总统希萨诺时曾建议:"你们根据自己的条件,可否考虑现在不要急于搞社会主义。确定走社会主义道路的方向是可以的,但是先要了解什么叫社会主义,贫穷绝不是社会主义。"(《邓小平文选》第261页)1989年3月23日,邓小平在会见乌干达总统穆塞韦尼时又说:"我很赞成你们在革命胜利后,不是一下子就搞社会主义。我和许多非洲朋友谈到不要急于搞社会主义,也不要搞封闭政策,那样搞不会获得发展。"(《邓小平文选》第290页)这表明,社会不能发展过快,社会发展在本质上是一个连续性的发展过程,是一个阶段接着一个阶段的发展,如果发展过快,隔过其中的阶段,不仅影响发展,而且影响稳定。

秦王朝修筑万里长城,现在看是一大历史功绩。但是,由于劳役过重,后来却成为秦朝内乱和最终灭亡的重要原因之一。这是说建功立业不能急躁,不能过快,用现在的话说是创造政绩不能急躁、不能过快。我国20世纪90年代以后至农业税取消前,农民负担过重,这无疑是很大的不稳定因素,是国内严重的政治问题。农民负担过重,原因是多方面的,毫无疑问,公路建设、学校达标建设、乡镇企业等发展过快是重要原因,因为这些建设项目都需要很多钱,都是农民群众掏的腰包。

现在国内发展民生的呼声很高,我却想泼点冷水。发展民生无疑是天大的好事,但是发展民生一定要与经济基础相适应,发展过快,必适得其反。专家们普遍认为,经济增长低速、福利开支超前是发生欧债危机从而导致欧元区国家游行示威和罢工不断的主要原因。第二次世界大战后欧洲国家普遍建立起以高福利为特征的社会保障制度,随着欧洲一体化的推进,这种高福利制度也逐渐覆盖到经济水平相对落后的西班牙、希腊等国,过度的社会福利开支大大加重了财政负担,当经济发展出现低迷时,社会危机就发生了。中国如何避免重蹈欧元区国家的覆辙,我们必须早做准备。

无论是从中国看还是从世界范围看,历史上没有一个帝国是长久的,什么原因?耶鲁大学教授保罗·肯尼迪认为,历史上所有帝国都是由于过度扩张而走向毁灭的。过度扩张,就是过度发展。过度扩张为什么必然走向灭亡?毛泽东当年对日本帝国主义的分析具有普遍的意义。日本发动全面侵华战争后,毛泽东缜密分析后认为,战争的最后结果是中国必胜、日本必败。原因是,日本每占领一座城市、一个地方,都需要兵力和财力,而日本是个小国,兵力和财力都有限,中国只要坚定抗战的决心,最终日本必定因为兵力和财力不足而被中国打败,历史已经证明了毛泽东的预言。一个帝国的利益必定是遍布全球,帝国的安全也因此受全球关注(所谓树大招风),为了安全,在军费上必定是过度开支,使其他方面开支不足,这是造成帝国灭亡的国内因素。前苏联因过度扩张而走向毁灭,美国也一定因过度扩张陷入战争泥潭。我们现在走在中华民族复兴的道路上,这些教训,都是值得我们认真研究的。

一个国家是如此,一个企业也是如此。中国首富、香港著名实业家李嘉诚说:"经营企业'知止'两个字最重要。……在香港我看过有些人成功得容易,但是掉下去也非常快,是什么原因?'知止'是非常重要的。全世界很多企业之所以失败,至少一半都是因为贪婪"。又说:"经营业务的格言就是,发展中不忘稳健,稳健中不忘发展,这亦是经商的座右铭。"

我国经济学家经常提到的一个词叫经济过热。经济过热就是经济发展过快。经济发展过快必然造成生产过剩,产品卖不出去,资金收拢不回来,生产链断裂,引发经济危机,进而引发社会危机,这是一般的经济社会发展规律。

我国有个寓言故事是"拔苗助长",它表明,违背事物发展的客观规律,一味地过快发展,必然受到规律的惩罚,成语"欲速则不达"也是这个意思。

3. 稳定与发展哪个更重要

邓小平说"发展是硬道理",又说"稳定压倒一切",这不禁使人要问:稳定与发展到底哪个更重要?胡锦涛同志在2011年"七一"讲话中强调:"发展是硬道理,稳定是硬任务,没有稳定,什么事情也办不成,已经取得的成果也会失去。"一个是硬道理,一个是硬任务,都是必须做好的。哪个更重要?笔者认为,毛泽东关于主要矛盾和次要矛盾、主要矛盾方面和次要矛盾方面是可以相互转化的思想,能够为我们提供这一问题的答案。当稳定成为突出问题时,一定要把稳定放在比发展更加重要的位置,首先解决好稳定问题;当稳定不是大问题时,应该把发展放在更加突出的位置,这实际上是邓小平的一个思想,他说:"总结经验,稳这个字是需要的,但并不能解决一切问题,以后还用不用这个字?还得用,什么时候用,如何用,这要具体分析,但不能只是一个稳字。特别要注意,根本的一条是改革开放不能丢,坚持改革开放才能抓住时机上台阶。"(《邓小平文选》第368页)邓小平说:

"只靠我们现在已经取得的稳定的政治环境还不够,加强思想政治工作,讲艰苦奋斗,都很有必要,但只靠这些还不够。最根本的因素还是经济增长速度,而且要体现在人民的生活逐步地好起来。"(《邓小平文选》第355页)这就是邓小平的胆量和智慧。在当时的情况下,唯有他能有这样的思想,敢说这样的话。中国后来能发展很快,能取得现在这样的成就,与邓小平高瞻远瞩,不失时机抓发展是紧密相关的。中国没有像其他社会主义国家那样改弦易辙,没有发生内乱、内战,这与邓小平深谋远虑、果断稳定局势是紧密联系在一起的。因此,中国人民、中国执政党应该永远感谢邓小平。从更广泛的视角看,正概念、反概念都成立,但是在不同的历史发展阶段,在不同的空间区域,正概念与反概念的地位是不一样的。在此历史阶段或空间区域,正概念占主导地位,是主要矛盾方面,但是在另一个历史发展阶段,反概念又占了主导地位,成为主要矛盾方面。稳定与发展谁是主要矛盾方面,因具体情况而定。

(三)科学发展观

因为发展有科学与不科学之分,所以中央提出了科学发展观的概念。科学发展观是关于发展的世界观和方法论,它对什么是科学发展进行了全面阐述。

1. 科学发展观的由来

科学发展观是在深刻总结、借鉴国内外发展经验的基础上提出来的。第二次世界大战结束后,加快经济增长成为世界各国的共识,人类创造了前所未有的经济增长奇迹。但是,由于单纯追求经济增长,不重视社会发展和社会公平,忽视环境保护和能源资源节约,世界各国在发展过程中普遍出现了这样那样的问题。有的国家为解决能源资源消耗过多和生态环境严重恶化问题付出了高昂的发展代价;有的国家由于经济结构失衡,社会发展滞后,导致发展的质量不高,后劲不足;有的国家出现了贫富悬殊、失业增加、社会腐败、政治动荡等问题。我国经过几十年的改革开放,已进入发展的关键时期、改革的攻坚时期和社会矛盾频发时期。具体来说,随着经济体制深刻变革,社会结构深刻变动,利益格局深刻调整,思想观念深刻变化,我国的发展既蕴涵着巨大的发展潜力和发展空间,也承受着来自人口、资源、环境等方面的巨大压力,我国的发展既面临前所未有的宝贵机遇,也面临各种严重挑战。要把中国特色社会主义事业更好地推向前进,就必须更加自觉地走科学发展道路,科学发展观正是在这样的实践基础上孕育和诞生的。

2. 以人为本是科学发展的核心

第一,以人为本是历史唯物主义的一项基本原则。以人为本作为一种社会思想和价值观念,古已有之。我国古代思想家早就提出"民惟帮本,本固邦宁"、"天地之间,莫贵于人",强调要利民、裕民、养民、惠民。近代西方人本主义反对迷信、崇尚科学,反对专制、崇尚自由,反对神性、张扬人性,这些对于反对封建主义,推进人的解放起到过一定的积极作用。马克思主义在科学阐明人类社会发展规律的同时,也阐述了人民群众创造历史的规律,强调人民群众是历史的创造者,是推动社会发展的决定性力量;人民群众是生产力中最活跃、最革命的因素,创造了社会的物质财富和精神财富,从而第一次把以人为本的思想建立在历史唯物主义的科学基础之上,成为指导无产阶级改造客观世界和主观世界的一项重要思想原则。

第二,以人为本是我们党的根本宗旨和执政理念的集中体现。科学发展观强调以人为本,这与我们党全心全意为人民服务的根本宗旨和立党为公、执政为民的本质要求是完全一致的。胡锦涛同志指出,相信谁、为了谁、依靠谁,是否站在最广大人民的立场上,是区分唯物史观和唯心史观的分水岭,也是判断马克思主义政党的试金石。对于马克思主义执政党来说,坚持立党为公,执政为民,实现好、维护好、发展好最广大人民的根本利益,充分发挥全体人民的积极性来发展先进生产力和先进文化,始终是最紧要的。中国共产党始终坚持人民的利益高于一切,党除了最广大人民的根本利益,没有自己的特殊利益;党的全部任务和责任,就是带领广大人民实现自己的根本利益。"以人为本"中的"人",指的是最广大人民群众;"以人为本"中的"本",就是根本,就是一切工作的出发点和落脚点。

第三,以人为本全面回答了科学发展观的一系列基本问题。为谁发展、靠谁发展、发展成果如何分配,这是任何一种发展观都必须回答和解决的基本问题。以人为本之所以是科学发展观的核心,就是因为科学发展观在对这些基本问题的回答上始终贯穿了以人为本的原则和理念。首先,在为谁发展方面,科学发展观强调坚持发展为了人民,就是要把实现好、维护好、发展好最广大人民的利益作为党和政府一切方针政策和各项工作的根本出发点和落脚点,坚持把人民拥护不拥护、赞成不赞成、高兴不高兴、答应不答应作为衡量一切决策和工作的标准,把发展的目的真正落实到满足人民需要、实现人民利益、提高人民生活水平上。其次,在靠谁发展方面,科学发展观强调坚持发展依靠人民,就是要尊重人民主体地位,发挥人民首创精神,密切联系群众,始终相信群众,最充分地调动人民群众的积极性、主动性、创造性,最广泛地动员和组织亿万群众投身中国特色社会主义伟大事业。再则,在发展成果如何分配方面,科学发展观强调坚持发展成果由人民共享,就是要走共同富裕道路,把改革发展取得的各项成果,体现在不断提高人民的生活质量和健康水平上,体现在不断提高人民的思想道德素质和科学文化素质上,体现在充分保障人民享有的经济、文化、社会等各方面的权益上,让发展成果惠及广大人民群众。

3. 科学发展观的第一要义是发展

科学发展观的前提不是不要发展,更不是要倒退,其第一要义仍然是发展。第一,坚持用发展的办法解决前进中的问题,是新中国成立以来特别是新时期以来我国的一条基本经验。党领导人民为什么闹革命?就是因为人民吃不上,穿不上,没房住,生活过不下去。新中国成立后,党领导人民完成了社会主义"三大改造",建立了独立的比较完整的工业体系和国民经济体系,但也经历了严重挫折。党的十一届三中全会中,我们党作出把党和国家工作的重心转移到经济建设上来,实行改革开放的历史性决策。邓小平指出:中国解决所有问题的关键是要靠自己的发展;发展才是硬道理。江泽民同志也指出:党要承担起推动中国社会进步的历史责任,必须始终紧紧抓住发展这个执政兴国的第一要务,把坚持党的先进性和发挥社会主义制度的优越性落实到发展先进生产力,发展先进文化,实现最广大人民的根本利益上来,推动社会全面进步,促进人的全面发展。改革开放以来的实践证明,坚持以发展为主题,用发展的眼光、发展的思路、发展的办法解决前进中的问题,就能把中国特色社会主义事业不断推向前进。

第二,发展对于我国新世纪新阶段全面建成小康社会,加快推进社会主义现代化具有决定性意义。经过新中国成立以来特别是改革开放以来的不懈努力,我国取得了举世瞩目的发展成就,我国的发展已站在一个新的历史起点上。但是也必须看到,我们的目标还没有实现,许多问题还需要我们通过发展去解决。实现全面建成小康社会和现代化建设第三步战略目标,进一步提高人民物质文化生活水平,要靠发展;增强我国综合国力,实现中华民族伟大复兴,要靠发展;坚持"一国两制"方针,实现祖国完全统一,要靠发展;履行维护世界和平与促进共同发展的责任,在风云变幻的国际局势中立于不败之地,要靠发展;解决我国经济和社会生活中的各种矛盾,维护社会稳定,要靠发展;增强国防实力,维护国家安全,要靠发展;解决人们的思想认识问题,说服那些不相信社会主义的人,使其坚定对社会主义和祖国未来的信念和信心,最终也要靠发展。因此,坚持把发展作为党执政兴国的第一要务,任何时候任何情况下都不能动摇,不能放松。

第三,科学发展观是与时俱进的马克思主义发展观。发展观是关于发展的本质、目的、内涵和要求的总体看法和根本观点。有什么样的发展观,就会有什么样的发展道路、发展模式和发展战略,就会对发展的思路产生根本性、全局性的重大影响。发展是一个永无止境的历史过程,指导发展的观念也必须与时俱进,科学发展观继承和发展了党的三代中央领导集体关于发展的重要思想,既强调要时刻铭记发展是硬道理的战略思想,又强调要着力把握发展规律、创新发展理念、转变发展方式、破解发展难题、提高发展质量和效益,努力实现既通过维护世界和平发展自己,又通过自身发展维护世界和平的和平发展,从而丰富和发展了马克思主义发展观。

4. 科学发展观的基本要求是全面协调可持续

科学发展观所倡导的发展之所以是科学的,就在于它是全面协调可持续的发展,是又好又快的发展,而不是片面的发展、不计代价的发展、竭泽而渔式的发展。

第一,科学发展观是全面的发展观。全面,是指各个方面都要发展,党的十六大以来,党中央明确提出了中国特色社会主义经济建设、政治建设、文化建设、社会建设四位一体的总体布局,深化了我们党对共产党执政规律、社会主义建设规律、人类社会发展规律的认识。这四个方面是紧密联系、相互影响的,其中,经济是基础,只有坚定不移地以经济建设为中心,才能为政治、文化、社会建设提供坚实的物质基础;政治是经济的集中体现,对于经济、文化、社会建设有重要的保证作用;文化是经济、政治、社会的反映,只有大力发展社会主义先进文化,才能为经济、政治、社会建设提供有力的精神支撑;社会建设是经济、政治、文化建设在社会领域的综合体现,为经济、政治、文化建设提供良好社会环境。

第二,科学发展观是协调的发展观。唯物辩证法认为,世界是普遍联系的,任何事物的发展必然与其他事物相互联系、相互制约,只有协调好各方面关系,才能实现健康发展;否则,只能是畸形的发展。协调发展,是指各个方面的发展要相互适应,促进现代化建设各个环节、各个方面相互协调,促进生产关系与生产力、上层建筑与经济基础相协调。

第三,科学发展观是可持续的发展观。可持续发展是指发展进程要有持久性、连续性。人类的延续是社会发展的基本前提和基本要求,每一代人的发展都应该为下一代人的更好生存和发展留下空间和条件。因此,我们推进发展,必须充分考虑资源和环境的承受能力,既重视经济增长指标,又重视环境资源指标;必须统筹考虑当前发展和未来发展,既满足人民群众现实的物质文化需要,又为子孙后代留下充足的发展条件和发展空间。科学发展观所要求的可持续发展,就是要坚持生产发展、生活宽裕、生态良好的文明发展道路,建设资源节约型、环境友好型社会,实现速度和结构、质量、效益相统一、经济发展与人口、资源、环境相协调,使人民在良好生态环境中生产生活,实现经济社会持续发展。

5. 科学发展观的根体方法是统筹兼顾

统筹兼顾是我们党在长期革命、建设和改革实践中形成的宝贵经验。早在抗日战争时期,毛泽东就提出要军民兼顾、公私兼顾。新中国成立后,又把统筹兼顾作为社会主义建设的一项重要指导方针,强调"我们的方针是统筹兼顾、适当安排"。改革开放开始之后,邓小平同志进一步强调"必须按照统筹兼顾的原则来调节各种利益的相互关系"。党的十三届四中全会以后,江泽民同志强调:"我们所有的政策措施和工作都应该正确反映并有利于妥善处理各种利益关系,都应认真考虑和兼顾不同阶层、不同方面群众的利益。"

党的十六大以来,以胡锦涛同志为总书记的党中央提出了科学发展观等重要战略思想。党的十六届三中全会提出了"五个统筹"的思想,即统筹城乡发展、统筹区域发展、统筹经济社会发展、统筹人与自然和谐发展、统筹国内发展和对外开放。党的十七大报告在"五个统筹"的基础上,进一步提出要统筹中央和地方关系,统筹个人利益和集体利益、局部利益和整体利益、当前利益和长远利益,统筹国内国际两个大局。这些方面的统筹,拓展了统筹兼顾方针的内涵、对象和范围,体现了我们党对社会主义建设规律认识的深化,从而成为深入贯彻落实科学发展观的根本切入点和重要现实途径。

三、保持社会稳定

发展是硬道理,稳定是硬任务,稳定与发展是衡量各项政策措施正确或错误的主要标准。

(一) 既要传承又要乐于创新

在中国传统文化里,挖祖坟是最忌讳的事,是断子绝孙的事。在现实生活中,挖祖坟能不能断子绝孙并没有什么科学道理。例如,在国共两党斗争期间,蒋介石憎恨毛泽东,派人挖了毛泽东的祖坟,最后蒋介石还是失败了。但是,在政治上挖祖坟导致人亡政息却有活生生的例子。前苏联解体、苏共亡党有多方面的原因,可以肯定地说,苏共挖祖坟是主要原因之一。前苏联最早挖祖坟的是郝鲁晓夫,他在1956年苏共二十大的秘密报告中大肆攻击和彻底否定斯大林,从而制造和留下了苏联的祸端。前苏联第二个挖祖坟的是戈尔巴乔夫,他提出所谓"新思维、公开性"等,开放报禁。于是,不仅否定斯大林,而且否定苏联和苏共全部历史的言论铺天盖地。祖坟挖掉了,历史被否定了,苏共也就没有继续执政的法理性。于是,经营了70多年的苏共和前苏联大厦顷刻瓦解。实行"公开性",本来是改革和进步的举措,但是再美好的事情如果不谨慎,就会走到原来愿望的反面。怎样实行"公开性"? 公开到什么程度? 这是需要政治智慧的。领导人的政治智慧,不仅表现在大的战略上,所谓"战略决定成败",而且表现在细节上,所谓"细节决定成败"。新中国成立之后,毛泽东曾提出"百花齐放、百家争鸣"的方针,这也是"公开性"。实行这一方针之后,社会上出现不少反党、反社会主义的言论,毛泽东很快领导了反右斗争。这一斗争虽然后来犯了扩大化的错误,社会大局却保持了稳定。郝鲁晓夫攻击和彻底否定斯大林时,毛泽东和中国共产党虽然对斯大林很有意见和看法,但是毛泽东还是坚持反对彻底否定斯大林,认为对斯大林的评价应该是三七开,认为他的贡献和功劳是主要的。20世纪70年代末,邓小平提出改革开放的政策,并领导全党开始系统地纠正"文化大革命"的错误。与此同时,社会上也出现了一股彻底否定毛泽东的资产阶级自由化思潮,在这关键时刻,邓小平又提出了必须坚持四项基本原则,并坚决抵制了资产阶级自由化思潮。反对资产阶级自由化,邓小平提得最早、最坚决。由此可以看到邓小平当时面对的压力和决心。面对彻底否定毛泽东的思潮,邓小平领导全党对毛泽东进行了实事求是的评价。1989年1月,邓小平对时任美国总统的布什说:"对毛泽东同志晚年错误的批评不能过分,不能出格,因为否定这样一个伟大的历史人物意味着否定我们国家的一段重要历史。这就会造成思想混乱,导致政治的不稳定。"(《邓小平文选》第284页)我们感谢邓小平,他在党和国家的关键时刻,不挖祖坟,使国家没有像前苏联那样四分五裂,使党没有像苏联共产党那样人亡政息。中华人民共和国前副主席王震与和著名学者何新在一次谈话中分析前苏联解体的教训时,王震说:"不能挖祖坟。"邓小平在1991年对当时几位中央负责同志说:"我们搞改革开放,把工作重心放在经济建设上,没有丢马克思,没有丢列宁,也没有丢毛泽东。老祖宗不能丢啊!"(《邓小平文选》第369页)新中国是在马列主义、毛泽东思想指导下建立起来的,丢了马列主义和毛泽东思想,就等于丢了根,没有根,再好的大厦也必然是轰然倒塌。马列主义、毛泽东思想是个开放的体系,只要我们既坚持又不断创新,就能满足当代中国的一切需要,就能把中国特色社会主义事业不断推向前进。

党的十八大报告指出:"对马克思主义的信仰,对社会主义和共产主义的信念,是共产党人的政治灵魂,是共产党人能经受任何考验的精神支柱。"历史和现实都表明,一个政党、一个民族,如果没有坚定的理想信念,就如同一盘散沙,没有凝聚力,就会失去奋斗目标和前进方向,并使整个社会很快陷入不稳定状态。因此,信仰、信念问题不是空洞的政治口号,而是关系社会是否稳定、是否发展的大问题,是关系每个人切身利益的很实在的问题。

江泽民同志在与科学家座谈时强调:创新是一个民族进步的灵魂,是一个国家兴旺发达的不竭动力。创新是确保社会稳定和发展的一个积极的因素。

(二)警惕高层,一刻也不脱离群众

保持政权和社会稳定,必须关注两头:一头是高层,另一头是群众。前者是火车头、领头羊,后者则是整个社会稳定的基础。没有火车头,火车走不动;没有领头羊,羊群就会乱作一团;没有基础,整个大厦就会倒塌。

自从前苏联政坛出了赫鲁晓夫,毛泽东和中国共产党就认为苏联变成了修正主义,并逐渐形成这样一种想法:中国会不会放弃社会主义而走上资本主义道路?关键不在城乡基层,而是在上层,尤其是中央。毛泽东说:"许多事情都是这样,领导人一变就都变了。"(中共中央文献研究室《毛泽东传》第1394页,中央文献出版社1996年)赫鲁晓夫和勃列日涅夫执政时期,前苏联是不是变成了修正主义国家是有争论的,那时我们说它变成了修正主义。其实从现在的观点看,并不能说它真变成了修正主义,因为当时苏联共产党还是执政党,还保持对马克思主义的信仰,保持对社会主义和共产主义的信仰。但是,苏联解

体后,苏联共产党失去执政地位,马克思主义不再主导社会意识形态,这一点已经没有什么异议了。笔者在前面已经说过,苏联解体并改旗易帜有多方面的、复杂的原因,但是毛泽东说的"领导人一变就都变了,"肯定是一个重要原因。苏联解体并改旗易帜的确是出在上层,出在中央。具体说是出在戈尔巴乔夫等人身上。戈尔巴乔夫的"公开性"搞过了头,而且优柔寡断,没有掌控全局的能力。戈尔巴乔夫让雅科夫列这个貌似"社会主义改革派"、实际上对社会主义恨之入骨的人执掌意识形态大权并信任他,媒体对共产党的批判和对社会主义的质疑形成一边倒的局面。前苏联的改革,从这一方面说确实是败在了这些高层领导人身上。中国搞改革开放的过程中,邓小平得出了与毛泽东相似的结论。他指出:"中国问题的关键在于共产党要有一个好的政治局,特别是好的政治局常委会。只要这个环节不发生问题,中国就稳如泰山。"(《邓小平文选》第 365 页)又说:"只要它是团结的、努力工作的,能够成为榜样的,就是在艰苦创业反对腐败方面成为榜样的,什么乱子出来都能挡住。"(《邓小平文选》第 310 页)邓小平指出:"我们是一个大国,只要我们的领导稳定又很坚定,那么谁也拿中国没有办法。"(《邓小平文选》第 318 页)所谓"很坚定",笔者理解为主要是对共产主义和社会主义的信仰、信念坚定,只要有这一条,中国稳定就有了保证。

至于广大人民群众这一头,这方面的道理我们就多了。有人说,群众最柔弱、最可怜、最可敬、最可爱,也最可怕。古人说"水能载舟,也能覆舟",这些都是讲的这方面的道理。人民群众是英雄,是历史的创造者,这是历史唯物主义的基本观点。千万不要小看群众,在重大历史关头,人民群众的态度往往决定历史的发展方向。邓小平曾经对外国人说:"中华人民共和国是打了二十二年仗建立起来的,建国后又进行了三年抗美援朝战争。没有广泛的群众基础,不可能取得胜利。这样一个国家随便就能打倒吗?不可能,不但国内没有人有这个本领,国际上也没有人有这个本领,超级大国、富国都没有这个本领。"(《邓小平文选》第 329 页)邓小平的自信正是建立在对人民群众的信任之上,他背后的力量是人民群众。有了这种自信,决心、决断也随之有了。中国实行改革开放,农村因实行生产责任制农民得到了实惠,工业的发展使工人充分就业,知识分子被视为工人阶级的一部分,在政治上翻了身,他们是拥护社会主义、拥护党的,这就是我们最大的政治资本,是邓小平领导共和国顺利渡过难关的政治基础。前苏联的戈尔巴乔夫没有这个眼光,缺乏政治智慧,在改革的关键时期,没有看到人民群众的威力,没有争取到人民群众的支持,把自己提出的"新思维"送上了绝境。很多年之后,戈尔巴乔夫回首往事时,终于醒悟了这一点。他曾经对中国记者说:因此,最关键的是不能失去人民的支持。这对我,对你们,都是一种教训或启示。失去了人民的支持,就失去了主要的资源,就会出现政治冒险家和投机家。这是我犯的错误,主要的错误。我们国家的政权性质是以工农联盟为基础,得不到工人、农民的支持,党执政的合理性就会受到质疑,随之而来的就是政治危机和社会危机。

总之,警惕高层,一刻也不脱离群众,这是确保社会大局稳定必须要注意的两头。

(三)要言论自由,也要加强舆论管控

1. 要言论自由

第一,人是会说话的动物,会说话是人的本质特征之一,不让人说话怎么行呢?人还

是会思维的动物,但是思维的结果必须转化成语言才能在社会上传播、交流,因此,有话就要让人说。人是社会性的动物,社会的"会"字,上面是"人",下面是"云","人云"就是人说话。你看,人的几个本质特征都是与人说话紧密联系在一起的,因此,要让人说话。不让人说话会有什么不好的后果?不让人说话,把话憋在肚子里,憋的话多了,憋的时间长了,在政治上就是个不稳定的因素。积聚的能量大了,一旦爆发,对社会就是个破坏作用。

第二,真理是在与谬误的比较斗争中发展起来的,这是毛泽东反复宣传的一个道理。新中国成立后,毛泽东为党和国家制定的文化领域的方针是"百花齐放"、"百家争鸣"。当时党内外许多人对这个方针不理解,他们问:在社会主义国家,怎么能允许反对的思想存在?毛泽东就反复讲,真理是通过比较获得的,没有比较就没有鉴别,就认识不到真理。毛泽东认为,真理是在与谬误的斗争中发展起来的,在思想领域搞"单干户",只放香花,不放毒草,禁止跟非马克思主义的东西见面,这样的政策是危险的。"它将引导人民思想衰退,单打一,见不得世面,唱不得对台戏。"(中共中央文献编辑委员会《毛泽东选集》第五卷第346页,人民出版社,1991年)。邓小平强调,在思想领域要防止和克服单调刻板、机械划一的公式化、概念化倾向。

第三,从辩证法的观点看,凡是存在的,都有一定的合理性。在某种意义上说,任何一种观点或思想都有它存在的道理,某种观点或思想之所以是错误的,是因为自觉或不自觉地把自己扩大化、绝对化了。我们学习辩证法,宣传辩证法,不是用行政的手段强行禁止某种观点或思想存在,是正确指出它的合理范围,指出它在哪个范围是正确的,超出哪个范围是错误的,在哪个历史阶段是正确的,超出哪个历史阶段是错误的,等等。同任何事物的存在都有它一定的合理性一样,任何一种观点或思想也都有它一定的合理性,强行压制是压制不住的,思想领域的问题要靠说理解决,这是强调言论自由的主要根据之一。

第四,言论自由是现代社会文明的一个重要标志。西方文艺复兴时期提出的政治口号有自由,我国"五四"新文化运动提出的政治口号也有自由,从文艺复兴时期开始,自由就成为人民在政治上追求的一个重要目标。一个国家在政治上文明不文明,很重要的一点就是公民有无言论或其他方面的自由,以及自由程度有多高和有什么样的自由。世界上几乎每个国家在宪法上都规定公民要有言论自由,而那些言论不自由的国家被认为是不开化的国家。美国"棱镜"项目的监控丑闻把美国推到世界政治舞台的风口浪尖上,因为美国危害了很多国家公民的自由。这从另一个方面反映了言论自由在现化文明社会中的地位和意义。没有言论自由的国家,政权不会长久稳定,社会不会长久稳定。

第五,一种观点或思想就是一个预案。现代社会突发事件很多,为了减少人员伤亡和财产损失,人们制定了各种预案,一旦事件发生,立即启动预案。古人讲"凡事预则立,不预则废"就是这个意思。具体的事件要有预案,社会的发展也要有预案,这些预案就是那些当时听起来并没有多大用处的观点和思想,甚至是离经叛道的观点和思想,当社会发展到不知往哪里走时,它们往往能给人以启迪。

2. 加强舆论管控

要言论自由,又为什么要加强舆论管控?著名学者何新说:"对社会的一般民众来说,正常的人虽然都具有意识,但绝不意味着人人都具有鉴别的意识,批判的意识。他们很容易受媒体的左右和欺骗。而且偏见与先入为主的成见极其重要。一旦形成,改变或替换就非常困难。"(何新《思考：我的哲学与宗教观》第136页,人民出版社1991年)因此,用正确的舆论引导人非常重要。前苏联解体与当时媒体有很大关系,现在正在打内战的叙利亚也与媒体引导不无关系。总统巴沙尔把政治自由化作为他的改革措施之一,允许反对派公开的政治活动,境外出版的刊物和报纸也可以在叙利亚各地随意销售。西方媒体又毫无中立态度而以博取人的眼球为目的,2011年叙利亚危机爆发后,西方媒体把所有问题都推到巴沙尔政府身上,支持鼓励反对派,这无异于火上浇油。盲目跟风,这是一般民众的普遍弱点。因此,站在什么立场上,用什么样的观点引导群众非常重要。我们应该站在马克思主义立场上,站在邓小平理论和科学发展观的立场上,用辩证的观点引导群众。同样的事实,立场不同,观点不同,从中解读出的道理也就不同。一定要让社会主义思想和社会主义价值观占领舆论阵地。许多人认为,社会主义思想和社会主义价值观都是空道理,宣传这些道理,人们根本不愿意听。不愿意听也许是实情,但由此并不能认为这些道理就没有用处。笔者认为,这些道理恰恰是最实在的道理,最有用处的道理。佛教认为,"空"才是最有用处的。《西游记》中聪明又大智的孙猴子叫孙悟空,能够悟到"空"的道理,才是大智慧。"空"是个什么样的道理？以社会主义价值观来说,我们现在实行的是社会主义市场经济,在市场经济中,从某种意义上说,人人都是追逐私利的理性经济人,如果国家不是宣传和褒扬社会主义价值观,而是对世俗潮流推波助澜,那将会是怎样一种结果？竞争很可能就不是激烈而是惨烈了,社会将陷入混乱。由此可见,宣传社会主义思想和社会主义价值观并不是空道理,而是有实实在在的意义,是促使社会和谐稳定不可缺少的方面。

维护社会稳定,建设和谐社会,首先必须建立一个宽容的社会。宽容是一种美德,是社会和谐稳定的基石。因此,我认为必须在媒体上和教育方面大力宣传辩证法的以下观点。

第一,规律是客观的,不以人的意志为转移。哪个政党、哪个国家的领导人不想把自己的国家建设好？但很无奈,规律不以人的意志为转移,在人们认识到客观规律之前,行动都是盲目的,都可能犯错误、栽跟斗,这是认识社会发展规律必须付出的代价。"大跃进"和"文化大革命",毛泽东主席愿意犯那样的错误吗？从他的内心来讲,是想快点建成社会主义,使人民永享太平,最后之所以犯错误,完全是因为没有认识社会主义建设的规律。毛泽东在有生之年认识到"大跃进"是个错误,他带头作自我批评,纠正了一部分错误。但是,他至最后都没有认识到"文化大革命"从整体上看是个错误,这不能不说是他人生的一大遗憾。这从一个方面说明,认识规律是个极其艰难、极其复杂的过程。

第二,从某种意义上说,恶是社会进步发展不可缺少的动力。这个思想是哲学家黑格尔提出来的。许多人一说到目前社会上存在的种种阴暗面总是义愤填膺,把怨气都撒到执政党身上。其实,设身处地地想一想就知道了,试问,你自己管好自己了吗？管好一个家了吗？管好一个单位了吗？治理一个国家更难、更复杂。如何看待社会的阴暗面？黑格尔的上述思想是深刻的。笔者认为,社会上存在的种种阴暗的东西,当然是坏事,但也是好事,它们是社会进步发展不可缺少的动力。一个社会有缺点,有阴暗的东西是正常的,没有缺点,没有阴暗的东西是不正常的。没有缺点和阴暗的东西,社会发展就失去了动力。社会为什么要发展呢？正是因为它还有缺点,有阴暗的东西,还需要改进。如果没有"非典",没有生态环境问题,中央怎么会提出科学发展观呢?怎么会提出生态文明的概念呢?腐败、食品安全等方面存在的问题,都是我们走向更加美好社会的推动力,它们的存在当然是坏事,但又是好事。

第三,对人对事都要一分为二看。笔者前面讲,一般民众有个很大的弱点,就是容易盲从,怎么克服这个弱点?我认为就是要大力宣传一分为二的思想。人都是有优缺点的,再先进的人物都有缺点,再落后的人物,甚至是罪犯,也都有某些优点。说一个人好就是全好,说一个坏就是全坏,很不利于建设宽容社会。对人要一分为二看,对事也要一分为二看。我们现在已经对很多人和事一分为二看了,如对国民党和蒋介石统治时期的许多人和事,这就是一个宽容的社会。

第四,没有绝对真理。有些人以绝对真理的化身自居,你们都是错的,只有老子一人对。这样的人对许多人和事看不顺眼,是一个不稳定的因素。辩证法告诉我们,世界上没有绝对的真理,正道理成立,反道理也成立;正理论成立,反理论也成立,若说只有自己讲的那个道理正确,这可能吗?社会舆论最忌讳形成一边倒,一边倒很不利于社会稳定。毛泽东曾对当年的《人民日报》总编辑吴冷西说过一段话,吴冷西说这段话让他受益终生。当时毛泽东说:"你听到人家都说好,你就得问一问是否一点坏处也没有?听到人家都说坏,你就得问一问是否一点好处也没有?"这就是辩证地想问题、看问题。

第五,凡是存在的,从某种意义上说就是合理的。有些人对社会上的人和事,这也看不惯,那也看不顺眼,整天是牢骚满腹,骂骂咧咧,这样对于自己是伤害身体(养生专家讲,有个好心情是最好的养生法),对于社会则不利于团结、和谐。这些人不懂得一个道理,即凡是存在的,从某种程度上说就是合理的。无论看上去多么坏的东西,它既然存在,一定有它存在的道理,弄清楚它存在的道理,比单纯地骂它要有意义得多。若不喜欢某个东西,就可以去骂它,骂很简单,但要弄清楚它存在的道理却需要智慧。弄清楚一个东西存在的道理,就是理解了它。过去不是有个口号叫"理解万岁"吗?理解了,也就宽容了。孔子说"六十而耳顺"。孔子为什么说到了六十岁看什么就顺眼、听什么就顺耳呢?笔者认为,就是因为孔子深悟辩证法的道理。

第六,人可以要他想要的,不一定能得到他想得到的。这是一个叫叔本华的哲学家说的,其中的道理是什么?事物的发展具有客观性和规律性,事物受因果规律支配,种瓜得瓜,种豆得豆。种不了一定程度的因,就得不到相应的果。科学家爱因斯坦说:"叔本华的这句话从我青年时代起,就对我是一个非常真实的启示;在我自己和别人生活面临困难的时候,它总是使我们得到安慰,并且是永远宽容的源泉。"这种体会可以宽大为怀地减轻那种容易使人气馁的责任感,也可以防止我们过于严肃地对待自己和别人,它还导致一种给幽默以应有地位的人生观。

(四)改革要敢闯、敢试,更要谨慎、小心

1. 改革要敢闯、敢试

改革是把事物中旧的不合理的部分改成新的,使事物能适应新的客观情况。社会发展总是受到保守势力的拉拽,是在同保守势力的斗争中前进的,因此,改革必须大胆,否则,社会就不会发展前进。自从马克思、恩格斯提出社会主义、共产主义学说那天起,该学

说就是反抗资本主义的,资本主义在当今世界仍然存在,社会主义、共产主义思想就是反资本主义潮流的,反潮流犹如逆水行舟,不进则退,不敢闯,不敢试,社会怎么向前发展?

邓小平是改革开放的总设计师,改革要大胆,要敢闯、敢试,邓小平讲得最多。最有名的是他在南巡讲话中的一段话,他说:"改革开放胆子要大一些,敢于试验,不能像小脚女人一样。看准了的,就大胆地试,大胆地闯。深圳的重要经验就是敢闯,没有一点闯的精神,没有一点冒险的精神,没有一股气呀、劲呀,就走不出一条好路,走不出一条新路,就干不出新的事业。"(《邓小平文选》第372页)这段话曾极大地鼓舞了中国人民,是我国改革开放事业走向新的高潮的重要推动力。

改革不要怕触犯既得利益集团。改革难免触犯既得利益集团,会遇到来自他们的阻力和威胁,不管阻力和威胁多大,都要坚定地改革下去。公平、平等是社会主义和共产主义的基本理念之一,中国经过30多年的改革开放,经济总量已超过日本,位居世界第二,如何体现这一理念,是今后改革的目标之一。这难免要触犯既得利益集团,没有胆量是不行的。

改革不要怕影响一时发展。例如,淘汰落后产能、发展清洁能源,难免会暂时影响一些地区和一些行业的发展。这也是改革,也必须大胆推进。我们的改革已进行到以科学发展观为指导的新的历史阶段,习近平总书记说:我国改革已经进入攻坚区和深水区。要敢于啃硬骨头,敢于涉险滩,更加尊重市场规律,更好地发挥政府的作用,以开放的最大优势谋求更大发展空间。李克强总理说:必须迎难而上,攻坚克难,坚决破除一切妨碍科学发展的体制和弊端。

政权在我们手里。邓小平说:"对于我们这样发展中的大国来说,经济要发展得快一点,不可能总是那么平平静静,稳稳当当。要注意经济稳定,协调地发展,但稳定和协调也是相对的,不是绝对的,发展才是硬道理。这个问题要搞清楚。如果分析不当,造成误解,就会变得谨小慎微,不敢解放思想,不敢放开手脚,结果是丧失时机,犹如逆水行舟,不进则退。"(《邓小平文选》第377页)邓小平说,只要我们头脑清醒,就不怕。我们有优势,有国有大中型企业,有乡镇企业,更重要的是政权在我们手里。

2. 改革要谨慎、小心

邓小平提出改革要敢闯、敢试的同时,又提出改革要谨慎、小心。改革为什么要谨慎、小心?因为改革是一项崭新的事业,是一个很大的实验,马克思没有讲过,我们的前人没有做过,难免犯错误。谨慎、小心就是为了使错误尽量犯得小一些。社会又是复杂的,政界难免存在有野心家、阴谋家和投机者,稍一不慎,错误就可能被他们利用,从而把改革推向险境。从另一个方面说,改革又是利益的再分配,在市场经济社会,凡涉及利益,问题就变得复杂起来,必须谨慎、小心。英国著名思想家、哲学家培根的一段话很值得我们永远记住。他说:有志改革者,最好以时间为榜样。它在运行中更新了世上的一切,表面上却又使一切似乎并未改变。假如不是如此,新事物发生得太突然,就难免会遇到极大的反对力量。社会改革难免触犯既得利益者,而有些人会受益。受益者固然欢欣,而受损者则必然要诅咒那些改革的发起者,所以实行改革要十分谨慎。邓小平关于改革要谨慎、小心的思想突出表现在以下几个方面。

第一,不搞强迫。典型的例子是在农村实行家庭联产承包责任制。邓小平在南巡讲话中说:"开始的时候只有三分之一的省干起来,第二年超过三分之二,第三年才差不多全部跟上,这是就全国范围讲的。开始搞并不踊跃呀,好多人在看,我们的政策就是允许看,允许看比强制好得多。我们推行三中全会以来的路线、方针、政策,不搞强迫,不搞运动,愿意干就干,干多少是多少,这样慢慢就上来了。"(《邓小平文选》第374页)我们搞农村改革是这样,搞城市改革和特区建设也是这样。中央提出新农村建设的指导方针是"五要五不要",其中的"要民主商议,不强迫命令;要突出特色,不强求一律",也是强调不搞强迫。

第二,由点到面,先试验,后推广。这是毛泽东曾教导我们的方法,邓小平在新的历史时期继承和发扬了这个方法。他说:"证券,这些东西究竟好不好,有没有危险,是不是资本主义独有的东西,社会主义能不能用?允许看,但要坚决地试。看对了,搞一两年对了,放开;错了,纠正,关了就是。关了,也可以快关,也可以慢关,也可以留一点尾巴。怕什么,坚持这种态度就不要紧,就不会犯大错误。"(《邓小平文选》第373页)

第三,不断总结经验,对了坚持,错了改正。邓小平在他的著作中多次谈到这一点,1984年,我国改革的重点由农村转向城市,邓小平对此指出:"由于城市改革的复杂性,可能会出些差错。但这影响不了大局,我们是走一步看一步,有不妥当的地方,改过来就是了。总之,遵循一个原则,就是实事求是。"(《邓小平文选》第78页)邓小平说,我们搞改革,不靠上帝,而靠自己努力,靠不断总结经验,坚定地前进。改革既然是新事物,难免要犯错误。我们的办法是不断总结经验,有错误就赶快改,小错误不要变成大错误。1991年,邓小平已经正式退休了,他在同几位中央负责同志谈话时指出:"一个总结经验,一个使用人才,这两点是我的正式建议。"(《邓小平文选》第369页)用"正式建议"这样的词语,在邓小平的著作中仅见于此次,由此可见"总结经验"这一工作方法在他心目中的分量。

毛泽东多次教育全党,要戒骄戒躁,谦虚谨慎。他还曾送给叶剑英元帅两句话:诸葛一生唯谨慎,吕端大事不糊涂。在毛泽东看来,诸葛亮、叶剑英一生的智慧就在于谨慎、小心,谋虑缜密。

2013年3月19日,习近平总书记在人民大会堂接受多家记者联合采访,在回答关于中国领导人的工作状况的提问时说:中国是一个大国,人口多,国情复杂,领导者要深入了解国情,了解人民的所思所盼,要不断增强工作能力,要有"如履薄冰,如临深渊"的自觉,要牢记人民的利益高于一切,牢记责任重于泰山,丝毫不敢懈怠,丝毫不敢马虎,必须夙夜在公、勤勉工作。人民是我们力量的源泉。只要与人民同甘共苦,与人民团结奋斗,就没有克服不了的困难,就没有完成不了的任务。我认为,党和国家领导人只要抱这种态度进行改革,就不会出现大的乱子。

改革要敢闯、敢试,又要谨慎、小心,这是两个相反相成的命题,两者都成立,又相互制约。一方面,敢闯、敢试要受谨慎、小心所制约,否则,就是蛮干,蛮干就容易出乱子。另一方面,谨慎、小心也不能太过分,否则,就是谨小慎微,这样容易丧失机遇,影响发展。至于什么时候要强调敢闯、敢试,什么时候又要强调谨慎、小心,全因具体情况而定,这就叫实事求是。

(五)下级要有权力,中央要有权威

下级包括地方,包括基层单位,也包括一般民众。中央与下级的关系,历来都是重要的政治关系。毛泽东在著名的《论十大关系》中讲到中央与地方的关系,他提出要调动中央和地方两个方面的积极性。从历史上看,中央与地方的关系直接关乎政权稳定和社会稳定,历代政治家都很重视。帝王将相们的政治智慧很大程度上是体现在处理好中央和地方的关系方面。著名的《削藩策》、平定"三藩之乱"等,都涉及中央与地方的关系。

1. 下级要有权力

中国的改革开放取得巨大成就,国内外许多学者都试图进行概括总结,从中找出规律性的东西。国内某学者提出,中国的改革,实质就是"民权进,国权退"的过程。笔者认为,这个概括虽然并不准确,但也的确说出了某些道理。我们的改革从农村实行家庭联产承包责任制开始,联产承包责任制的实质是给农民和基层单位一定的自由和权力。具体说,是农民在生产上有了自由和权力,他们想种什么就种什么;农民在时间上有了自由和权力,他们想什么时候干活就什么时候干活;农民在农产品价格上有了自由和权力,他们想什么时候卖就什么时候卖,想卖多少钱就卖多少钱。给农民自由和权力,极大地调动了农民的生产积极性,这是农村改革取得成功的根本原因。改革由农村转向城市和工厂,工厂的改革是效仿农村实行承包制,也收到了很好的效果。工厂改革的实质,是给工厂、工人一定的自由和权力,从而调动了工厂、工人的积极性,极大地提高了劳动效率。以后我们国家总的改革方向是朝社会主义市场经济前进。市场经济的基石是所谓"理性经济人",其实质就是明确人们有追求财富的自由和权力。这些改革都有"民权进、国权退"的成分。党的十八大报告强调要"加快实施自由贸易战略",这是在更高层面给基层单位和劳动者一定的自由和权力。党的十八大后,国务院在第一批取消和下放71项行政审批项目的基础上,又取消和下放62项行政审批事项。有人还把十八后新一届政府的改革概括为"简政放权",笔者认为是有一定道理的。李克强总理在答记者提问时说:所谓转变政府职能,就是要理清和理顺政府与市场、与社会之间的关系。说白了,就是市场能办的,多放给市场;社会可以做好的,就交给社会。政府管住、管好它应该管的事。这是削权,是自我革命,会很痛,甚至有割腕的感觉,但这是发展的需求,是人民的愿望。"削权",实质上是削上级政府的权,给下级政府更多的权。胡锦涛同志在纪念党的十一届三中全会召开30周年大会上提出:"放手让一切劳动、知识、技术、管理、资本的活力竞相迸发,让一切创造社会财富的源泉充分涌流。"这既是对我国改革开放过程的总结,也是对改革开放进一步提出的希望,其实质是给下级更多的权力,调动一切积极因素,谋求国家更好更快发展。

2. 中央要有权威

笔者认为,把我国的改革过程概括为"民权进、国权退"虽然有一定的道理,但并不全面。事实上在有些方面不是国权退了,而是国权进了。如节能环保、食品安全等,国家比改革开放前管得更多、更严了。给下级权力确实能调动下级的积极性,但是并不能由此就认为,给下级的权力越多就越好。根据辩证法,应该是民权该进则进,该退则退;国权也是该进则进,该退则退。至于说进哪些方面,退哪些方面,进多少,退多少,全根据实际情况和实践的结果而定,这才是实事求是。

改革是一项全新的事业,难免走弯路、犯错误,如果没有中央的权威,错误就不能很快地纠正过来,损失就不能降到最低。《邓小平文选》第三卷中有一篇文章的题目就是《中央要有权威》,邓小平在该篇文章中说:"我的中心意思是,中央要有权威。改革要成功,就必须有领导、有秩序地进行。没有这一条,就是乱哄哄,各行其是,怎么行呢?不能搞你有政策,我有对策,不能搞违背中央政策的'对策',这话讲了几年了。党中央、国务院没有权威,局势就控制不住。"(《邓小平文选》第277页)他又说:"特别是有困难的时候,没有中央、国务院这个权威,不可能解决问题。有了这个权威,困难时也能做大事。不能否定权威,该集中的要集中,否则至少要耽误时间。对于不听中央、国务院话的,处理要坚决,可以先打招呼,不行调人换头头。"(《邓小平文选》第319页)

习近平总书记在中纪委十八届二中全会上强调指出,要防止和克服地方和部门保护主义、本位主义,决不允许"上有政策,下有对策",决不允许有令不行、有禁不止,决不允许在贯彻执行中央决策部署上打折扣、做选择、搞变通。这"三个决不允许",也是讲中央要有权威。习近平总书记讲中央要有权威,李克强总理讲要下放权力,这是一个问题的两个方面。

从中国历史上看,中央一旦没有了权威,国家离动乱也就不远了。

治理国家,下级要有权力与中央要有权威是两个相反相成的道理。下放权力有利于调动下级的积极性,提高工作效率。但物极必反,如果只讲下放权力,而不讲中央要有权威,就会影响稳定,影响全国一盘棋的思想,反过来又从另一个方面影响发展。中央有权威有利于稳定,有利于协调发展,但是如果对权威不加以限制,乱施权威,就会影响下级的积极性,影响发展;影响发展的时间一长,又反过来会影响稳定;这就是两者的辩证关系。邓小平提出改革开放的同时,又提出要坚持四项基本原则,反对资产阶级自由化;提出发展民主的同时,又提出不能丢弃无产阶级专政;指出毛泽东错误的同时,又提出要正确评价毛泽东,毛泽东的功绩是第一位的,错误是第二位的;提出下放权力,又提出中央要有权威;提出稳定压倒一切,又提出发展是硬道理,等等。笔者认为,邓小平的政治智慧就在于他按辩证法办事。

(六)既要民主,又要专政

1. 民主建设的极端重要性

民主与稳定、民主与治乱之间的关系,黄炎培与毛泽东的对话最发人深省。1945年7月1日至5日,受中共中央邀请,黄炎培等6位国民参政会参政员访问了延安,回到重庆后,黄炎培发表了《延安归来》一文,叙述了他访问延安的感受,其中一段写道:"有一回,毛泽东问我感想怎样?我答:我生60多年,耳闻的不说,所亲眼看到的,真所谓'其兴也勃焉,其亡也忽焉',一人、一家、一团体、一地方,乃至一国,不少单位都没有跳出这周期率的支配力。一部历史,政怠宦成的也有,人亡政息的也有,求荣取辱的也有。总之没有能跳出这周期率。中共诸君从过去到现在,我略略了解了。就是希望找出一条新路,来跳出这周期率的支配。"(黄炎培《八十年来》第148~149页,文史资料出版社1982年)

黄炎培提出的问题也正是毛泽东思索已久的问题,而且,毛泽东对解决这一问题已经胸有成竹了,当时,毛泽东回答:我们已经找到新路,我们能够跳出这周期率。这条新路,就是民主。只有让人民来监督政府,政府才不敢松懈,只有人人起来负责,才不会人亡政息。

新中国成立后,我们党对民主的探索,既有成功的经验,也有应该吸取的教训。同任何事物无不具有两重性一样,民主也有两重性。民主搞好了,有利于稳定和发展,搞不好反而不利于稳定和发展。毛泽东提出"百花齐放"、"百家争鸣"的方针,就是要在政治上、文化上发扬民主,真心让人民群众给党和政府提意见、提建议。但是,一些别有用心的人借机向党和政府发动进攻,将我国社会主义说得一团糟、一片黑,毛泽东领导了反右派斗争,但犯了反右扩大化的错误。一种运动起来了,到底正确的界限是什么,在认识和实践上往往很难把握。"三反"、"五反"、直到"文化大革命",笔者认为都是毛泽东用民主的方法解决"周期率"的一种尝试。特别是"文化大革命",群众是真正被调动起来了,"大鸣、大放、大字报",结果是等同于一场内乱。最后出了林彪集团和"四人帮"这样的反革命集团,这等于宣告这样的大民主是失败的。新时期一开始,邓小平就把政治上发展民主作为政治体制改革的目标之一。

在民主探索方面,我们也有成功的经验。为了绝大多数人,依靠绝大多数人,是最重要的成功经验之一。党领导人民取得反帝、反封建的伟大胜利,建立社会主义新中国,靠的主要是这一条。全心全意为人民服务、统一战线、群众路线等都是对这一成功经验的总结。国内外的实践证明,一个政党,特别是执政党,如果最终形成了一个既得利益集团,改革发展的成果不是为广大人民所共享,而只是少部分人享受,那么这个政党早晚会被人民抛弃。前苏联、东欧的教训以及埃及、利比亚、叙利亚等国的教训值得我们认真研究。进入新时期,我们在民主建设方面取得的一个重大成果是,废除了实际上存在的领导干部职务终身制,确立了国家政权机关和领导人员有序交替的机制,党和国家的活力不断增强。这个中国特色的领导人交替制度,笔者认为比一些国家的大选好多了,既保持了连续性,又有创新性,有利于国家的稳定和发展,有利于中国特色社会主义事业。我们的人民的言论比历史上任何一个时期都更加自由,人大代表、政协委员比以往任何时候都敢于讲实话,敢于讲真话,他们的建议、意见越来越多地转化成了政府的决策和为民办的实事。

另外,我们国家的民主制度不断健全,民主形式更加丰富,将要实现城乡按相同人口比例选举人大代表;爱国统一战线更加巩固;论证、听证、评估、问责、纠错等程序和规定不断完善;依法治国以及各项工作法治化、规范化进展明显。这些成绩极大地激发全党全国各族人民的积极性、主动性、创造性,增强了党和国家的活力,为社会主义中国的稳定和发展提供了有力的制度保障。

从稳定与发展的大局出发,在民主建设方面,笔者认为最主要的是坚持走中国特色社会主义政治发展道路。我们需要学习借鉴所有国家政治文明发展的有益成果,但现阶段绝不能照抄、照搬西方政治制度模式,不能搞多党轮流执政,不能搞三权分立,等等。从历史和现实看,一些国家在被迫接受西方民主制度模式后,不仅没有实现政治稳定和经济发展,反而产生了严重的社会动乱,造成社会秩序混乱,经济危机不断,有的国家甚至发生了无休止的内战。这些发生在眼前的惨痛教训,我们一定要牢记。对于我国的政治民主制度,关键是要自信。邓小平指出:"我们大陆讲的社会主义民主和资产阶级讲的民主概念不同。西方的民主就是三权分立、多党竞选等。我们不反对西方国家这样搞,但是我们大陆不搞多党竞选,不搞三权分立,不搞两院制。我们实行的就是全国人民代表大会一院制,这最符合中国实际。如果政策正确,方向正确,这种体制益处很大,很有助于国家的兴旺发达,避免很大牵扯。"(《邓小平文选》第220页)笔者认为,邓小平讲的我国民主政治的这个优越性,会随着时间的推移,愈显示出其光辉。因为当今世界正在发生深刻、复杂的变化,世界多极化、经济全球化深入发展,文化多样化、社会信息化持续发展推进,世界格局进行深度调整。一方面,世界力量的对比有利于保持国际形势总体稳定;另一方面,国际政治经济秩序发生深刻变革,国际力量对比发生新的分化组合,新旧矛盾相互叠加,新旧力量相互博弈,传统安全威胁和非传统安全威胁相互交织,世界政治、经济、社会等领域不稳定因素明显增多。特别是西方敌对势力把我国发展壮大视为对西方价值观和制度模式的威胁,因而对我国实施西化、分化的战略一刻也没有停止,并继续采用各种手段对我国进行思想文化渗透,企图动摇我们党执政的政治基础和群众基础。这些特点决定了一方面我们应该继续扩大民主,另一方面要进一步集中。中华民族要复兴,一些国家千方百计进行阻挠、遏制,这种斗争越激烈,就越需要我们国家迅速、及时地进行决策,越需要集中国家力量进行应对,我们的体制恰恰有这个优势。政治体制同任何其他事物一样,都有优点和缺点,既要看到优点,又要看到缺点,才是全面看问题。任何制度都是可以完善的,都可以完善到足以满足形势和现实的一切需要。笔者认为,对于制度,特别是政治制度,有缺点就完善它,而不是颠覆它,这才是最佳途径。

发展社会主义民主,笔者认为当前应该在围绕如何加强同人民群众的血肉联系方面多做文章。一是群众有话知道到哪里说,二是有事知道到哪里办,三是有怨知道到哪里诉。做到了这三点,就在技术层面为社会稳定提供了保证。要广开同人民群众联系的渠道,群众不想说话、不敢说话,是不正常的,万马齐喑的局面是要不得的。门难进、话难听、事难办,就会积累社会怨恨。一个社会,叫天天不应,叫地地不灵,是非常危险的。网络、新闻媒体、信访接待等,都是联系群众的好渠道。党的十八大报告提出,要在人大设立代表联络机构,这是一个新的渠道,希望能在联系群众方面发挥独特作用。信访接待制度是独具中国特色的维稳制度,希望不断完善这一制度,使其在维护社会稳定方面发挥更大的作用。

2. 无产阶级专政丢不得

在邓小平的著作中,论述民主的地方相对较多,论述专政的地方相对较少。20世纪80年代末以后,他又重点强调了人民民主专政的重要性。邓小平说:"我不止一次讲过,稳定压倒一切,人民民主专政不能丢。你用资产阶级自由化,用资产阶级人权、民主那一套来搞动乱,我就坚决制止。马克思说,阶级斗争不是他的发现,他的理论最实质的一条就是无产阶级专政。无产阶级作为一个新兴阶级夺取政权,建立社会主义,本身的力量在一个相当长时期内肯定弱于资本主义,不靠专政就抵制不住资本主义的进攻。坚持社会主义就必须坚持无产阶级专政,我们叫人民民主专政。在四个坚持中,坚持人民民主专政这一条不低于其他三条。理论上讲清楚这个道理是必要的。"(《邓小平文选》第364～365页)邓小平还指出,对人民实行民主,对敌人实行专政,是正义的事情,没有什么输理的地方。要大胆讲,放开讲。只有人民内部的民主而没有对破坏分子的专政,社会就不可能保持安定团结的政治局面,就不可能把中国特色社会主义搞成功。

在社会主义初级阶段,剥削阶级作为阶级已经消灭,但仍然有反革命分子,有敌对分子,有各种破坏社会主义秩序的刑事犯罪分子,有贪污盗窃、投机倒把的新剥削分子,他们在短期内不可能完全消灭。同他们的斗争,与过去历史上的阶级对阶级的斗争不同,但仍然是一种特殊形式的阶级斗争,或者说是历史上的阶级斗争在社会主义条件下的特殊形式。在阶级斗争存在的条件下,在帝国主义、霸权主义存在的条件下,巩固和发展社会主义制度,预防和制止动乱,保卫国家安全和主权,抵御外来的侵略和威胁,维护政治稳定和社会治安,维护国家统一,打击分裂势力,打击犯罪,惩治腐败,都不能没有人民民主专政。

(七)积极推进土地规模化经营,但公有制是底线

著名学者何新曾研究土地制度与治乱之间的关系。他说:"我曾研究中国秦汉以下2000年的中国历史,研究中国历史上的王朝兴衰,改朝换代。结论是除了外族入侵,基本上中国发生大乱的原因只有一个,就是土地兼并导致大量农民失去土地,无业可就,成为流民,从而揭竿而起。从东汉的黄巾起义、唐末的黄巢起义、北宋的宋江起义直到李自成起义和太平天国,无不如此。以至共产党领导的土地革命,革命的基本成员也是无业、失业的农民。"(何新《思考:新国家主义的经济观》第439页,时事出版社2001年)为了写《稳定与发展》这一章,我重新阅读了一遍《中国简史》,并留心何新先生的这个结论,我认为,这个结论基本是事实。

2013年中央一号文件指出:"坚持依法自愿有偿原则,引导农村土地承包经营权有序流转,鼓励和支持承包土地专业大户、家庭农场、农民合作社流转,发展多种形式的适度规模经营。"我们现在实行的是社会主义市场经济,农民承包的地块太小太多,不仅不利于管理,而且在经济上也不划算,因此,农民很早已经开始进行土地流转的尝试,中央2013年一号文件只是总结了农村、农民的这个经验,并把它作为政策确定下来。农民光靠种地,也许能够解决吃饭问题,但是已经不能解决日益增长的其他开支,土地流转是大势所趋,是市场经济的内在要求,不进行规模经营,解决不了效率的问题,解决不了发展问题。现在食品安全问题是全社会关注的焦点,大家几乎一致认为,不走适度规模之路,很难解决食品安全问题。一家一户的经营模式,几乎使安全监管成为不可能。鉴于以上两点,我们有理由认为,适度规模经营是发展社会主义市场经济的必然选择。

在资本主义国家,适度规模经营都是通过土地私有化实现的,因此,少数学者曾向中央高层建议我国也实行土地私有化,他们认为只要实行土地私有化,适度规模经营自然就会实现。这话应该说是错的,中国除了发展问题,还有稳定问题,除了讲效率,还要讲公平。只要实行土地私有化,土地兼并就在所难免。大量农民没有了土地,又找不到工作,稳定就会成为大问题。在今天,土地对于农民来说,既是重要的生产资料,又是一份社会保障。中国人口众多,农民众多,光靠中央财政很难解决农民的社会保障问题。欧盟一些国家的教训就在眼前,我们应该吸取、总结其教训。中央财政、地方财政、土地收入、农民自筹经费等相互结合,也许是符合中国特点的农民保障制度。

总之,适度规模经营是为了解决效率和发展问题,土地公有制是底线,这是为了解决公平和稳定问题。

附 录

中国梦

  2012年12月29日,新当选的中共中央总书记习近平与中央其他政治局常委来到国家博物馆参观《复兴之路》,习近平发表重要讲话,提出中国梦的概念。中国梦,就是中华复兴之梦,是一百多年来中国人民孜孜以求的目标和理想。时值十八大胜利闭幕不久,欣喜之余,作文以祝贺。

(一)
三农问题放首条,
基础不牢地动摇。
欲要领先世界跑,
高新科技来领导。

(二)
扩大内需很重要,
勤俭节约勿忘了。
阅尽各国之奥妙,
强盛必须靠外贸。

(三)
不管经济翻几番,
社会财富总有限。
其他事情可暂缓,
首先必须保吃饭。

(四)
社会不断在发展,
方方面面都需钱。
欧债危机要借鉴。
未雨绸缪是关键。

(五)
以人为本谨牢记，
稳定发展硬道理。
中国只要人心齐，
天下没有谁能敌。

(六)
九天揽月不再难，
五洋捉鳖只等闲。
全面小康好实现，
贫富差距最难办。

(七)
水能载船亦覆船，
中外历史反复演。
群众利益装心间，
打击邪教不手软。

(八)
自古有盛就有衰，
其中道理叫人猜。
哀兵必胜骄者败，
唱响仁德四方来。

(九)
我们只要不内乱，
自然就会有发展。
风水历来轮流转，
超越美国是必然。

(十)
莺歌燕舞水潺潺，
幸福生活人人盼。
福祸从来紧相连，
持续生存高于天。

(十一)
圣人绘制五行图，

任何一行休突出。
统筹发展是大路,
和谐世界有前途。

(十二)
宇宙本是一个圆,
其中人类是一环。
吃喝拉撒靠自然,
千万莫超它极限。

(十三)
经济落后人鄙弃,
军事软弱受人欺。
文化先进最给力,
孔老学说藏真理。

(十四)
治国当然靠法律,
惩治犯罪用监狱。
扫除腐败等顽疾,
还得政治和教育。

(十五)
市场有弊更有利,
对外开放增活力。
改革难免出问题,
政府之手不放弃。

(十六)
任凭风云咋变动,
一定不忘老祖宗。
天地万物皆相通,
与时俱进最管用。

(十七)
和平崛起擂战鼓,
万不得已不动武。
多个朋友多条路,

五湖四海乃遗嘱。

(十八)
中特旗帜高高举,
全党全国有所趋。
炎黄子孙齐努力,
共谱中华复兴曲。

参考文献

1. 中共中央文献编辑委员会.毛泽东选集[M].北京:人民出版社,1991.
2. 中共中央文献研究室.毛泽东传[M].北京:中央文献出版社,1996.
3. 中共中央文献编辑委员会.邓小平文选[M].北京:人民出版社,1993.
4. 冯友兰.中国哲学简史[M].天津:天津社会科学院出版社,2005.
5. 天津师范学院历史系.中国简史[M].北京:人民教育出版社,1980.
6. 许唐生.一面永不褪色的旗帜——记共产党人的好榜样史来贺[M].北京:中国文献出版社,2004.
7. 河南省新乡县七里营镇刘庄党委.史来贺纪念文集[M].北京:当代世界出版社,2004.
8. 聂暾.两极论与中介论[M].南昌:江西人民出版社出版,2001.
9. 何新.思考:新国家主义的经济观[M].北京:时事出版社,2001.
10. 何新.思考:我的哲学与宗教观[M].北京:时事出版社,2001.
11. 朱凌.灰村纪事——草根民主与潜规则的博弈[M].上海:上海东方出版中心,2004.
12. 中共河南省委组织部.乡镇党委书记的榜样——吴金印[J].北京:党建读物出版社,学习出版社,2007.
13. 十七大报告学习辅导百问编写组.十七大报告学习辅导百问[J].北京:党建读物出版社,学习出版社,2007.
14. 十八大报告学习辅导百问编写组.十八大报告学习辅导百问[J].北京:党建读物出版社,学习出版社,2012.
15. 为民谋利一面旗[N].人民日报,2006-1-13.
16. 新农村道路的探索者——吴仁宝[N].经济日报,2006-1-13.
17. 扎根土地的旗帜[N].河南日报,2006-1-13.
18. 吴仁宝的新闻发布会——来自华西村的报道之二[N].经济日报,2006-1-14.
19. 夜宿农家:曹红玉家的幸福生活——来自华西村的报道之三[N].经济日报,2006-1-15.
20. 富了"口袋"还要富"脑袋"[N].经济日报,2006-4-5.
21. 以百姓幸福为己任——与吴仁宝对话[N].人民日报,2006-1-14.
22. 莲花村的昨天、今天和明天[N].经济日报.2006-3-14.

后 记

我 1994 年下到乡村工作时，各乡镇主要忙于乡镇企业、招商引资、城镇建设及各种达标升级活动。起初二三年，我工作之余主要学习邓小平理论，写了十多万字的学习心得。其后，由于农民负担越来越重，干群关系紧张，三农问题引起全国上下及学术界的高度关注，出于一种社会责任感，我从此开始思考三农问题。十多年来，结合乡村实际，陆续写了几十篇文章，有的发表在网上、有的发表在杂志上、有的放在了抽屉里。我多次参加全国县乡干部论坛，与全国著名三农问题专家进行了交流、交谈，这使我受益匪浅。后来，中央高度重视三农问题，连续出台多项重大措施，特别是取消农业税和义务工，三农问题迅速得到缓解。我把反映三农问题所写的那些文章作了总结，把它们概括为十个方面，这便是本书的主要内容。我自知本书有很多缺点，请读者谅解。我的兴趣和爱好本来是辩证法，我想把余下的时间和精力用在继续学习和研究辩证法方面，这也是我人生的一种回归吧！希望本书对读者能有所帮助。

感谢贺雪峰教授在百忙中为本书写序。感谢河南大学出版社出版此书，在出版过程中编辑付出了辛勤劳动，在此一并致谢！最后，我还要感谢妻子李迎春长期以来对我编写此书的理解和支持！

黄迁海

2013 年 10 月 22 日

打造学术精品　服务教育事业
河南大学出版社
读者信息反馈表

尊敬的读者：

感谢您购买、阅读和使用河南大学出版社的_____一书，我们希望通过这张小小的反馈表来获得您更多的建议和意见，以改进我们的工作，加强我们双方的沟通和联系。我们期待着能为您和更多的读者提供更多的好书。

请您填妥下表后，寄回或发 E-mail 给我们，对您的支持我们不胜感激！

1. 您是从何种途径得知本书的：
　　□书店　□网上　□报刊　□图书馆　□朋友推荐
2. 您为什么决定购买本书：
　　□工作需要　□学习参考　□对本书感兴趣　□随便翻翻
3. 您对本书内容的评价是：
　　□很好　□好　□一般　□差　□很差
4. 您在阅读本书的过程中有没有发现明显的专业及编校错误，如果有，它们是：
_____
_____
_____

5. 您对哪一类的图书信息比较感兴趣：_____

6. 如果方便，请提供您的个人信息，以便于我们和您联系（您的个人资料我们将严格保密）：
　　您供职的单位：_____
　　您教授的课程（老师填写）：_____
　　您的通信地址：_____
　　您的电子邮箱：_____

请联系我们：
电话：0371-86059712　0371-86059713　0371-86059715
传真：0371-86059713
E-mail:hdgdjyfs@163.com
通信地址：河南省郑州市郑东新区 CBD 商务外环路商务西七街中华大厦 2304 室
河南大学出版社高等教育出版分社